职业教育新形态
财会精品系列教材

企业财务管理

微课版

张文华 ◆ 主编

王慧姝 滕佳良 ◆ 副主编

**Enterprise Financial
Management**

人民邮电出版社

北 京

图书在版编目（CIP）数据

企业财务管理：微课版 / 张文华主编. -- 北京：
人民邮电出版社，2021.11
职业教育新形态财会精品系列教材
ISBN 978-7-115-57246-2

Ⅰ. ①企… Ⅱ. ①张… Ⅲ. ①企业管理－财务管理－
高等职业教育－教材 Ⅳ. ①F275

中国版本图书馆CIP数据核字(2021)第173608号

内 容 提 要

    本书根据《教育部关于全面提高高等职业教育教学质量的若干意见》和国务院印发的《国家职业教育改革实施方案》的要求，以财政部颁布的《管理会计基本指引》和《管理会计应用指引》为主要法规依据，针对高等职业院校学生的培养目标，按照财务管理岗位工作内容，设计了财务管理基础、财务管理的价值理念、筹资管理基础、筹资管理实务、投资管理、营运资金管理、利润管理、预算管理和财务分析 9 个项目。本书以岗位技能为导向，以任务为载体，注重将工作内容与理论知识紧密结合。

    本书可以作为高等职业院校、成人高等学校和本科院校财会类专业的教学用书，也可作为各类企业在职会计人员的培训、自学教材，以及各类企业管理人员的继续教育用书。

- ◆ 主　　编　张文华

  副 主 编　王慧姝　滕佳良

  责任编辑　刘　尉

  责任印制　王　郁　焦志炜
- ◆ 人民邮电出版社出版发行　　北京市丰台区成寿寺路 11 号

  邮编　100164　　电子邮件　315@ptpress.com.cn

  网址　https://www.ptpress.com.cn

  山东华立印务有限公司印刷
- ◆ 开本：787×1092　1/16

  印张：16.25　　　　　　　　　2021 年 11 月第 1 版

  字数：416 千字　　　　　　　 2021 年 11 月山东第 1 次印刷

定价：49.80 元

读者服务热线：(010)81055256　印装质量热线：(010)81055316
反盗版热线：(010)81055315
广告经营许可证：京东市监广登字 20170147 号

PREFACE

///////////// 前　言 /////////////

随着我国进入新的发展阶段，产业升级和经济结构调整不断加快，各行各业对技术技能人才的需求越来越紧迫。2019 年国务院印发了《国家职业教育改革实施方案》，提出要按照专业设置与产业需求对接、课程内容与职业标准对接、教学过程与生产过程对接的要求，完善职业学校课程设置标准。为遵循国家政策指引和满足财经类专业"数智化"改革的需要，我们编写了本书。

本书是为适应高等职业院校大数据与财务管理、大数据与会计、金融服务与管理专业人才培养模式改革要求，专门针对高等职业院校财务管理课程编写的。本书充分体现了财经类课程"业财融合"的课程设计理念，工学结合，以项目和任务为载体，贯彻教、学、做一体化的教学理念，突出实践环节，着力提升学生的动手能力。

本书主要针对大数据与财务管理、大数据与会计、金融服务与管理专业的学生所需的财务管理知识，结合教学中的重难点，构建符合高等职业院校财会类专业学生学习的财务管理知识体系。本书的每个项目都包含生活中常见的案例和生活实践，可以帮助学生更好地理解书中的知识，提高学生的学习兴趣和效率。本书采用项目的形式进行编写，每个项目既独立又循序渐进，环环相扣，前后呼应，形成整个财务管理体系。编者结合学生职业发展和考证的需求，对教材进行精心设计，充分体现"化繁为简，突出精要"的理念，以适应学生认知规律和专业技能发展的需要。

本书具有以下特色。

第一，在内容选取上，遵循高等职业教育教学目标，兼顾会计专业技术资格考试、会计技能大赛的需求，以业务为引领，以财务管理岗位工作内容为导向。

第二，尽量简化概念的描述，能够用图表表示的，尽量减少文字表达；引入 Excel 函数辅助完成相关计算，帮助学生更好地理解和运用知识，提高学生学习的兴趣和技能运用水平。

第三，根据财务管理工作岗位的要求，突出岗位的目标责任和技能要求，强化岗位技能，突出实践教学，使教学内容与岗位需求相适应。

第四，在传授财务管理知识的同时，融入课程思政教育，共设计了勤学、修德、明辨、笃实、爱国、敬业、诚信、友善、创新 9 部分内容。

第五，配备了大量教学资源，方便实施混合式教学，增加了课程的趣味性。本书包含的教学资源主要有课程标准、授课计划、电子课件、习题作业、教学微课等。

本书由淄博职业学院张文华教授担任主编，并负责制定课程大纲、确定教材项目、设计教材体例和定稿等工作；淄博职业学院王慧姝、滕佳良担任副主编。各项目编写人员及分工如下：项目一至项目六由张文华编写，项目七、项目九由王慧姝编写，项目八由滕佳良编写。

　　本书在编写过程中得到了财务管理、会计、金融行业多位专家的帮助。编写团队进行了广泛的企业和行业调研，山东中瑞鲁信税务师事务所有限公司的实践专家参加了教材项目、任务的具体设计和职业能力分析，吴丽娟、耿丽君、邢雯老师在教学资源制作中做出了贡献，在此一并致谢！

　　由于编者水平有限，书中难免存在不妥之处，敬请广大读者批评指正。

编　者

2021 年 7 月

CoNTENTs

///////////////// 目　　录 /////////////////

项目一

财务管理基础

项目导读 ↓

财务管理基础

一、财务管理认知

财务管理是企业管理的重要组成部分，财务管理的对象是企业资金的循环与周转。财务管理是基于企业在经营中客观存在的财务活动和财务关系而产生的，它主要利用价值形式对企业所从事的生产经营活动进行管理，是组织资金运动、处理财务关系的一项综合性管理工作。

财务管理的实质是处理好企业与各方面的财务关系，其主要内容是筹资管理、投资管理、营运资金管理与利润管理等。

二、财务管理目标

企业财务管理具有代表性的目标理论有：利润最大化、股东财富最大化、企业价值最大化、相关者利益最大化。各种财务管理目标，都以股东财富最大化为基础。

三、财务管理环节

财务管理的环节主要包括计划与预算、决策与控制、分析与考核等。

四、财务管理环境

财务管理的环境主要包括技术环境、经济环境、金融环境、法律环境。

技术环境，是财务管理得以实现的技术手段和技术条件，它决定着财务管理的效率和效果。

经济环境包括经济体制、经济周期、经济发展水平、宏观经济政策、通货膨胀水平等。

金融环境主要包括金融机构、金融工具和金融市场。金融机构主要是银行和非银行金融机构。金融工具，是指形成一方的金融资产并形成其他方的金融负债或权益工具的合同，具体分为基本金融工具和衍生金融工具两大类。金融市场，是指资金供应者和资金需求者双方通过一定的金融工具进行交易而融通资金的场所。

法律环境对企业的影响是多方面的，影响范围包括企业组织形式、公司治理结构、投融资活动、日常经营、收益分配等。不同种类的法律，分别从不同方面约束企业的经济行为，对企业财务管理产生影响。

任务一　财务管理认知

学习目标

知识目标：了解财务管理的内涵，熟悉财务管理的活动，熟悉企业与利益相关者之间的关系。

01

技能目标：能够正确分辨企业的各项财务活动，厘清企业与利益相关者之间的关系。

任务导入

任务资料：

华龙公司随着自身规模和经营范围的扩张，亟须筹备专门的财务管理部门来应对企业日益增多的财务管理业务。单独成立一个新的部门，需要对部门业务范围进行界定，从而确定该部门具体的部门职责和岗位要求。

任务目标：

根据企业财务管理的基本活动，分析新成立的财务管理部门的部门职责和岗位要求。

知识准备

一、财务管理概念

财务管理是基于企业在经营中客观存在的财务活动和财务关系而产生的，它主要利用价值形式对企业所从事的生产经营活动进行管理，是组织资金运动、处理财务关系的一项综合性管理工作。

财务管理是企业管理的一个重要组成部分，财务管理的对象是企业资金的循环与周转。财务管理的实质是处理好企业与各方面的财务关系，其主要内容是筹资管理、投资管理、营运资金管理和利润管理，其主要职能是预测、决策、预算编制、控制与分析、评价与考核等。

二、财务管理活动

企业的财务活动具体包括资金的筹集、投资、营运及分配四个方面。这些财务活动将财务管理的内容划分为四个方面。

财务管理认知

1. 筹资管理

筹资管理是指企业为了满足生产经营活动的需要，从一定的渠道，采用特定的方式，筹措和集中所需资金的过程。筹集资金是企业开展生产经营活动的前提，也是资金运动的起点。企业需要根据生产经营规模、发展战略、投资需求和资本结构优化等需要，采用一定的筹资渠道，在资本市场运用筹资方式，科学合理、合法合规、经济有效地筹集所需资金，展开筹资管理。从资金的运动状态看，筹资活动表现为资金的流入。

2. 投资管理

企业在取得资金后，必须将资金投入生产经营活动，以谋取最大的经济效益。在进行投资管理活动时，企业必须考虑投资规模、投资方向和投资方式，从而确定合适的投资结构，提高投资效益，降低投资风险。不同的投资项目，对企业价值和财务风险的影响是不同的。投资决策的正确与否，影响着企业的兴衰成败，企业需要科学管理投资。从资金的运动状态看，投资活动表现为资金的流出。

3. 营运资金管理

营运资金活动是指在日常生产经营活动中所发生的一系列资金的收付活动。营运资金活动是企业最频繁的财务活动，营运资金在全部资金中占有较大的比重，营运资金管理是企业财务管理工作的一项重要内容。营运资金管理围绕着营运资金展开，如何加快营运资金的周转、提高营运资金的利用效率，是营运资金管理的关键。如何节约资金成本，提高资金使用效率，进行流动资产的投融资，以及如何管理好流动负债都非常重要。从资金的运动状态看，营运资金活动既表现为资金的流出，又表现为资金的流入。

4. 利润管理

企业通过资金的投放和使用，必然会取得各种收入。在收入弥补成本费用的基础上，企业根据投资者的意愿和企业生产经营的需要，把投资收益分配给投资者，投资收益也可以暂时留存在企业形成未分配利润。企业需合理分配利润，确保获得最大的企业价值。企业必须根据国家有关法律、法规和制度所确定的分配原则，合理确定分配的规模和分配的方式，这是一项重要的财务管理工作。从资金的运动状态看，利润分配活动表现为资金的流出。

筹资管理、投资管理、营运资金管理和利润管理等共同构成了财务管理的主要内容。这些财务管理活动紧密相关：筹资管理是投资管理的前提与基础，营运资金管理是投资管理取得成功的保证，利润管理是财务活动的必然结果和归宿，同时也为财务活动的正常开展提供动力。这四项财务管理活动都是企业创造价值的必要环节，是保障企业健康发展、实现可持续增长的重要内容，伴随着企业生产经营活动反复进行。

三、利益相关者与企业的财务关系

企业的财务管理活动是以企业为主体来进行的，企业作为法人在组织财务活动过程中，必然与企业内外部有关各方发生广泛的经济利益关系，这就是企业的财务关系。企业的财务关系可概括为以下几个方面。

1. 投资者与企业的财务关系

企业的投资者主要有国家、法人和个人，他们与企业的关系主要表现为独资、控股和参股关系。投资者向企业投入资本形成对企业的所有权关系。企业作为独立的经营实体，独立经营，自负盈亏，实现所有者资本的保值与增值。所有者以出资人的身份，参与企业税后利润的分配，体现为所有权性质的投资与企业受资的关系。

2. 债权人与企业的财务关系

企业的债权人主要有金融机构、其他企业和个人。债权人将资金借给企业，企业需依照借款合同的规定按时支付利息和归还本金。债权人与企业的财务关系在性质上属于债权与债务的关系。在这种关系中，债权人仅在企业破产清算时享有优先求偿权，而没有对企业经营的管理权和重大事项的表决权，也不参与企业剩余收益的分配。因此，理论上债权人投资的风险相对于投资人较低，收益也较少。

3. 员工与企业的财务关系

员工是企业的劳动者，他们以自身提供的劳动作为参加企业利润分配的依据。企业根据员工的劳动情况，向员工支付工资、津贴和奖金，并按规定提取公益金等，体现着员工个人和集体在劳动成果上的分配关系。企业除了有向员工支付报酬的法律责任外，还需要承担为员工提供安全的工作环境等保障员工的合法权益的责任。

4. 供应商与企业的财务关系

供应商位于企业供应链的前端，供应商为企业提供原材料、燃料、商品等，是企业的供货方。在供应商与企业之间的交易中按照供货和结算方式的不同，供应商与企业之间的关系在一定阶段表现为债权债务关系。供应商和企业在同一个商业生态系统中，相互之间需形成共同发展的合作共赢关系，才能创造更大的产业链价值。

5. 客户与企业的财务关系

客户是企业价值实现的源泉。根据销售过程中商品提供和价款结算方式的不同，客户和企业之间的关系在一定阶段表现为债务债权关系。企业需要制定合理的收账政策，确保收入能够及时形成并按时收到价款。在买方市场环境下，开拓和维持客户是企业一项非常重要的工作。企业需要确保产品质量，保障消费安全和消费者的合法权益，提供完善的售后服务，为客户排忧解难。

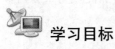

任务实施

任务资料和任务目标见本任务的"任务导入"，具体任务实施过程如下。

企业的财务管理活动主要包括筹资管理、投资管理、营运资金管理和利润管理方面的活动，企业需要妥善处理与利益相关者之间的财务关系。因此，华龙公司新设立的财务管理部门要负责筹资管理、投资管理、营运资金管理策略和利润分配方案的制定等与企业资金和价值管理相关的财务活动和财务关系的处理。该部门具体岗位人员要具备企业财务管理基本知识和技能，最好是具有相关工作经验的人员。

任务二　财务管理目标

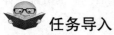

学习目标

知识目标：掌握主要的财务管理目标理论，熟悉各目标理论的优缺点。

技能目标：能帮助企业更有效地实现企业的财务管理目标。

任务导入

任务资料：

华龙公司董事会召开公司战略发展讨论会，拟将企业价值最大化作为公司财务管理目标。

任务目标：

根据财务管理的目标理论，阐述华龙公司将企业价值最大化作为公司财务管理目标的理由。

思政小贴士

青年的人生目标会有不同，职业选择也有差异，但只有把自己的小我融入祖国的大我、人民的大我之中，与时代同步伐、与人民共命运，才能更好实现人生价值、升华人生境界。

知识准备

企业的目标就是创造价值。一般而言，企业财务管理的目标就是为企业创造价值服务。鉴于财务管理主要是从价值方面对企业的商品或服务提供过程实施管理，因而财务管理可为企业的价值创造发挥重要作用。

　　企业财务管理目标有以下几种具有代表性的理论。

财务管理目标

一、利润最大化

　　利润最大化是假定企业财务管理以实现利润最大化为目标。其主要原因有三：一是人类从事生产经营活动的目的是创造更多的剩余产品，利润这个指标又恰好可以衡量剩余产品的多少；二是在自由竞争的资本市场中，资本的使用权最终属于获利最多的企业；三是只有每个企业都最大限度地创造利润，整个社会的财富才可能实现最大化，从而带来社会的进步和发展。该目标理论的优缺点如图 1-2-1 所示。

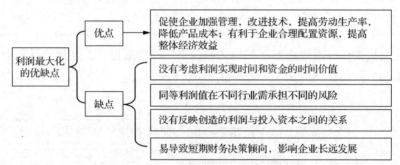

图 1-2-1　利润最大化的优缺点

　　利润最大化的另一个表现方式是每股收益最大化。每股收益最大化的观点认为，应当把企业的利润和股东投入的资本匹配起来，用每股收益来反映企业的财务管理目标。每股收益最大化在利润最大化的基础上仅可以反映创造利润与投入资本之间的关系，其他缺点依然存在。

二、股东财富最大化

　　股东财富最大化是指企业财务管理以实现股东财富最大化为目标。在上市公司，股东财富是由股东所拥有的股票数量和股票市场价格两方面决定的。在股票数量一定时，股票价格达到最高，股东财富也就达到最大。

　　与利润最大化相比，股东财富最大化的优缺点如图 1-2-2 所示。

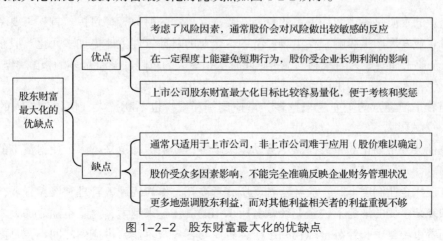

图 1-2-2　股东财富最大化的优缺点

三、企业价值最大化

企业价值最大化是指企业财务管理以实现企业的价值最大化为目标。企业价值是所有者权益和债权人权益的市场价值，或者可以表示为企业所能创造的预计未来现金流量的现值（现值考虑了资金的时间价值和风险价值两个方面的因素）。因为现金流量的现值是以资金的时间价值为基础对现金流量进行折现计算得出的，所以未来现金流量的预测包含了不确定性和风险因素。

提示

企业价值是所有者权益和债权人权益的市场价值，企业价值最大化与股东财富最大化存在同样的缺点，即目标在非上市公司难以量化。

实现企业价值最大化，需要企业在保持长期稳定发展的前提下，采用最优的财务政策，结合资金的时间价值和风险与报酬的关系，实现企业总价值最大。企业价值最大化的优缺点如图1-2-3所示。

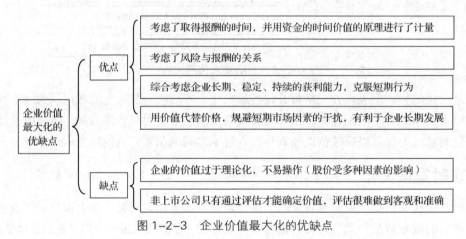

图1-2-3 企业价值最大化的优缺点

四、相关者利益最大化

现代企业的本质是多边契约关系的总和，要确立科学的财务管理目标，首先需要考虑哪些利益关系会对企业发展产生影响。在市场经济中，企业的财务管理主体更加多元化。股东作为企业所有者，在企业中拥有最大的权利与义务，同时承担最大的风险并享有最多的报酬，但是债权人、员工、企业经营者、客户、供应商和政府也为企业承担着风险。

（1）随着举债经营的企业越来越多，举债比例和规模也不断扩大，使得债权人的风险大大增加。

（2）在社会分工细化的今天，简单劳动越来越少，复杂劳动越来越多，使得员工的再就业风险不断增加。

（3）在现代企业制度下，企业经营者受所有者委托，作为代理人管理和经营企业，在激烈的市场竞争和复杂多变的形势下，企业经营者所承担的责任越来越大，风险也随之加大。

（4）随着市场竞争和经济全球化的影响，企业与客户及企业与供应商之间不再是简单的买卖关系，更多的情况下是长期的伙伴关系，处于一条供应链上，并共同参与同其他供应链的竞争，因而客户与供应商也与企业共同承担一部分风险。

（5）政府无论作为出资人，还是作为监管机构，都与企业各方的利益密切相关。

综上所述，企业的利益相关者除了包括股东，还包括债权人、企业经营者、客户、供应商、员工、政府等。因此，在确定企业财务管理目标时，不能忽视这些相关利益群体的利益。

相关者利益最大化目标，强调风险和收益的均衡，将风险控制在可以承受的范围内，具体包括以下几个方面。

（1）强调股东的首要地位，并强调企业与股东之间的协调关系。

（2）不断加强企业与债权人的关系，培养可靠的资金供应者。

（3）强化对企业经营者的监督和控制，建立有效的激励机制以便企业战略目标的顺利实施。

（4）关心客户的长期利益，以便保持销售收入的长期稳定增长。

（5）加强企业与供应商的协作，共同面对市场竞争，并注重企业形象的宣传，遵守承诺，讲究信誉。

（6）合法保障企业普通员工的利益，创造优美、和谐的工作环境，提供合理、恰当的福利待遇，培养员工长期努力为企业工作。

（7）保持企业与政府部门的良好关系。

相关者利益最大化的优缺点如图 1-2-4 所示。

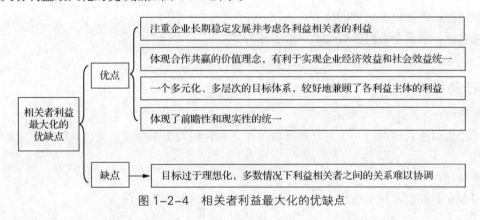

图 1-2-4　相关者利益最大化的优缺点

五、各种财务管理目标之间的关系

企业存在的前提是股东的投入，股东在企业承担着最大的风险，当然也需要匹配最高的收益，即实现股东财富最大化。当然，以股东财富最大化为核心和基础，还需要考虑其他利益相关者的利益。利润最大化、每股收益最大化、股东财富最大化、企业价值最大化以及相关者利益最大化等各种财务管理目标都是以股东财富最大化为基础的，表 1-2-1 为各种财务管理目标特点的比较。

表 1-2-1　　　　　　　　各种财务管理目标特点的比较

财务管理目标理论	投入与产出对比	取得利润的时间	风险	长远发展	衡量难易度
利润最大化	×	×	×	×	容易
每股收益最大化	√	×	×	×	容易
股东财富最大化	√	√	√	√	上市公司容易

续表

财务管理目标理论	投入与产出对比	取得利润的时间	风险	长远发展	衡量难易度
企业价值最大化	√	√	√	√	过于理论化，难以操作
相关者利益最大化	√	√	√	√	难以操作

注："√"为考虑了该因素，"×"为未考虑该因素。

任务实施

任务资料和任务目标见本任务的"任务导入"，具体任务实施过程如下。

华龙公司选择将企业价值最大化作为企业财务管理目标的主要理由：该目标有利于规避企业短期行为，持续提升企业获利能力，均衡风险与报酬的关系。当然，该目标存在企业的价值过于理论化的特点，非上市公司较难量化考核和评价。

任务三　财务管理环节

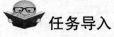

学习目标

知识目标：熟悉财务管理的环节。

技能目标：熟悉企业财务管理的一般工作程序。

任务导入

任务资料：

华龙公司财务管理部门为了更好地开展工作，召开相关工作会议，研讨具体工作中的财务管理环节。

任务目标：

根据企业财务管理环节的相关内容，讨论华龙公司的财务管理环节。

知识准备

财务管理环节是企业财务管理的一般工作程序。一般而言，企业财务管理包括以下几个环节。

一、计划与预算

1. 财务预测

财务预测是根据企业财务活动的历史资料，结合实际的要求和条件，对企业未来的财务活动做出较为具体的预计和测算的过程。财务预测可以测算各项生产经营方案的经济效益，为决策提供可靠的依据；可以预计财务收支的发展变化情况，以确定经营目标；可以测算各项定额和标准，为编制计划、分解计划指标服务。

财务管理环节

财务预测方法主要有定性预测和定量预测两类。定性预测法，主要利用直观材料，依靠个人的主观判断和综合分析能力，对事物未来的状况和趋势做出预测；定量预测法，主要是根据变量之间存在的数量关系建立数学模型来进行预测。

2．财务计划

财务计划是根据企业整体战略目标和规划，结合财务预测的结果，对财务活动进行规划，并以指标形式落实到每一计划期间的过程。财务计划主要通过指标和表格，以货币形式反映在一定的计划期内企业生产经营活动所需要的资金及其来源、财务收入和支出、财务成果及其分配的情况。

确定财务计划指标的方法一般有平衡法、因素法、比例法和定额法等。

3．财务预算

财务预算是根据财务战略、财务计划和各种预测信息，确定预算期内各种预算指标的过程。它是财务战略的具体化，是财务计划的分解和落实。

财务预算的编制方法通常包括固定预算法与弹性预算法、增量预算法与零基预算法、定期预算法与滚动预算法等。

二、决策与控制

1．财务决策

财务决策是指按照财务战略目标的总体要求，利用专门的方法对各种备选方案进行比较和分析，从中选出最佳方案的过程。财务决策是财务管理的核心，财务决策的成功与否直接关系到企业的兴衰成败。

财务决策方法主要有两类：一类是经验判断法，即根据决策者的经验来判断选择，常用的方法有淘汰法、排队法、归类法等；另一类是定量分析方法，常用的方法有优选对比法、数学微分法、线性规划法、概率决策法等。

2．财务控制

财务控制是指利用有关信息和特定手段，对企业的财务活动施加影响或调节，以便实现计划所规定的财务目标的过程。

财务控制方法通常有前馈控制、过程控制、反馈控制等。财务控制措施一般包括预算控制、运营分析控制和绩效考评控制等。

三、分析与考核

1．财务分析

财务分析是指根据企业财务报表等资料，采用专门方法，系统分析和评价企业的财务状况、经营成果以及未来趋势的过程。

财务分析方法通常有比较分析法、比率分析法和因素分析法等。

2．财务考核

财务考核是指将报告期内有关责任单位和个人的实际完成数与规定的考核指标进行对比，确定有关责任单位和个人任务完成情况的过程。财务考核与奖惩紧密联系，是贯彻责任制原则的要求，也是构建激励与约束机制的关键环节。

财务考核的形式多种多样，可以用绝对指标、相对指标、完成百分比考核，也可用多种财务指标进行综合评价考核。

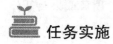

> **提示**
>
> 财务管理的流程是：预测→计划→预算编制→决策→控制→分析→考核。

任务实施

任务资料和任务目标见本任务的"任务导入"，具体任务实施过程如下。

按照企业财务管理的一般工作程序，华龙公司的财务管理环节主要有计划与预算、决策与控制、分析与考核。计划与预算主要包括财务预测、财务计划和财务预算。决策与控制主要包括财务决策与财务控制。分析与考核主要包括财务分析与财务考核。

任务四　财务管理环境

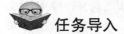

学习目标

知识目标：熟悉财务管理环境，掌握经济环境和金融环境的相关内容。

技能目标：会对企业的财务管理环境进行分析，指导企业的财务管理工作。

任务导入

任务资料：

华龙公司在年度工作会议中，对未来的经济环境进行分析，预期会有通货膨胀的可能性。

任务目标：

根据经济环境相关因素分析，阐述如果未来发生通货膨胀，华龙公司可以采取什么样的有效措施。

知识准备

财务管理环境是指对企业财务活动和财务管理产生影响的企业内外各种条件的统称，主要包括技术环境、经济环境、金融环境、法律环境等。

一、技术环境

财务管理的技术环境，是指财务管理得以实现的技术手段和技术条件，它决定着财务管理的效率和效果。会计信息系统是财务管理技术环境中的一项重要内容。在企业内部，会计信息主要提供给管理层决策使用；在企业外部，会计信息则主要为企业的投资者、债权人等提供服务。随着大数据、智能化、人工智能等数智化技术不断应用到财务管理领域（如财务共享），财务管理的技术环境更容易实现数据共享、资源共享，便于信息使用者通过数据分析进行投资决策。

财务管理环境

二、经济环境

经济环境主要包括经济体制、经济周期、经济发展水平、宏观经济政策及通货膨胀水平等，是财务管理各种外部环境中最为重要的。

（一）经济体制

在市场经济体制下，企业是自主经营、自负盈亏的经济实体，具有独立的经营权和理财权。企业可以根据自身需要，合理确定资金需要量，在市场上筹集资金，再把资金投放到高效益的项目上获得收益，将收益按照一定的原则进行分配。企业应根据自身条件和外部环境做出财务管理决策并组织实施。

（二）经济周期

市场经济条件下，经济的发展与运行大体上经历复苏、繁荣、衰退和萧条几个阶段的循环，这种循环叫作经济周期。

在不同的经济周期，企业应采用不同的财务管理战略。西方财务学者探讨了经济周期中的财务管理战略，现归纳如表 1-4-1 所示。

表 1-4-1　　　　　　　　　　　　　经济周期中的财务管理战略

复苏	繁荣	衰退	萧条
1. 增加厂房设备	1. 扩充厂房设备	1. 停止扩张	1. 建立投资标准
2. 实行长期租赁	2. 继续增加存货	2. 出售多余设备	2. 保持市场份额
3. 增加存货储备	3. 提高产品价格	3. 停产不利产品	3. 压缩管理费用
4. 开发新产品	4. 开展营销规划	4. 停止长期采购	4. 放弃次要利益
5. 增加劳动力	5. 增加劳动力	5. 削减存货	5. 削减存货
		6. 停止扩招雇员	6. 裁减雇员

（三）经济发展水平

财务管理的发展水平是和经济发展水平密切相关的，经济发展水平越高，财务管理水平也越高。财务管理水平的提高，将推动企业降低成本、改进效率、提高效益，从而促进经济发展水平的提高；而经济发展水平的提高，将改变企业的财务战略、财务理念、财务管理模式和财务管理的方法手段，从而促进企业财务管理水平的提高。财务管理应当以经济发展水平为基础，以宏观经济发展目标为导向，从业务工作角度保证企业经营目标和经营战略的实现。

（四）宏观经济政策

财务管理活动受到宏观经济政策的影响。如金融政策中的货币发行量、信贷规模会影响企业筹资的资金来源和投资的预期收益；财税政策会影响企业的资本结构和投资项目的选择等；价格政策会影响资金的投向和投资的回收期及预期收益；会计制度的改革会影响会计要素的确认和计量，进而对企业财务活动的事前预测、决策及事后的评价产生影响等。

（五）通货膨胀水平

通货膨胀对企业财务活动的影响是多方面的，主要表现在以下几个方面。

（1）引起企业利润虚增，过度的利润分配带来资金的流失。

（2）引起资金占用量的增加，增加企业的筹资需求。

（3）引起利率上升，增加企业的筹资成本。

（4）引起资金供应紧张，增加企业的筹资难度。

（5）引起有价证券价格下降，增加企业的筹资难度。

为了减轻通货膨胀对企业造成的不利影响，企业应当采取措施予以防范。在通货膨胀初期，企业可以通过投资避免货币贬值的风险，实现资本保值；与客户签订长期购货合同，以减少物价上涨造成的损失；取得长期负债，保持资本成本的稳定。在通货膨胀持续期，企业可以采用比较严格的信用条件，减少企业债权；调整财务政策，防止和减少企业资本流失等。

三、金融环境

（一）金融机构、金融工具与金融市场

金融机构主要是指银行和非银行金融机构。银行是指经营存款、放款、汇兑、储蓄等金融业务，承担信用中介职能的金融机构，包括各种商业银行和政策性银行。非银行金融机构主要包括保险公司、信托投资公司、证券公司、财务公司、金融资产管理公司、金融租赁公司等机构。

金融工具是指融通资金双方在金融市场上进行资金交易、转让的工具，借助金融工具，资金从供给方转移到需求方。金融工具分为基本金融工具和衍生金融工具两大类。常见的基本金融工具有货币、票据、债券、期货等。衍生金融工具又称派生金融工具，是在基本金融工具的基础上通过特定技术设计形成的新融资工具，如各种远期合约、互换、掉期、资产支持证券等，衍生金融工具种类非常复杂、繁多，具有高风险、高杠杆效应的特点。

金融市场是指资金供应者和资金需求者双方通过一定的金融工具进行交易而融通资金的场所。金融市场的构成要素包括资金供应者和资金需求者、金融工具、交易价格、组织方式等。金融市场为企业融资和投资提供了场所，可以帮助企业实现长短期资金转换、引导资本流向和流量、提高资本效率。

（二）金融市场的分类

金融市场可以按照不同的标准进行分类。

1. 货币市场和资本市场

以期限为标准，金融市场可分为货币市场和资本市场。货币市场又称短期金融市场，是指以期限在1年以内的金融工具为媒介，进行短期资金融通的市场，包括同业拆借市场、票据市场、大额定期存单市场和短期债券市场；资本市场又称长期金融市场，是指以期限在1年以上的金融工具为媒介，进行长期资金交易活动的市场，包括股票市场和债券市场。

2. 发行市场和流通市场

以功能为标准，金融市场可分为发行市场和流通市场。发行市场又称一级市场，主要处理金融工具的发行与最初购买者之间的交易；流通市场又称二级市场，主要处理现有金融工具转让和变现的交易。

3. 资本市场、外汇市场和黄金市场

以融资对象为标准，金融市场可分为资本市场、外汇市场和黄金市场。资本市场以货币和资本为交易对象，外汇市场以各种外汇金融工具为交易对象，黄金市场则是集中进行黄金买卖和金币兑换的交易市场。

4．基础性金融市场和金融衍生品市场

以所交易金融工具的属性为标准，金融市场可分为基础性金融市场与金融衍生品市场。基础性金融市场是指以基础性金融产品为交易对象的金融市场，如商业票据、企业债券、企业股票的交易市场；金融衍生品市场是指以金融衍生品为交易对象的金融市场，如远期、期货、掉期（互换）、期权，以及具有远期、期货、掉期（互换）、期权中一种或多种特征的结构化金融工具的交易市场。

5．地方性金融市场、全国性金融市场和国际性金融市场

以地理范围为标准，金融市场可分为地方性金融市场、全国性金融市场和国际性金融市场。

（三）货币市场

货币市场的主要功能是调节短期资金融通。其主要特点如下。①期限短，一般为 3～6 个月，不超过 1 年。②交易目的是解决短期资金周转问题。它的资金来源主要是资金所有者暂时闲置的资金，融通资金的用途一般是弥补短期资金的不足。③金融工具有较强的"货币性"，具有流动性强、价格平稳、风险较小等特性。货币市场主要有拆借市场、票据市场、大额定期存单市场和短期债券市场等。拆借市场是指银行（包括非银行金融机构）同业之间进行短期资金拆借交易的场所。拆借交易一般没有固定的场所，主要通过电信手段成交，期限按日计算，一般不超过 1 个月。票据市场包括票据承兑市场和票据贴现市场。票据承兑市场是票据流通转让的基础；票据贴现市场是对未到期票据进行贴现，为客户提供短期资本融通，包括贴现、再贴现和转贴现的市场。大额定期存单市场是一种买卖银行发行的可转让大额定期存单的市场。短期债券市场主要买卖 1 年期以内的短期企业债券和政府债券，尤其是政府的国库券。短期债券的转让可以通过贴现或买卖的方式进行。短期债券以其信誉好、期限短、利率优惠等优点，成为货币市场中的重要金融工具。

（四）资本市场

资本市场的主要功能是实现长期资本融通。其主要特点如下。①融资期限长，一般在 1 年以上，最长可达 10 年以上。②融资目的是解决长期投资性资本的需要，用于补充长期资本，扩大生产能力。③资本借贷量大。④收益较高，风险也较大。

资本市场主要包括债券市场、股票市场、期货市场和融资租赁市场等。

债券市场和股票市场由证券（债券和股票）发行和证券流通构成。在证券流通中，参与者除了买卖双方外，还包括证券经纪人、证券商等中介，其在流通市场中发挥着各自的作用。

期货市场主要包括商品期货市场和金融期货市场。期货市场具有规避风险、发现价格、风险投资的功能。商品期货交易的品种主要包括农产品和经济作物、畜产品、有色金属、贵金属和能源等大宗初级产品。金融期货主要包括外汇期货、利率期货和股指期货。

融资租赁市场是通过资产租赁实现长期资金融通的市场，它具有融资与融物相结合的特点，融资期限一般与资产租赁期限一致。

四、法律环境

法律环境是指企业与外部发生经济关系时应遵守的有关法律、法规和规章。法律环境主要影响企业组织形式、公司治理结构、投融资活动、日常经营、利润分配等。不同种类的法律，分别从不同方面约束企业的经济行为，对企业财务管理产生影响。市场经济是法制经济，企业的所有经济活动都是在一定法律规范内进行的。法律既约束企业的非法经济行为，也为企业从事各种合

法经济活动提供保护。

国家相关法律法规按照对财务管理内容的影响情况可以分为以下几类。

（1）规范企业筹资活动的法律规范，主要有我国金融相关法规、《中华人民共和国公司法》《中华人民共和国证券法》《中华人民共和国民法典》等。

（2）规范企业投资活动的法律规范，主要有《中华人民共和国证券法》《中华人民共和国公司法》《企业财务通则》等。

（3）规范企业利润分配的法律规范，主要有我国税收相关法规、《中华人民共和国公司法》《企业财务通则》等。

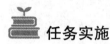

任务实施

任务资料和任务目标见本任务的"任务导入"，具体任务实施过程如下。

为了减轻通货膨胀对华龙公司造成的不利影响，华龙公司应当采取措施予以防范。在通货膨胀初期，货币面临着贬值的风险，这时华龙公司进行投资可以避免风险，实现资本保值；与客户签订长期购货合同，从而减少物价上涨对公司造成的损失；取得长期负债，保持资本成本的稳定。在通货膨胀持续期，华龙公司可以采用比较严格的信用条件，减少企业债权；调整财务政策，防止或减少企业资本流失等。

课程思政——勤学篇

一是要勤学，下得苦功夫，求得真学问。知识是树立核心价值观的重要基础。古希腊哲学家说，知识即美德。我国古人说："非学无以广才，非志无以成学"。大学的青春时光，人生只有一次，应该好好珍惜。为学之要贵在勤奋、贵在钻研、贵在有恒。鲁迅先生说过："哪里有天才，我是把别人喝咖啡的工夫都用在工作上的。"大学阶段，"恰同学少年，风华正茂"，有老师指点，有同学切磋，有浩瀚的书籍引路，可以心无旁骛求知问学。此时不努力，更待何时？要勤于学习、敏于求知，注重把所学知识内化于心，形成自己的见解，既要专攻博览，又要关心国家、关心人民、关心世界，学会担当社会责任。

选自《习近平：青年要自觉践行社会主义核心价值观——在北京大学师生座谈会上的讲话》

课后练习

一、单项选择题

1. 若上市公司以股东财富最大化作为财务管理目标，则衡量股东财富大小最直观的指标是（　　）。

    A. 净利润　　　　　　B. 净资产收益率　　　C. 每股收益　　　　　　D. 股价

2. 下列财务管理目标中，容易导致企业短期行为的是（　　）。

    A. 相关者利益最大化　　　　　　　　B. 企业价值最大化

    C. 股东财富最大化　　　　　　　　　D. 利润最大化

3. 与企业价值最大化财务管理目标相比，股东财富最大化目标的局限性是（　　　）。
   A. 对债权人的利益重视不够　　　　　B. 容易导致企业的短期行为
   C. 没有考虑风险因素　　　　　　　　D. 没有考虑货币时间价值

4. 下列有关企业财务管理目标的表述中，错误的是（　　　）。
   A. 企业价值最大化目标弥补了股东财富最大化目标过于强调股东利益的不足
   B. 相关者利益最大化目标认为应当将除股东之外的其他利益相关者置于首要地位
   C. 利润最大化目标要求企业提高资源配置效率
   D. 股东财富最大化目标比较适用于上市公司

5. 目前我国正全面推进会计信息化工作，下列财务管理环境中，随之得到改善的是（　　　）。
   A. 经济环境　　　　B. 金融环境　　　　C. 市场环境　　　　D. 技术环境

6. 相对于资本市场而言，下列各项中，属于货币市场特点的是（　　　）。
   A. 收益高　　　　　B. 期限长　　　　　C. 流动性强　　　　D. 风险大

二、多项选择题

1. 下列有关相关者利益最大化目标的具体内容中，正确的有（　　　）。
   A. 强调尽可能降低风险　　　　　　　B. 强调所有相关者的首要地位
   C. 加强对企业代理人的监督和控制　　D. 保持与政府部门的良好关系

2. 下列各项企业财务管理目标中，能够同时考虑避免企业追求短期行为和风险因素的有（　　　）。
   A. 利润最大化　　　　　　　　　　　B. 股东财富最大化
   C. 企业价值最大化　　　　　　　　　D. 相关者利益最大化

3. 公司的下列行为中，可能损害债权人利益的有（　　　）。
   A. 发行股票　　　　　　　　　　　　B. 加大为其他企业提供的担保
   C. 提高资产负债率　　　　　　　　　D. 加大高风险投资比例

4. 下列各项中，属于财务管理经济环境构成要素的有（　　　）。
   A. 经济周期　　　　B. 通货膨胀水平　　　C. 宏观经济政策　　　D. 公司治理结构

5. 下列应对通货膨胀风险的各项策略中，不正确的有（　　　）。
   A. 进行长期投资　　　　　　　　　　B. 签订长期销货合同
   C. 取得长期借款　　　　　　　　　　D. 增加企业债权

6. 为了应对通货膨胀给企业造成的影响，企业可以采取的措施有（　　　）。
   A. 放宽信用期限　　　　　　　　　　B. 取得长期负债
   C. 减少企业债权　　　　　　　　　　D. 签订长期购货合同

7. 下列各项中，属于衍生金融工具的有（　　　）。
   A. 从其他方收取现金或其他金融资产的合同权利
   B. 互换合同
   C. 向其他方交付现金或其他金融资产的合同义务
   D. 远期合同

8. 下列金融市场类型中，能够为企业提供中长期资金来源的有（　　　）。
   A. 拆借市场　　　　B. 股票市场　　　　C. 期货市场　　　　D. 票据贴现市场

9. 下列各项中，属于衍生金融工具的有（　　　）。

A. 互换   B. 可转换债券   C. 资产支持证券   D. 掉期

10. 与资本性金融工具相比，下列各项中，属于货币性金融工具特点的有（　　　）。

A. 期限较长   B. 流动性强   C. 风险较小   D. 价格平稳

三、判断题

1. 就上市公司而言，将股东财富最大化作为财务管理目标的缺点之一是目标不容易被量化。（　　　）

2. 企业财务管理的目标理论包括利润最大化、股东财富最大化、企业价值最大化和相关者利益最大化等理论，其中，企业价值最大化、股东财富最大化和相关者利益最大化都是以利润最大化为基础的。（　　　）

3. 对于以相关者利益最大化为财务管理目标的公司来说，最为重要的利益相关者应当是公司员工。（　　　）

4. 在经济衰退初期，公司一般应当出售多余设备，停止长期采购。（　　　）

5. 不考虑其他因素的影响，通货膨胀一般导致市场利率下降，从而降低了企业的筹资难度。（　　　）

6. 金融工具的风险性是指金融工具在必要时迅速转变为现金而不致遭受损失的能力。（　　　）

7. 金融市场可以划分为货币市场和资本市场，股票市场属于资本市场。（　　　）

8. 金融工具的流动性是指金融工具在必要时迅速转变为现金而不致遭受损失的能力。（　　　）

9. 以融资对象为划分标准，可将金融市场分为资本市场、外汇市场和黄金市场。（　　　）

项目二

财务管理的价值理念

项目导读 ↓

财务管理的价值理念

一、货币时间价值

货币时间价值，是指没有风险和没有通货膨胀的情况下，货币经历一定时间的投资和再投资所增加的价值，也称为资金的时间价值。没有通货膨胀时，短期国债的利率可以视为纯利率。

复利终值是指现在的特定资金按复利计算方法，折算到将来某一时点的价值；或者是现在的一定本金在将来一定时间，按复利计算的本金与利息之和，简称本利和。复利现值是指未来某一时点的特定资金按复利计算方法，折算到现在的价值；或者是为取得将来一定本利和，现在所需要的本金。

普通年金是年金的最基本形式，它是指从第一期起，在一定时期内每期期末等额收付的系列款项，又称为后付年金。对于等额收付 n 次的普通年金而言，其终值指的是各期等额收付金额在第 n 期期末的复利终值之和。年偿债基金是指为了在约定的未来某一时点清偿某笔债务或积聚一定数额的资金而必须分次等额形成的存款准备金。年资本回收额是指在约定年限内等额回收初始投入资本的金额。

现值或终值系数已知时，利用插值法求实际利率。实际利率的计算主要包括一年多次计息时的实际利率和考虑通货膨胀情况下的实际利率的计算。

二、风险和收益

资产收益，是指资产的价值在一定时期的增值。资产收益率主要包括实际收益率、预期收益率、必要收益率。

风险是指收益的不确定性。衡量风险的指标有收益率的方差、标准差和标准差率等。应对风险的策略有规避风险、减少风险、转移风险和接受风险。

证券资产组合的预期收益率是组成证券资产组合的各种资产收益率的加权平均数，其权数为各种资产在组合中的价值比例。非系统风险，是指发生于个别公司的特有事件造成的风险。系统风险，又被称为市场风险或不可分散风险，是影响所有资产的、不能通过资产组合而消除的风险。不同资产的系统风险不同，度量一项资产的系统风险的指标是 β 系数。某一资产 β 系数的大小反映了该资产收益率波动与整个市场收益率波动之间的相关性及程度。

资本资产定价模型的基本原理为：

$$R = R_f + \beta \cdot (R_m + R_f)$$

式中：R 表示某资产的必要收益率；β 表示该资产的系统风险系数；R_f 表示无风险收益率；R_m

表示市场组合收益率。

任务一　货币时间价值

学习目标

知识目标：掌握货币时间价值的原理、复利终值和现值的计算方法、年金终值和现值的计算方法、利率的计算方法、资产收益率的计算方法、资本资产定价模型，熟悉风险指标的衡量方法。

技能目标：会复利终值和现值的计算、年金终值和现值的计算、利率的计算、资产收益率的计算、风险指标的计算，并会运用资本资产定价模型。

任务导入

任务资料：

华龙公司于 2021 年 1 月 1 日购置一条生产线，有四种付款方案可供选择。

方案一：2023 年年初支付 100 万元。

方案二：2021 年至 2023 年每年初支付 30 万元。

方案三：2022 年至 2025 年每年初支付 24 万元。

方案四：2023 年至 2027 年每年初支付 21 万元。

公司选定的折现率为 10%。

任务目标：

（1）计算方案一、二、三、四的现值。

（2）判断华龙公司应选择哪种付款方案。

知识准备

货币时间价值（the Time Value of Money，TVM），是指货币经过一段时间的投资和再投资后所增加的价值，也称为资金的时间价值。从量的规定性来看，货币时间价值是指在没有风险和通货膨胀条件下的社会平均资金利润率。企业在投资某一项目或行业时，要求利润率至少要达到社会平均资金利润率，否则不如投资另外的项目或行业。现实中，人们习惯用相对数表示货币时间价值，即用增加的价值占投入货币的百分比来表示。用相对数表示的货币时间价值也称为纯粹利率（简称纯利率）。没有通货膨胀时，短期国债的利率可视为纯利率。

货币时间价值

货币时间价值为财务管理最基本的价值理念。财务管理对货币时间价值的研究，主要体现在资金筹集、运用和分配等方面。由于货币随时间的延续而增值，不同时间单位货币的价值不相等，所以，不同时间的货币不宜直接进行比较，需要把它们换算到相同的时点进行比较才有意义。例如，今天将 1 元存入银行，在银行年利率为 2% 的情况下，一年后就是 1.02 元。可见，经过一年，今天的 1 元发生了 0.02 元的增值，今天的 1 元与一年后的 1.02 元经济价值相等。货币随时间而增长的过程与复利的计算过程在数学上相似，因此，在换算时广泛使用复利计算的方法。

货币时间价值的表现形式有两种：现值（Present Value，PV），仅包含本金，即现在的价值，是未来某一时点上的货币按一定的利率折算到现在的价值；终值（Future Value，FV），包含本利和，未来的价值是现在一定量的货币按一定的利率折算到未来某一时点的价值。

现值和终值的计算涉及计息方式。目前的计息方式有两种：单利和复利。在单利方式下，只有本金计算利息。而在复利方式下，不仅本金计算利息，而且利息也要计算利息，俗称"利滚利"。

为了方便计算货币时间价值，用 P 表示现值，用 F 表示终值，用 I 表示利息，用 i 表示利息率，用 n 表示计息期数，计息间隔期一般为 1 年。除非特别说明，本书中货币时间价值计算都采用这种表示方法，后面将不再单独说明。

本书会使用一个非常有效的分析资金流动的工具——时间数轴，时间数轴是从现在（一般用 0 点来表示）开始的一个指向未来方向的数轴。时间数轴被划分为相等的间隔期。第 1 个间隔期（第 1 年）从 0 点到 1 点（间隔期为 1 年），0 点是第 1 年的年初，1 点是第 1 年的年末；第 2 个间隔期（第 2 年）从 1 点到 2 点，1 点是第 2 年的年初，2 点是第 2 年的年末；依次类推，第 n 年的年初是 $n-1$ 点，第 n 年的年末是 n 点。如果用年来表示间隔期，具体如图 2-1-1 所示。

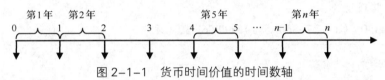

图 2-1-1　货币时间价值的时间数轴

一、单利终值和现值

任何在银行有过存款经历的人，都应该熟悉单利这种计息方式，即只对本金计算利息，对利息不计算利息。

1. 单利终值

单利终值的计算公式为：

$$F = P \cdot (1 + i \cdot n)$$

【例 2-1-1】某人将 10 000 元存入银行，当年利率为 3% 时，3 年后单利终值是多少？

F＝10 000×（1+3%×3）

　＝10 900（元）

2. 单利现值

单利现值与终值的计算是互逆的。单利现值的计算公式为：

$$P = F \div (1 + i \cdot n)$$

【例 2-1-2】某人欲在 4 年后购置一套价值 112 万元的房产，则在单利年利率为 3% 的情况下，现在须存入银行的资金为多少？

P＝112÷（1+4×3%）＝100（万元）

> **提示**
>
> 我国银行存款，在单个存期内利息按单利计算，多个存期之间利息按复利计算。
>
> 如：2015 年 2 月 28 日存入三年期定期存款，假设自动转存。
>
> 2015—2018 年是第一个存期（三年），按单利计算利息。

2018—2021 年是第二个存期（三年），按单利计算利息。

这种情况下，以第一个存期到期后（2018 年 2 月 28 日）的本息合计当作第二个存期的本金，进行利息计算，也就是说第一个存期的利息起到了复利的作用。

【例 2-1-3】 华龙公司收到一张面值为 100 000 元的带息票据，票面年利率为 3%，出票日为 2021 年 3 月 6 日，到期日为 2021 年 8 月 15 日。公司急需资金，于 2021 年 4 月 10 日到银行办理贴现，银行规定的贴现率为 5%。请问：票据的到期值和现值各是多少？

票据的到期值即票据的终值。

华龙公司持有票据的天数按照"算头不算尾"计算，持有票据的天数为：3 月 26 天，4 月 30 天，5 月 31 天，6 月 30 天，7 月 31 天，8 月 14 天，合计 162 天，该票据的到期值为：

$$F=100\ 000 \times (1+162 \div 360 \times 3\%)=101\ 350\ （元）$$

将未到期的票据申请贴现，实质上是根据其到期值求现值。该票据贴现期按照"算头不算尾"计算，该票据的剩余天数为：4 月 21 天，5 月 31 天，6 月 30 天，7 月 31 天，8 月 14 天，合计 127 天。所以，其现值为：

$$P=F-I=101\ 350 \times (1-127 \div 360 \times 5\%)=99\ 562.30\ （元）$$

 Excel 小技巧：

使用 ACCRINTM 函数计算票据到期利息。语法：ACCRINTM（有价证券的发行日，有价证券的到期日，有价证券的年息票利率，有价证券的票面价值，日计数基准类型）。应使用 DATE 函数输入日期，或者以日期格式""输入日期。例如，使用函数 DATE(2021,3,6)或"2021/03/06""2021/3/16""2021-03-06""2021-3-6"输入 2021 年 3 月 6 日。日计数基准类型中，2 表示实际天数÷360，3 表示实际天数÷365。比如计算【例 2-1-3】中的票据到期的利息和贴现息。

票据到期利息：ACCRINTM(DATE(2021,3,6),DATE(2021,8,15),3%,100000,2)
　　　　　　　=1350（元）

票据的贴现息：ACCRINTM("2021/4/10","2021/08/15"),5%,101350,2)
　　　　　　　=1787.70（元）

二、复利终值和现值

复利计算方法，是指每经过一个计息期，要将该期的利息加入本金再计算利息，逐期滚动计算。一个计息期，是指相邻两次计息的间隔，如一年、半年等，通常指一年。

复利的终值和现值

1. 复利终值

复利终值是指现在的特定资金按复利计算方法，折算到将来某一定时点的价值；或者是现在一定的本金在将来一定时间，按复利计算的本金和利息之和，简称本利和。

在复利计息方式下，本金 P 存入银行，一年后的本利和为 $F_1=P \times (1+i)$，两年后的本利和为 $F_2=P \times (1+i) \times (1+i)=P \times (1+i)^2$，三年后的本利和为 $F_3=P \times (1+i)^2 \times (1+i)=P \times (1+i)^3$，依次类推，第 n 年的本利和 $F_n=P \times (1+i)^n$

事实上，企业生产经营中产生的资本增值会继续留在企业参与周转，因此，本书在涉及货币时间价值的问题中通常采用复利计息方式。

复利终值的计算公式为：

$$F=P\times(1+i)^n$$

式中，$(1+i)^n$被称作复利终值系数或一元的复利终值，用符号$(F/P,i,n)$表示。例如，$(F/P,10\%,5)$表示利率为10%的5期复利终值系数。为了计算方便，通常将$(F/P,i,n)$制成复利终值系数表（见附录一），使用时直接查表即可。复利终值计算公式也可写作：

$$F=P\times(F/P,i,n)$$

提示

复利终值系数的科学表示方法$(F/P,i,n)$，可以采用"求谁谁在前（F），已知写在斜杠下（P），利率（i）和期间（n），逗号来隔开"来记忆。后面学习的复利现值系数、年金终值系数和年金现值系数都可以采用这种方法记忆。

【例2-1-4】在年收益率为10%的情况下，现在投入10万元，5年后本利和会变成多少呢？其时间数轴如图2-1-2所示。

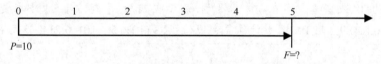

图2-1-2 时间数轴

查复利终值系数表，$(F/P,10\%,5)=1.610\,5$

$F=P\times(F/P,i,n)$

　$=10\times1.610\,5$

　$=16.11$（万元）

 Excel 小技巧：

用FV函数计算复利终值系数。FV函数基于固定利率及等额分期付款方式，返回某项投资的未来值。语法：FV（利率，期限，年金，现值，type），type表示用以指定各期的付款时间是在期初还是期末，type为0或省略表示在期末，为1表示在期初。【例2-1-4】中求复利终值系数：FV(10%,5,,-1)=1.610 5。用FV函数计算复利终值：FV(10%,5,,-10)=16.11（万元）。

2. 复利现值

复利现值是指未来某一时点的特定资金按复利计算方法，折算到现在的价值；或者是为取得将来一定本利和，现在所需要的本金。

理解了复利终值，复利现值的计算就不难了。求出未来值的现在价值的过程，就是复利现值的计算过程。复利现值的计算与复利终值的计算是互逆的，计算公式为：

$$P=F\div(1+i)^n=F\times(1+i)^{-n}$$

式中，$(1+i)^{-n}$被称作复利现值系数或一元的复利现值，用符号$(P/F,i,n)$表示。同样，为了计算方便，通常将$(P/F,i,n)$制成复利现值系数表（见附录二），使用时直接查表即可。复利现值计算公式也可写作：

$$P=F\times(P/F,i,n)$$

【例 2-1-5】 某人希望一项投资在 5 年后本利和总额达到 10 万元，在投资收益率为 10% 的情况下，现在需要投资多少元？其时间数轴如图 2-1-3 所示。

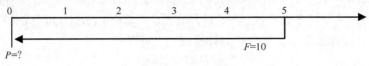

图 2-1-3　时间数轴

查复利现值系数表，$(P/F,10\%,5)=0.620\,9$

$P=F\times(P/F,i,n)$

　$=10\times0.620\,9$

　$=6.21$（万元）

Excel 小技巧：

用 PV 函数计算复利现值系数。PV 函数基于固定利率及等额分期付款方式，返回某项投资的现值。语法：PV(利率,期限,年金,现值,type)，type 表示用以指定各期的付款时间是在期初还是期末，type 为 0 或省略表示在期末，为 1 表示在期初。【例 2-1-5】中求复利现值系数：PV(10%,5,,-1)=0.620 9。用 PV 函数计算复利现值：PV(10%,5,,-10)=6.21（万元）。

提示

在复利终值和现值的计算中，现值可以泛指资金在某个特定时间段的"前一个时点"（而不一定是真的"现在"）的价值，终值可以泛指资金在该时间段的"后一个时点"的价值。可以按照要求将该时间段划分为若干个计算期，使用相应的利息率和复利计息方法，计算某个时点的资金相当于其他时点的价值是多少。终值和现值是相对的概念。

三、年金终值和现值

在理财活动中，经常会遇到等额的系列现金收支情况。例如，保险费、养老金、等额分期收付款等。要计算这些收支的现值（终值），完全可以采用系列不等额收支的现值（终值）的计算方法，但是这个过程麻烦而且枯燥。为了简便地计算出这些在一定期间内间隔期相等的系列等额收付款项，下面引入年金的概念和算法。

年金是指间隔期相等的系列等额收付款项。根据年金首次发生时点的不同，年金可以分为普通年金、预付年金、递延年金和永续年金四种。

年金及其分类

提示

年金是系列、连续、等额收支的金额，不符合上述任何一个条件都不是年金。不符合年金概念的收支，只能用复利现值和终值计算方法，不能用年金现值和终值的计算方法。

（一）普通年金

普通年金，又称后付年金，是指从第 1 期期末（时间数轴 1 点位置）开始发生收支的年金。年金（Annuity）用 A 来表示。普通年金的收付形式如图 2-1-4 所示。

图 2-1-4　普通年金的收付形式

1. 普通年金终值的计算

普通年金的终值

对于等额收付 n 次的普通年金，其终值指的是各期等额收付金额在第 n 期期末的复利终值之和。普通年金终值的计算如图 2-1-5 所示。根据复利终值的计算方法计算年金终值，则第 1 期期末 A 的终值为 $A(1+i)^{n-1}$，第 2 期期末 A 的终值为 $A(1+i)^{n-2}$，依次类推，最后一期期末 A 的终值就是 A。

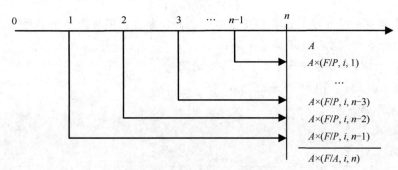

图 2-1-5　普通年金终值的计算

计算普通年金终值的一般公式为：

$$F=A+A(1+i)+A(1+i)^2+\cdots+A(1+i)^{(n-2)}+A(1+i)^{(n-1)} \tag{1}$$

等式两边同乘以 $(1+i)$，则有：

$$F(1+i)=A(1+i)+A(1+i)^2+A(1+i)^3+\cdots+A(1+i)^{(n-1)}+A(1+i)^n \tag{2}$$

式（2）-式（1），可得：

$$F(1+i)-F=A(1+i)^n-A$$

整理上式，有：

$$F = A \times \frac{(1+i)^n - 1}{i}$$

式中，$\dfrac{(1+i)^n - 1}{i}$ 称作普通年金终值系数，用符号 $(F/A,i,n)$ 表示。为了计算方便，通常将 $(F/A,i,n)$ 制成年金终值系数表（见附录三），以供查询。普通年金终值 F 的计算公式也可写作：

$$F=A \times (F/A,i,n)$$

【例 2-1-6】华龙公司有一投资项目，在 3 年建设期内每年年末从银行贷款 100 万元，贷款年利率为 10%，则第 3 年年末本息总额是多少万元？

这是计算普通年金终值的问题。

查年金终值系数表，$(F/A,10\%,3)=3.310\,0$

$F=100×(F/A,10\%,3)$

$\quad=100×3.310\ 0$

$\quad=331$（万元）

Excel 小技巧：

用 FV 函数计算年金终值系数。【例 2-1-6】中求年金终值系数：FV(10%,3,-1)=3.310 0

用 FV 函数计算年金终值。【例 2-1-6】中求年金终值：FV(10%,3,-100)=331(万元）

企业考虑每期都储备一定的金额，用于应付将来一次性的大额支出，这就是偿债基金产生的原因。年偿债基金是指为了在约定的未来某一时点清偿某笔债务或积累一定数额的资金而必须分次、等额形成的存款准备金，也就是使年金终值达到既定金额的年金数额（已知终值 F，求年金 A）。

根据 $F=A×(F/A,i,n)$，则有：

$$A=F÷(F/A,i,n)$$

【例 2-1-7】华龙公司 5 年后需要偿还 500 万元的债务，在年利率为 5% 的情况下，从现在起每年年末存入银行多少钱才能偿还这笔债务？

这是已知年金终值和年金终值系数，求年金的问题。

查年金终值系数表，$(F/A,5\%,5)=5.525\ 6$

$A=500÷(F/A,5\%,5)$

$\quad=500÷5.525\ 6$

$\quad=90.49$（万元）

Excel 小技巧：

PMT 函数也称年金函数，用来计算在固定的利率下，以等额分期付款方式偿还贷款时每期的还款额。语法：PMT（利率,期限,年金,终值,Type），Type 用以指定付款时间在期初还是在期末，Type 为 1 表示付款在期初，Type 为 0 或忽略表示付款在期末。用 PMT 函数计算偿债基金，【例 2-1-7】中求偿债基金：A=PMT(5%,5,,-500)=90.49（万元）。

2. 普通年金现值的计算

普通年金现值是指一定时期内每期期末等额收（付）款的现值之和；或者是普通年金中各期等额收付金额在第 1 期期初（0 时点）的复利现值之和。普通年金现值的计算如图 2-1-6 所示。

普通年金的现值

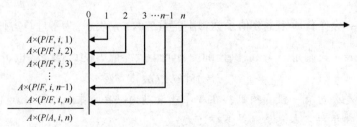

图 2-1-6 普通年金现值的计算

根据复利现值的计算方法计算年金现值，则第一年年末 A 的现值为 $A(1+i)^{-1}$，第二年年末 A 的现值为 $A(1+i)^{-2}$，依次类推，第 n 年年末 A 的现值为 $A(1+i)^{-n}$。普通年金现值 P 的一般计算公式为：

$$P=A(1+i)^{-1}+A(1+i)^{-2}+A(1+i)^{-3}+\cdots+A(1+i)^{-(n-1)}+A(1+i)^{-n} \quad （1）$$

等式两边同乘以$(1+i)$，则有：

$$P(1+i)=A+A(1+i)^{-1}+A(1+i)^{-2}+\cdots+A(1+i)^{-(n-2)}+A(1+i)^{-(n-1)} \quad （2）$$

式（2）−式（1），则有：

$$P(1+i)-P=A-A(1+i)^{-n}$$
$$P\times i=A-A(1+i)^{-n}$$
$$P=A\cdot\frac{1-(1+i)^{-n}}{i}$$

式中，$\dfrac{1-(1+i)^{-n}}{i}$ 称作普通年金现值系数，用符号$(P/A,i,n)$表示，式中 n 指的是等额收付的次数（即 A 的个数）。为了计算方便，通常将$(P/A,i,n)$制成年金现值系数表（见附录四），以供查询。普通年金现值 P 的计算公式也可写作：

$$P=A\times(P/A,i,n)$$

【例2-1-8】华龙公司的一项投资从现在起每年年末可获得投资收益 10 万元，按年利率为 10%计算，5 年收益的现值是多少？

查年金现值系数表，$(P/A,10\%,5)=3.790\,8$

$P=A\times(P/A,10\%,5)$

　$=10\times3.790\,8$

　$=37.91$（万元）

 Excel 小技巧：

用 PV 函数计算年金现值系数。**【例2-1-8】**中求年金现值系数：PV$(10\%,5,-1)=3.790\,8$。

用 PV 函数计算年金现值。**【例2-1-8】**中求年金现值：PV$(10\%,5,-10)=37.91$（万元）。

年资本回收额是指在约定年限内等额回收初始投入资本的金额。年资本回收额的计算实际上是已知普通年金现值 P，求年金 A。

$$A=P\cdot\frac{i}{1-(1+i)^{-n}}$$

式中，$\dfrac{i}{1-(1+i)^{-n}}$ 称为资本回收系数，记作$(A/P,i,n)$，该系数是年金现值系数的倒数，所以计算的时候仍然通过查找年金现值系数表进行计算，$A=P\div(P/A,i,n)$。

【例2-1-9】华龙公司采用分期付款方式购入一套房产，价款为 500 万元，付款期限为 5 年，在年利率为 10%的情况下，每年年末应支付多少元？

这是已知现值和年金现值系数求年金的问题。

根据 $P=A\times(P/A,i,n)$，可知：

$$A=P\div(P/A,i,n)$$

查年金现值系数表，$(P/A,10\%,5)=3.790\,8$

$A=500\div(P/A,10\%,5)$

　$=500\div3.790\,8$

　$=131.90$（万元）

Excel 小技巧：

用 PMT 函数计算年资本回收额。【例 2-1-9】中求年资本回收额：PMT(10%,5,-500,,)=131.90（万元）。

（二）预付年金

预付年金，是指从第 1 期开始，每期期初（从 0 点开始）等额收付的系列款项，又称即付年金或先付年金。预付年金与普通年金的区别仅在于收付款的时点不同，普通年金第 1 次收支发生在第 1 期期末（1 点），预付年金第 1 次收支发生在第 1 期期初（0 点）。预付年金的收付形式如图 2-1-7 所示。

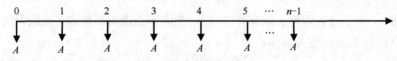

图 2-1-7　预付年金的收付形式

预付年金的终值

1. 预付年金终值的计算

根据复利终值的计算方法计算预付年金终值，则第 1 期期初 A 的终值为 $A(1+i)^n$，第 2 期期初 A 的终值为 $A(1+i)^{n-1}$，依次类推，第 n 期期初 A 的终值为 $A(1+i)$，预付年金终值 F 的一般计算公式为：

$$F=A(1+i)+A(1+i)^2+\cdots+A(1+i)^{(n-1)}+A(1+i)^n \tag{1}$$

方法一：

在公式（1）的基础上+A-A

得到：

$$F=A+A(1+i)+A(1+i)^2+\cdots+A(1+i)^{(n-1)}+A(1+i)^n-A \tag{2}$$

$$F=A[(F/A,i,n+1)-1]$$

根据普通年金的计算公式，有：

$$F = A \cdot \left[\frac{(1+i)^{n+1}-1}{i} - 1 \right]$$

式中，$\left[\dfrac{(1+i)^{n+1}-1}{i} - 1 \right]$ 称作预付年金终值系数，它与普通年金终值系数 $\left[\dfrac{(1+i)^n-1}{i} \right]$ 相比，计算期数多 1，系数少 1。预付年金终值系数可记作[(F/A,i,n+1)-1]。由于年金终值系数表是按普通年金终值编制的，所以在计算预付年金终值时应将其调整为普通年金终值来计算。这样，通过查阅年金终值系数表，得到利率为 i，期数为（$n+1$）期的年金终值系数，然后减 1，便得出对应的预付年金终值系数。可用下列公式计算预付年金的终值：

$$F=A[(F/A,i,n+1)-1]$$

方法二：

在公式（1）中提出公因式(1+i)

$$F=[A+A(1+i)+\cdots+A(1+i)^{(n-2)}+A(1+i)^{(n-1)}](1+i)$$

$$F=(F/A,i,n)(1+i)$$

即预付年金终值的计算是在同期数普通年金的基础上乘以(1+i)。

02

 提示

预付年金终值的计算以普通年金为基础，有两种方法：一是在同期数普通年金现值系数的基础上，期数加 1，系数减 1；二是在同期数普通年金的基础上乘以（1+i）。

【**例 2-1-10**】华龙公司连续 5 年于每年年初存 10 万元作为设备更新改造资金，在年利率为 10%的情况下，公司第 5 年年末取出的本利和是多少？

该题按照预付年金终值计算。

$F=A[(F/A,i,n+1)-1]$

$F=A[(F/A,10\%,6)-1]$

$\quad =10\times（7.715\,6-1）$

$\quad =67.16（万元）$

或者

$F=A(F/A,i,n)(1+i)$

$\quad =10\times6.105\,1\times（1+10\%）$

$\quad =67.16（万元）$

 Excel 小技巧：

用 FV 函数计算预付年金终值。【例 2-1-10】中求预付年金终值：FV(10%,5,-10,,1)=67.16（万元）。

2. 预付年金现值的计算

预付年金现值是指预付年金中各期等额收付金额在第 1 期期初（0 时点）的复利现值之和。

根据复利现值的计算方法计算预付年金现值，则第 1 期期初 A 的现值为 A，第 2 期期初 A 的现值为 $A(1+i)^{-1}$，依次类推，第 n 期期初 A 的现值为 $A(1+i)^{-(n-1)}$。预付年金现值 P 的一般计算公式为：

预付年金的现值

$$P=A+A(1+i)^{-1}+A(1+i)^{-2}+\cdots+A(1+i)^{-(n-1)} \qquad （1）$$

方法一：

根据普通年金现值计算公式和（1）式得：

$$P = A + A \cdot \frac{1-(1+i)^{-(n-1)}}{i}$$

$$P = A \cdot \left[\frac{1-(1+i)^{-(n-1)}}{i} + 1 \right]$$

式中，$\left[\dfrac{1-(1+i)^{-(n-1)}}{i} + 1 \right]$ 称作预付年金现值系数，它与普通年金现值系数 $\dfrac{1-(1+i)^{-n}}{i}$ 相比，计算期数少 1，系数多 1。即预付年金现值系数可记作 $[(P/A,i,n-1)+1]$。同样，计算预付年金现值时应将其调整为普通年金现值来计算。这样，通过查阅年金现值系数表，得到利率为 i，期数为

（n-1）期的年金现值系数，然后加 1，便得出对应的预付年金现值系数。可用下列公式计算预付年金现值：

$$P=A[(P/A,i,n-1)+1]$$

方法二：

等式（1）两边同乘以$(1+i)^{-1}$

$$P(1+i)^{-1}=A(1+i)^{-1}+A(1+i)^{-2}+A(1+i)^{-3}+\cdots+A(1+i)^{-n} \qquad （2）$$

即：$P(1+i)^{-1}=A\times(P/A,i,n)$

等式两边同乘以$(1+i)$

$$P=A\times(P/A,i,n)(1+i)$$

式中，n 表示等额收付的次数（A 的个数），即预付年金现值的计算是在同期数普通年金的基础上乘以$(1+i)$。

提示

预付年金现值的计算以普通年金为基础，有两种方法：一是在同期数普通年金现值系数的基础上，期数减 1，系数加 1；二是在同期数普通年金的基础上乘以（$1+i$）。

【例 2-1-11】华龙公司销售机械设备，采用分 5 期等额的方式收取款项，每年年初收到款项 10 万元，假设年利率为 10%。如果在第 1 年年初一次性收款，则该设备合理的定价是多少？

$P=A[(P/A,i,n-1)+1]$
$=10\times[(P/A,10\%,5-1)+1]$
$=10\times(3.169\ 9+1)$
$=41.70$（万元）

或者

$P=A\times(P/A,i,n)(1+i)$
$=10\times(P/A,10\%,5)(1+i)$
$=10\times3.790\ 8\times(1+10\%)$
$=41.70$（万元）

Excel 小技巧：

用 PV 函数计算预付年金现值。【例 2-1-11】中求预付年金现值：PV(10%,5,-10,,1)=41.70（万元）。

（三）递延年金

递延年金由普通年金递延形成，递延的期数称为递延期，一般用 m 表示递延期。递延期年金的第 1 次收付发生在第（$m+1$）期期末（m 为大于 0 的整数）。递延年金的收付形式如图 2-1-8 所示。

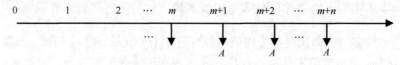

图 2-1-8　递延年金的收付形式

1. 递延年金终值的计算

对于递延期为 m，等额收入 n 次的递延年金而言，其终值指的是各期等额收付金额在第（$m+n$）期期末的复利终值之和。假设递延期为 m，年金发生期为 n，递延年金终值的计算公式如下：

$$F=A \times (F/A,i,n)$$

递延年金的现值和终值

由此可以看出：递延年金终值的计算与递延期无关，其计算方法与普通年金终值的计算方法相同。

【例 2-1-12】华龙公司拟投资建设一项固定资产，建设期为 2 年，固定资产的使用寿命为 10 年，预计投产建成后，每年产生收入 100 万元。年利率为 10%，则收入的终值为多少？

$F=A \times (F/A,i,n)$

$\quad =100 \times (F/A,10\%,10)$

$\quad =100 \times 15.937$

$\quad =1\,593.70$（万元）

2. 递延年金现值的计算

递延年金现值是指递延期以后，每期等额发生的系列收支的现值之和。

假设递延期为 m，年金发生期为 n，介绍两种常用的计算递延年金现值的方法。

方法一：先将递延年金视为 n 期普通年金，计算递延期末（m）的现值，然后将此现值计算折现到第 1 期期初。计算公式如下：

$$P_m=A \times (P/A,i,n)$$
$$P_0=P_m \times (P/F,i,m)$$
$$\quad =A \times (P/A,i,n) \times (P/F,i,m)$$

计算过程可以用图 2-1-9 表示。

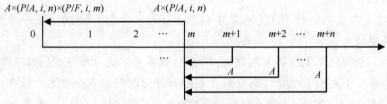

图 2-1-9　递延年金现值的计算

方法二：先将递延年金视为（$m+n$）期普通年金，计算（$m+n$）期普通年金的现值，然后扣除实际并未发生的递延期（m）的年金现值，即可求出递延年金的现值。计算公式如下：

$$P=A \times [(P/A,i,m+n)-(P/A,i,m)]$$

【例 2-1-13】承接【例 2-1-12】，计算收入的现值。

这是求递延年金现值的问题。

$m=2$，$n=10$

$P=A \times (P/A,i,n) \times (P/F,i,m)$

$\quad =100 \times (P/A,10\%,10) \times (P/F,10\%,2)$

$\quad =100 \times 6.144\,6 \times 0.826\,4$

$\quad =508$（万元）

也可以用下列方法计算。

$P=A×[(P/A,i,m+n)-(P/A,i,m)]$

$=100×[(P/A,10\%,12)-(P/A,10\%,2)]$

$=100×（6.813\,7-1.735\,5）$

$=508（万元）$

（四）永续年金

永续年金是普通年金的极限形式，当普通年金的收付次数为无穷大时即为永续年金。永续年金的第 1 次等额收付发生在第 1 期期末。

永续年金是指无期限地收付等额款项，由于没有终止时间，所以没有终值。其现值的计算可通过普通年金现值的公式推导得出：

$$P = A \cdot \frac{1-(1+i)^{-n}}{i}$$

当 $n→∞$ 时，由于 $(1+i)$ 大于 1，所以 $(1+i)^{-n}→0$，$\dfrac{1-(1+i)^{-n}}{i}=\dfrac{1}{i}$

永续年金现值的计算公式如下：

$$P(n→∞)=A \cdot \frac{1-(1+i)^{-n}}{i}=\frac{A}{i}$$

【例 2-1-14】华龙公司打算设立一项永久性的奖学金，每年计划颁发 10 万元。若年利率为 10%，现应存入多少钱？

$P = \dfrac{A}{i}$

$=10÷10\%$

$=100（万元）$

【例 2-1-15】某年金的收付形式为从第 1 期期初开始，每期支付 10 元，一直到永远。假设年利率为 10%，其现值为多少？

该例题中第 1 期收付发生在第 1 期期初，所以，该年金不是永续年金。若不考虑第 1 期收付，将第 2 期收付看作第 1 期期末收付，则从第 2 期期初开始收付的年金就是永续年金。所以该题的现值为 10+10÷10%=110（万元），或者现值为 10÷10%×（1+10%）=110（万元）。

四、利率的计算

（一）现值或终值系数已知的利率的计算（插值法）

首先查阅相应的系数表，如果能够在表中查到相应的数值，则对应的利率就是所求的利率。如果在系数表中无法查到相应的数值，则可以使用插值法（又称内插法）计算利率。假设所求利率为 i，i 对应的现值（或终值）系数为 B，找到一个同期间比 i 小的 $i_小$ 对应的现值（或终值）系数 $B_小$，再找到一个同期间比 i 大的 $i_大$ 对应的现值（或终值）系数 $B_大$，按照相邻利率与现值（或终值）的对应比例关系列出方程：

$$(i-i_小)÷(i_大-i_小)=(B-B_小)÷(B_大-B_小)$$

列方程时具有对应关系的数字在等式两边的位置相同，如 i 在等式左边的位置与 B 在等式右边的位置相同。按照这个原则还可以列出其他的等式，不同的等式计算结果是相同的，但是上面的公式是所有公式中最简单的一种，可以直接计算出等式右边的值。

解得：$i=i_{小}+(B-B_{小})\div(B_{大}-B_{小})\times(i_{大}-i_{小})$

【例 2-1-16】王某离职后获得 10 万元经济补偿，他将这笔钱进行投资，他估计如果 10 年后这笔款项连本带利达到 25 万元就可以解决自己的养老问题。那么投资报酬率为多少时，他的养老计划才能实现？

$10\times(F/P,i,10)=25$

$(F/P,i,10)=2.5$，即$(1+i)^{10}=2.5$

可采用逐次测试法（也称为试误法）计算：

当 $i=9\%$ 时，$(F/P,9\%,10)=2.367\,4$

当 $i=10\%$ 时，$(F/P,10\%,10)=2.593\,7$

因此，i 在 9% 和 10% 之间。运用插值法有：

$i=i_{小}+(B-B_{小})\div(B_{大}-B_{小})\times(i_{大}-i_{小})$

$=9\%+（2.5-2.367\,4）\div（2.593\,7-2.367\,4）\times（10\%-9\%）$

$=9.59\%$

说明：如果每年的投资报酬率都能达到 9.59%，他的养老计划才能变成现实。

Excel 小技巧：

用 RATE 函数计算利率。语法：RATE(期数,年金,期初金额,期末金额,type,guess)。type（年金发生于期初=1，期末=0）以及 guess（猜测利率可能的落点）是可有可无的。【例 2-1-16】中求利率：RATE(10,,10,-25)=9.60%。用 RATE 函数计算的利率，与用插值法计算的利率相差 0.01%，这是尾差引起的。

（二）名义利率与实际利率

名义利率是指票面利率，实际利率是指投资者得到利息回报的真实利率。

1. 一年多次计息时名义利率与实际利率

如果以"年"作为基本计息期，每年计算一次复利，这种情况下的实际利率等于名义利率。如果 1 年多次计息，实际利率高于名义利率，在名义利率相同的情况下，1 年计息次数越多，实际利率越大。假设本金为 1 万元，年利率为 10%，一年计息 2 次，即一年复利 2 次。则每次复利的利率=10%÷2=5%，一年后的本利和（复利终值）=1×（1+5%）^{2}（万元），按照复利计算的年利息=1×[(1+5%)^2-1]（万元），实际利率=1×[(1+5%)^2-1]÷1=(1+5%)^2-1，用公式表示，则名义利率与实际利率的换算关系如下：

$$i=(1+r/m)^m-1$$

式中，i 为实际利率，r 为名义利率，m 为每年复利计息次数。

【例 2-1-17】年利率为 8%，按季复利计息，试求实际利率。

$i=(1+r/m)^m-1=（1+8\%/4）^4-1=1.082\,4-1=8.24\%$

Excel 小技巧：

用 EFFECT 函数计算实际利率。语法：EFFECT(名义利率,复利次数)。【例 2-1-17】通过 EFFECT(8%,4)，计算出实际利率=8.24%。

02

2. 通货膨胀情况下的名义利率与实际利率

在通货膨胀情况下，名义利率是央行或其他提供资金借贷的机构所公布的未调整通货膨胀因素的利率，即利息（报酬）的货币额与本金的货币额的比率，它是包括通货膨胀率的。实际利率是指剔除通货膨胀率后储户或投资者得到利息回报的真实利率。

名义利率与实际利率之间的关系为：

$$1+名义利率=（1+实际利率）×（1+通货膨胀率）$$

所以，实际利率的计算公式为：

$$实际利率=\frac{1+名义利率}{1+通货膨胀率}-1$$

如果通货膨胀率大于名义利率，则实际利率为负数。

【例 2-1-18】若商业银行一年期存款年利率为 3%，假设通货膨胀率为 2%，则实际年利率为多少？

$$实际年利率=\frac{1+3\%}{1+2\%}-1=0.98\%$$

如果该例中通货膨胀率为 4%，则：

$$实际年利率=\frac{1+3\%}{1+4\%}-1=-0.96\%$$

任务实施

任务资料和任务目标见本任务的"任务导入"，具体任务实施过程如下。

（1）方案一的现值：100×(P/F,10%,2)=100×0.826 4=82.64（万元）。

方案二的现值：30+30×(P/A,10%,2)=30+30×1.735 5=82.07（万元）。

方案三的现值：24×(P/A,10%,4)=24×3.169 9=76.08（万元）。

方案四的现值：21×(P/A,10%,5)×(P/F,10%,1)=21×3.790 8×0.909 1=72.37（万元）。

（2）因为方案四的现值最低，所以华龙公司应该选择方案四。

任务二　风险和收益

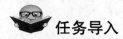

学习目标

知识目标：掌握资产收益率的计算方法、资本资产定价模型，熟悉风险指标的衡量方法。

技能目标：会计算资产收益率、风险指标，并会运用资本资产定价模型。

任务导入

任务资料：

华龙公司现有一笔闲置资金，拟投资于某证券组合。该组合由 X、Y、Z 三种股票构成，资金权重分别为 40%、30%和 30%，β 系数分别为 2.5、1.5 和 1，其中 X 股票投资收益率的概率分布如表 2-2-1 所示。

表 2-2-1　　　　　　　　　　　　X 股票投资收益率的概率分布

状况	概率	投资收益率
行情较好	30%	20%
行情一般	50%	12%
行情较差	20%	5%

Y、Z 股票的预期收益率分别为 10% 和 8%，当前无风险利率为 4%，市场组合的必要收益率为 9%。

任务目标：

（1）计算 X 股票的预期收益率。

（2）计算该证券组合的预期收益率。

（3）计算该证券组合的 β 系数。

（4）利用资本资产定价模型计算该证券组合的必要收益率，并据以判断该证券组合是否值得投资。

知识准备

一、资产收益与收益率

（一）资产收益的含义与计算

资产的收益是指资产的价值在一定时期的增值。一般情况下，有以下两种表述资产收益的方式。

资产的收益和收益率

第一种方式是以金额表示的，称为资产的收益额，通常以资产价值在一定期限内的增值量来表示。该增值量来源于两部分：一是期限内资产的现金净收入，二是期末资产的价值（或市场价格）相对于期初价值（价格）的升值。前者多为利息、红利或股息收益，后者称为资本利得。

第二种方式是以比率表示的，称为资产的收益率或报酬率，是资产增值量与期初资产价值（价格）的比值。该收益率也包括两部分：一是利息（股息）的收益率，二是资本利得的收益率。

以金额表示的收益与期初资产的价值（价格）相关，不利于不同规模资产之间收益的比较；而以比率表示的收益则是一个相对数指标，便于不同规模下资产收益的比较和分析。所以，通常情况下，我们都是用收益率的方式来表示资产的收益。为了使收益率具有可比性，在计算收益率时一般要将不同期限的收益率转化成年收益率。本书中，不做特殊说明的话，收益率都是指资产的年收益率，也称为资产的报酬率。

资产的收益率的计算方法如下：

资产的收益率 = 资产价值（价格）的增值 ÷ 期初资产价值（价格）×100%

= ［利息（股息）收益 + 资本利得］÷ 期初资产价值（价格）×100%

= 利息（股息）收益 + 资本利得收益率

【例 2-2-1】某股票年初的每股市价为 10 元，一年中的每股税后股息为 0.5 元，年末每股市价为 11 元。那么，在不考虑交易费用的情况下，一年内该股票的收益率是多少？

一年中资产的收益为：0.5 + （11 - 10）= 1.5（元）

股票的收益率=（0.5+11-10）÷10×100%=15%

其中，股利收益率为5%（0.5÷10×100%），资本利得收益率为10%[（11-10）÷10×100%]。

（二）资产收益率的类型

在实际的财务工作中，由于工作角度和出发点不同，收益率有以下类型。

1. 实际收益率

实际收益率表示已经实现或者确定可以实现的资产收益率，是已实现或确定可以实现的利息（股息）率与资本利得收益率之和。当然，当存在通货膨胀时，还应当扣除通货膨胀率的影响，之后才是真实的收益率。

2. 预期收益率

预期收益率也称为期望收益率，是指在不确定的条件下，预测的某资产未来可能实现的收益率。一般按照加权平均法计算预期收益率，计算公式为：

$$预期收益率\ E(R)=\sum_{i=1}^{n}(P_i \times R_i)$$

式中，$E(R)$为预期收益率，P_i表示情况i可能出现的概率，R_i表示情况i出现时的收益率。

【例2-2-2】华龙公司有甲、乙两个投资项目，两个项目的收益率及其概率分布情况如表2-2-2所示，试计算两个项目的期望收益率。

表2-2-2　　　　　　　　　项目甲和项目乙投资收益率的概率分布

项目实施情况	该种情况出现的概率		投资收益率/%	
	项目甲	项目乙	项目甲	项目乙
好	0.3	0.2	20	20
一般	0.5	0.6	10	15
差	0.2	0.2	0	-5

根据公式计算项目甲和项目乙的期望收益率分别为：

项目甲的期望收益率=0.3×20%+0.5×10%+0.2×0%=11%

项目乙的期望收益率=0.2×20%+0.6×15%+0.2×（-5%）=12%

3. 必要收益率

必要收益率也称最低必要报酬率或最低要求收益率，表示投资者对某资产合理要求的最低收益率。必要收益率与风险有关，如果投资某个项目的风险比较大，投资该项目将会要求一个较高的收益率，所以该项目的必要收益率就会较高。必要收益率由以下两部分构成。

（1）无风险收益率。无风险收益率也称无风险利率，它是指无风险资产的收益率，它的大小由纯粹利率（货币的时间价值）和通货膨胀补偿率两部分组成。由于国债的风险很小，为了方便，通常用短期国债的利率近似地代替无风险收益率。无风险收益率用公式表示如下：

无风险收益率=纯粹利率（货币的时间价值）+通货膨胀补偿率

（2）风险收益率。风险收益率是指某资产持有者因承担该资产的风险而要求的超过无风险利率的额外收益。风险收益率衡量了投资者将资金从无风险资产转移到风险资产而要求得到的"额外补偿"，它的大小取决于两个因素：一是风险的大小，二是投资者对风险的偏好。

必要收益率=无风险收益率+风险收益率

=纯粹利率（货币的时间价值）+通货膨胀补偿率+风险收益率

资产的风险与衡量

02

二、资产的风险与衡量

货币时间价值的计算是在假定没有风险和通货膨胀的基础上进行的，但是在财务活动中，经营风险带来的财务风险是客观存在的，而且风险和收益是密切相关的，所以财务管理者必须研究风险和报酬。

（一）风险的概念

风险是指收益的不确定性。企业风险，是指对企业的战略与经营目标实现产生影响的不确定性。从财务管理的角度出发，风险是企业在各种财务活动过程中，由于各种难以预测或无法控制的因素作用，企业的实际收益与预计收益发生背离，从而蒙受损失的可能性。

（二）风险的衡量

风险是与各种可能的结果和结果的概率分布相联系的。衡量风险的指标主要有收益率的方差、标准差和标准差率等。

1. 概率分布

在经济活动中，某一事件在相同的条件下可能发生也可能不发生，这类事件称为随机事件。概率是指随机事件发生的可能性。经济活动可能产生的种种收益可以看作一个个随机事件，其出现或发生的可能性，可以用相应的概率描述。

通常，把必然发生的事件的概率定为 1，把不可能发生的事件的概率定为 0，而一般随机事件的概率是介于 0 与 1 之间。事件发生的可能性越大概率越大。随机事件所有可能结果出现的概率之和等于 1。假定用 X 表示随机事件，X_i 表示第 i 种情况可能出现的结果，P_i 表示第 i 种情况可能出现的概率。概率 P_i 必定符合下列两个要求：

（1）$0 \leqslant P_i \leqslant 1$；

（2）$\sum_{i=1}^{n} P_i = 1$。

2. 期望值

期望值是一个概率分布中的所有可能结果，以各自相应的概率为权数计算的加权平均值。期望值通常用符号 $\overline{E}$ 表示，其计算公式为：

$$\overline{E} = \sum_{i=1}^{n} X_i \times P_i$$

式中，X_i 表示第 i 种情况可能出现的结果，P_i 表示第 i 种情况可能出现的概率。

3. 方差、标准差和标准差率

（1）方差。在概率和期望值已知的情况下，方差的计算公式为：

$$\sigma^2 = \sum_{i=1}^{n} (X_i - \overline{E})^2 \times P_i$$

式中，$(X_i - \overline{E})$ 表示第 i 情况可能出现的结果与期望值的离差，P_i 表示第 i 种情况可能出现的概率。方差可以表述为：离差的平方的加权平均数。

【例 2-2-3】以【例 2-2-2】中的数据为例，分别计算甲、乙两个项目投资收益的方差。

项目甲投资收益的方差=0.3×（20%-11%）²+0.5×（10%-11%）²+0.2×（0%-11%）²=0.004 9

项目乙投资收益的方差=0.2×（20%-12%）²+0.6×（15%-12%）²+0.2×（-5%-12%）²=0.007 6

（2）标准差。标准差也叫作标准离差，是方差的平方根。其计算公式为：

$$\sigma = \sqrt{\sum_{i=1}^{n}(X_i - \overline{E})^2 \times P_i}$$

标准差以绝对数衡量决策方案的风险。在期望值相同的情况下，标准差越大，风险越大；反之，标准差越小，则风险越小。

【例2-2-4】以【例2-2-2】中的数据为例，分别计算甲、乙两个项目投资收益的标准差。

项目甲投资收益的标准差 $= \sqrt{0.3 \times (20\% - 11\%)^2 + 0.5 \times (10\% - 11\%)^2 + 0.2 \times (0\% - 11\%)^2} = 0.07$

项目乙投资收益的标准差 $= \sqrt{0.2 \times (20\% - 12\%)^2 + 0.6 \times (15\% - 12\%)^2 + 0.2 \times (-5\% - 12\%)^2}$
$= 0.0872$

需要注意的是，由于标准差是衡量风险的绝对数指标，对于期望值不同的决策方案，该指标数值没有直接可比性，对此，必须进一步借助于标准差率的计算来说明问题。

（三）标准差率

标准差率是标准差同期望值之比，通常用符号 V 表示，其计算公式为：

$$V = \frac{\sigma}{E} \times 100\%$$

标准差率是一个相对数指标，它以相对数反映决策方案的风险程度。方差和标准差作为绝对数，只适用于期望值相同的决策方案风险程度的比较。在期望值不同的情况下，直接借助于标准差率来比较：标准差率越大，风险越大；反之，标准差率越小，风险越小。

【例2-2-5】以【例2-2-2】中的数据为例，分别计算甲、乙两个项目投资收益的标准差率。

$$V_{甲} = \frac{\sigma_{甲}}{E_{甲}} \times 100\% = \frac{0.07}{11\%} \times 100\% = 63.64\%$$

$$V_{乙} = \frac{\sigma_{乙}}{E_{乙}} \times 100\% = \frac{0.0872}{12\%} \times 100\% = 72.67\%$$

通过量化决策方案的风险，决策者便可做出决策。对于单个方案，决策者可根据其标准差（率）的大小，并将其同设定的可接受的此项指标最高值对比，看前者是否低于后者，然后做出取舍。对于多方案，决策者则应选择低风险、高收益的方案，即选择标准差最低、期望收益最高的方案。然而，高收益往往伴随高风险，低收益方案其风险程度也较低，究竟选择何种方案，就要权衡期望收益与风险，而且还要视决策者对风险的态度而定。对风险比较反感的人可能会选择期望收益较低同时风险也较低的方案，喜欢冒风险的人则可能选择风险高收益也高的方案。一般认为，投资者和企业管理者都是风险反感型的，在期望收益相同的情况下，他们会选择风险小的方案。

（四）风险对策

1. 规避风险

当资产风险所造成的损失不能由该资产可能获得的收益予以抵销时，应当放弃该资产，以规避风险。例如，拒绝与不守信用的厂商开展业务，放弃可能明显导致亏损的投资项目，新产品试制阶段发现诸多问题则停止研发等。

2. 减少风险

减少风险主要有两方面意思：一是控制风险因素，降低风险发生的概率；二是控制风险发生的频率和降低风险损害程度。减少风险的常用方法有：进行准确的预测；在做决策时要择优选取方案并准备替代方案；及时与政府部门沟通以获取政策信息；在开发新产品前，充分进行市场调研；实行设备预防检修制度以减少设备事故；采用可靠的保护措施；采用多领域、多地域、多项目、多品种的经营或投资以分散风险。

3. 转移风险

对可能给企业带来灾难性损失的资产，企业应以一定的代价，采取某种方式转移风险。例如：向保险公司投保；采取合资、联营、联合开发等措施实现风险共担；通过技术转让、特许经营、租赁经营和业务外包等实现风险转移。

4. 接受风险

接受风险包括风险自担和风险自保两种。风险自担，是指风险损失发生时，直接将损失摊入成本或费用，或冲减利润；风险自保，是指企业预留一笔风险金或随着生产经营的进行，有计划地计提资产减值准备等。

三、证券资产组合的风险与收益

两个或两个以上资产所构成的集合，称为资产组合。如果资产组合中的资产均为有价证券，则该资产组合也称为证券资产组合或证券组合。证券资产组合的风险与收益具有与单个资产不同的特征。尽管方差、标准差、标准差率是衡量风险的有效工具，但当某项资产或证券成为投资组合的一部分时，这些指标就可能不再是衡量风险的有效工具。下面先讨论证券资产组合的预期收益率的计算，再进一步讨论证券资产组合风险及其衡量。

（一）证券资产组合的预期收益率

证券资产组合的预期收益率就是组成证券资产组合的各种资产收益率的加权平均数，其权数为各种资产在组合中的价值比例。证券资产组合的预期收益率计算公式如下：

$$E(R_p)=\sum W_i E(R_i)$$

式中：$E(R_p)$表示证券资产组合的预期收益率；$E(R_i)$表示组合内第 i 项资产的预期收益率；W_i 表示第 i 项资产在整个组合中所占的价值比例。

【例 2-2-6】华龙公司现有一笔闲置资金，拟投资于某证券组合。该组合由 X、Y、Z 三种股票构成，资金权重分别为 40%、30% 和 30%，三种股票的预期收益率分别为 20%、15% 和 10%。要求：计算该投资组合的预期收益率。

该投资组合的预期收益率 $E(R_p)$=40%×20%+30%×15%+30%×10%=15.5%

（二）证券资产组合的风险及其衡量

1. 证券资产组合的风险分散功能

两项证券资产组合的收益率的方差满足以下关系式：

$$\sigma_p^2 = W_1^2 \sigma_1^2 + W_2^2 \sigma_2^2 + 2W_1 W_2 \rho_{1,2} \sigma_1 \sigma_2$$

式中：σ_p 表示证券资产组合的标准差，它衡量的是组合的风险；σ_1 和 σ_2 分别表示组合中两项资产的标准差；W_1 和 W_2 分别表示组合中两项资产分别所占的价值比例；$\rho_{1,2}$ 反映两项资产收益率的相关程度，即两项资产收益率之间的相对运动状态，称为相关系数。理论上，相关系数在区间 [-1,1] 内。

当 $\rho_{1,2}$ 等于 1 时，表明两项资产的收益率具有完全正相关的关系，即它们的收益率变化方向和变化幅度完全相同。这时 $\sigma_p^2 = (W_1 \sigma_1 + W_2 \sigma_2)^2$，即 σ_p^2 达到最大。由此表明，组合的风险等于组合中各项资产风险的加权平均值。换句话说，当两项资产的收益率完全正相关时，两项资产的风险完全不能相互抵消，这样的组合不能降低任何风险。

当 $\rho_{1,2}$ 等于 -1 时，表明两项资产的收益率具有完全负相关的关系，即它们的收益率变化方向和变化幅度完全相反。这时 $\sigma_p^2 = (W_1\sigma_1 - W_2\sigma_2)^2$，即 σ_p^2 达到最小，甚至可能是零。因此，当两项资产的收益率完全负相关时，两项资产的风险可以充分地相互抵消，甚至完全消除。这样的组合能够最大限度地降低风险。

事实上，两项资产的收益率具有完全正相关或完全负相关的情况几乎是不可能的。绝大多数资产两两之间都具有不完全的相关关系，即 $-1<$ 相关系数 <1（大多数情况下 >0）。因此，会有 $0 < \sigma_p < (W_1\sigma_1 + W_2\sigma_2)$，即证券资产组合收益率的标准差小于组合中各资产收益率标准差的加权平均值，也即证券资产组合的风险小于组合中各项资产风险的加权平均值。因此，大多数情况下，证券资产组合能够分散风险，但不能完全消除风险。

一般来讲，随着证券资产组合中资产种类的增加，证券资产组合的风险会逐渐降低。当资产的数量增加到一定程度时，证券资产组合的风险程度将趋于平稳，这时组合风险降低的速度将非常缓慢直到不再降低。在证券资产组合中，能够随着资产种类增加而降低直至消除的风险，称为非系统风险；不能随着资产种类增加而分散的风险，称为系统风险。

2. 非系统风险

非系统风险又称公司风险或可分散风险，是指发生于个别公司的特有事件造成的风险，是可以通过证券资产组合分散的风险。比如，一家公司出现的工人罢工、新产品研发失败、法律诉讼等。这类事件是非预期的、随机发生的，只影响发生事件的公司，对整个市场不会产生很大影响。这种风险可以通过资产组合来分散。对于特定企业而言，非系统风险可分为经营风险和财务风险。

经营风险是指生产经营方面的原因给企业目标带来不利影响的可能性，如由于原材料供应不足带来的经济情况变动、由于生产组织不合理带来的生产方面的风险、由于销售决策失误带来的销售方面的风险。

财务风险又称筹资风险，是指由于举债而给企业目标带来不利影响的可能性。企业举债经营，全部资金中除自有资金外还有一部分借入资金，这会对自有资金的获利能力造成影响；同时，借入资金需还本付息，一旦无力偿付到期债务，企业便会陷入财务困境甚至破产。

值得注意的是，在分散风险的过程中，不应当过分夸大资产多样性和资产数量的作用。实际上，证券资产组合中资产数量较少时，增加资产的数量，分散风险的效果会比较明显，但资产数量增加到一定程度时，分散风险的效果就会逐渐减弱。数据表明，组合中不同行业的资产数量达到 20 个时，绝大多数非系统风险均被消除。此时，如果继续增加资产数量，对分散风险已经没有多大的实际意义，只会增加管理成本。另外，不要指望通过资产多样化达到完全消除风险的目的，因为系统风险是不能够通过分散风险来消除的。

3. 系统风险及其衡量

系统风险又称市场风险或不可分散风险，是影响所有资产的、不能通过资产组合而消除的风险。这部分风险是由那些影响整个市场的风险因素所引起的。这些因素包括宏观经济形势的变动、国家经济政策的变化、税制改革、企业会计准则改革、世界能源状况、政治因素等。

尽管绝大部分企业和资产都不可避免地受到系统风险的影响，但并不意味着系统风险对所有资产或所有企业有相同的影响。有些资产受系统风险的影响大一些，而有些资产受的影响较小。

单项资产或证券资产组合受系统风险影响的程度，可以通过系统风险系数（β系数）来衡量。

市场组合是指由市场上所有资产组成的组合，其收益率是市场的平均收益率，通常用股票价格指数收益率的平均值来代替。市场组合由于包含了所有的资产，市场组合中的非系统风险已经被消除，所以市场组合的风险就是系统风险（市场风险），市场组合的β系数为1。

某一资产的β系数反映了该资产收益率波动与整个市场报酬率波动之间的相关性程度，如一项资产的β系数为-0.5，表明该资产的收益率的变化与市场收益率变化方向相反，波动幅度是市场组合的一半。实务中市场组合的β系数并不需要财务人员或投资者自己计算，一些证券咨询机构会定期公布大量交易过的证券的β系数。

（1）单项资产的系统风险系数。单项资产的系统风险系数是指可以反映单项资产收益率与市场平均收益率之间变动关系的一个量化指标，它表示单项资产收益率的变动受市场平均收益率变动的影响程度。β系数的定义式如下：

$$\beta_i = \mathrm{COV}(R_i, R_m) \div \sigma_m^2 = \rho_{i,m}\sigma_i\sigma_m \div \sigma_m^2 = \rho_{i,m} \cdot \sigma_i \div \sigma_m$$

式中：$\rho_{i,m}$表示第i项资产的收益率与市场组合收益率的相关系数；σ_i表示该项资产收益率的标准差，反映该资产风险的大小；σ_m表示市场组合收益率的标准差，反映市场组合的风险；三个指标的乘积表示该资产收益率与市场组合收益率的协方差。

（2）证券资产组合的系统风险系数。对于证券资产组合来说，其所含的系统风险的大小可以用组合β系数来衡量。证券资产组合的β系数是所有单项资产β系数的加权平均数，权数为各种资产在证券资产组合中所占的价值比例。其计算公式为：

$$\beta_p = \sum_{i=1}^{n} W_i \times \beta_i$$

式中：β_p表示证券资产组合的风险系数；W_i为第i项资产在组合中所占的价值比重；β_i表示第i项资产的β系数。由于单项资产的β系数不尽相同，所以通过替换资产组合中的资产或改变不同资产在组合中的价值比例，可以改变组合的风险特性。

【例2-2-7】华龙公司现有一笔闲置资金，拟投资于某证券组合。该组合由X、Y、Z三种股票构成，资金权重分别为40%、30%和30%，β系数分别为2.5、1.5和1。要求：计算该投资组合的β系数。

该投资组合的β_p=40%×2.5+30%×1.5+30%×1=1.75

四、资本资产定价模型

（一）资本资产定价模型的基本原理

资本资产定价模型

资本资产定价模型（Capital Asset Pricing Model，CAPM）中，所谓资本资产主要是指股票资产，而定价则试图解释资本市场如何决定股票收益率，进而决定股票价格。

资本资产定价模型是必要收益率的具体化，它的一个主要贡献是解释了风险收益率的决定因素和度量方法。在资本资产定价模型中，风险收益率=β×(R_m-R_f)。根据必要收益率的公式，资本资产定价模型的公式为：

$$必要收益率=无风险收益率+风险收益率$$
$$R=R_f+\beta\times(R_m-R_f)$$

式中：R表示某资产的必要收益率；R_f表示无风险收益率，通常以短期国债的利率来近似替代；β表示该资产的系统风险系数；R_m表示市场组合收益率，通常用股票价格指数收益率的平均值或所有股票的平均收益率来代替。

当 $\beta=1$ 时，代表市场组合的平均风险，$R=R_m$，所以，R_m 可以称为平均风险的必要收益率、市场组合的必要收益率。

式中，(R_m-R_f) 称为市场风险溢酬。由于市场组合的 $\beta=1$，所以，(R_m-R_f) 也称为市场组合的风险收益率或股票市场的风险收益率。由于 $\beta=1$ 代表的是市场平均风险，所以 (R_m-R_f) 还可以表述为市场平均风险收益率。市场风险溢酬是附加在无风险收益率之上的，由于承担了市场平均风险所要求获得的补偿，它反映的是市场作为整体对风险的平均"容忍"程度，也就是市场整体对风险的厌恶程度。对风险越是厌恶和回避，要求的补偿就越高，因此，市场风险溢酬的数值就越大。反之，如果市场的抗风险能力强，则对风险的厌恶和回避就不是很强烈，要求的补偿就越低，所以市场风险溢酬的数值就越小。

某项资产的风险收益率是该资产系统风险系数与市场风险溢酬的乘积，其公式如下：

$$风险收益率=\beta\times(R_m-R_f)$$

因为非系统风险可以通过资产组合消除，所以一个充分的投资组合几乎没有非系统风险。财务管理的研究中假设投资人都是理性的，都会选择充分投资组合，非系统风险与资本市场无关，所以，在资本资产定价模型中，计算风险收益率时只考虑了系统风险，资本市场不会对非系统风险给予任何价格补偿。

资本资产定价模型对任何公司、任何资产（包括资产组合）都是适用的。只要将该公司或资产的 β 系数代入资本资产定价模型的公式，就能得到该公司或资产的必要收益率。

【例 2-2-8】华龙公司拟进行股票投资，计划购买 A、B、C 三种股票，并分别设计了甲、乙两种投资组合。已知三种股票的 β 系数分别为 1.5、1.0 和 0.5，它们在甲种投资组合下的投资比重为 50%、30% 和 20%，乙种投资组合的风险收益率为 3.4%。同期市场上所有股票的平均收益率为 12%，无风险收益率为 8%。

要求：

（1）根据 A、B、C 股票的 β 系数，分别评价这三种股票相对于市场投资组合而言的投资风险大小。

（2）按照资本资产定价模型计算 A 股票的必要收益率。

（3）计算甲种投资组合的 β 系数和风险收益率。

（4）计算乙种投资组合的 β 系数和必要收益率。

（5）比较甲、乙两种投资组合的 β 系数，评价它们的投资风险大小。

相关分析和计算如下。

（1）A 股票的 $\beta>1$，说明该股票所承担的系统风险大于市场投资组合的风险（或 A 股票所承担的系统风险等于市场投资组合风险的 1.5 倍）。

B 股票的 $\beta=1$，说明该股票所承担的系统风险与市场投资组合的风险一致（或 B 股票所承担的系统风险等于市场投资组合的风险）。

C 股票的 $\beta<1$，说明该股票所承担的系统风险小于市场投资组合的风险（或 C 股票所承担的系统风险等于市场投资组合风险的 0.5 倍）。

（2）A 股票的必要收益率=8%+1.5×（12%-8%）=14%。

（3）甲种投资组合的 β 系数=1.5×50%+1.0×30%+0.5×20%=1.15。

甲种投资组合的风险收益率=1.15×（12%-8%）=4.6%。

02

（4）乙种投资组合的 β 系数=3.4%÷（12%-8%）=0.85。

乙种投资组合的必要收益率=8%+3.4%=11.4%。

或者：

乙种投资组合的必要收益率=8%+0.85×（12%-8%）=11.4%。

（5）甲种投资组合的 β 系数（1.15）大于乙种投资组合的 β 系数（0.85），说明甲投资组合的系统风险大于乙投资组合的系统风险。

（二）资本资产定价模型的有效性和局限性

资本资产定价模型最大的贡献在于其提供了对风险和收益的一种实质性表述，首次将"高收益伴随着高风险"这样一种认识，用简单的关系式表达出来。到目前为止，资本资产定价模型是对现实中风险与收益关系最为贴切的表述，因此长期以来，被财务人员、金融从业者以及经济学家作为处理风险问题的主要工具。

尽管资本资产定价模型已经得到了广泛的认可，但在实际运用中，仍存在着一些明显的局限，主要表现在以下几方面。①某些资产或企业的 β 值难以估计，特别是一些缺乏历史数据的新兴行业。②经济环境的不确定性和不断变化，使得依据历史数据估算出来的 β 值对未来的指导作用必然要打折扣。③资本资产定价模型是建立在一系列假设上的，其中一些假设与实际情况有较大偏差，使得资本资产定价模型的有效性受到质疑。这些假设包括市场是均衡的、市场不存在摩擦、市场参与者都是理性的、不存在交易费用、税收不影响资产的选择和交易等。

由于以上局限，资本资产定价模型只能大体描绘出证券市场运动的基本情况，而不能完全确切地揭示证券市场的一切。因此，在运用这一模型时，应该更注重它所揭示的规律。

任务实施

任务资料和任务目标见本任务的"任务导入"，具体任务实施过程如下。

（1）X股票的预期收益率=30%×20%+50%×12%+20%×5%=13%。

（2）该证券组合的预期收益率=40%×13%+30%×10%+30%×8%=10.6%。

（3）该证券组合的 β 系数=40%×2.5+30%×1.5+30%×1=1.75。

（4）该证券组合的必要收益率=4%+1.75×（9%-4%）=12.75%，由于该证券组合的必要收益率12.75%大于该证券组合的预期收益率10.6%，所以该证券组合不值得投资。

课程思政——修德篇

二是要修德，加强道德修养，注重道德实践。"德者，本也。"蔡元培先生说过："若无德，则虽体魄智力发达，适足助其为恶。"道德之于个人、之于社会，都具有基础性意义，做人做事第一位的是崇德修身。这就是我们的用人标准为什么是德才兼备、以德为先，因为德是首要、是方向，一个人只有明大德、守公德、严私德，其才方能用得其所。修德，既要立意高远，又要立足平实。要立志报效祖国、服务人民，这是大德，养大德者方可成大业。同时，还得从做好小事、管好小节开始起步，"见善则迁，有过则改"，踏踏实实修好公德、私德，学会劳动、学会勤俭，学会感恩、学会助人，学会谦让、学会宽容，学会自省、学会自律。

选自《习近平：青年要自觉践行社会主义核心价值观——在北京大学师生座谈会上的讲话》

课后练习

一、单项选择题

1. 某企业于年初存入银行 10 000 元，假定年利率为 12%，每年复利两次。已知$(F/P,6\%,5)$=1.338 2，$(F/P,6\%,10)$=1.790 8，$(F/P,12\%,5)$=1.762 3，$(F/P,12\%,10)$=3.105 8，则第 5 年年末的本利和为（   ）元。

    A. 13 382　　　　B. 17 623　　　　C. 17 908　　　　D. 31 058

2. 已知$(P/A,8\%,5)$=3.992 7，$(P/A,8\%,6)$=4.622 9，$(P/A,8\%,7)$=5.206 4，则 6 年期，折现率为 8% 的预付年金现值系数是（   ）。

    A. 2.992 7　　　　B. 4.206 4　　　　C. 4.992 7　　　　D. 6.206 4

3. 假设以 10% 的年利率借款 20 000 元，投资于某个寿命为 5 年的项目，每年至少要收回（   ）元才是有利的。[$(F/P,10\%,5)$=1.610 5，$(P/F,10\%,5)$=0.620 9，$(P/A,10\%,5)$=3.790 8，$(F/A,10\%,5)$=6.105 1]

    A. 332　　　　B. 37 908　　　　C. 5 276　　　　D. 1 638

4. 下列各项中，与普通年金终值系数互为倒数的是（   ）。

    A. 预付年金现值系数　　　　　　　　B. 普通年金现值系数

    C. 偿债基金系数　　　　　　　　　　D. 资本回收系数

5. 某企业向金融机构借款，名义年利率为 8%，按季度付息，则实际年利率为（   ）。

    A. 9.60%　　　　B. 8.32%　　　　C. 8.00%　　　　D. 8.24%

6. 甲公司投资一项证券资产，每年年末都能按照 6% 的名义年利率获取相应的现金收益。假设通货膨胀率为 2%，则该证券资产的实际年利率为（   ）。

    A. 3.88%　　　　B. 3.92%　　　　C. 4.00%　　　　D. 5.88%

7. 已知短期国库券利率为 4%，纯利率为 2.5%，投资人要求的必要报酬率为 7%，则风险收益率和通货膨胀补偿率分别为（   ）。

    A. 3% 和 1.5%　　　B. 1.5% 和 4.5%　　　C. −1% 和 6.5%　　　D. 4% 和 1.5%

8. 投资者对某项资产合理要求的最低收益率，称为（   ）。

    A. 实际收益率　　B. 必要收益率　　C. 预期收益率　　D. 无风险收益率

9. 在投资收益不确定的情况下，按估计的各种可能收益水平及其发生概率计算的加权平均数是（   ）。

    A. 实际投资收益（率）　　　　　　　B. 预期投资收益（率）

    C. 必要投资收益（率）　　　　　　　D. 无风险收益（率）

10. 已知甲、乙两个方案投资收益率的期望值分别为 10% 和 12%，两个方案都存在投资风险，在比较甲、乙两个方案风险大小时应使用的指标是（   ）。

    A. 标准差率　　　B. 标准差　　　　C. 协方差　　　　D. 方差

11. 下列各种风险应对措施中，能够转移风险的是（   ）。

    A. 业务外包　　B. 多元化投资　　C. 放弃亏损项目　　D. 计提资产减值准备

12. 当某上市公司的 β 系数大于 0 时，下列关于该公司风险与收益的表述中，正确的是（   ）。

    A. 系统风险高于市场组合风险

    B. 资产收益率与市场平均收益率呈同向变化

　　C. 资产收益率变动幅度小于市场平均收益率变动幅度

　　D. 资产收益率变动幅度大于市场平均收益率变动幅度

二、多项选择题

1. 下列各项中，属于普通年金形式的项目有（　　　　）。

　　A. 零存整取储蓄存款的整取额　　　　B. 定期定额支付的养老金

　　C. 年资本回收额　　　　D. 偿债基金

2. 某公司向银行借入一笔款项，年利率为10%，分6次还清，第5年至第10年每年末偿还本息5 000元。下列计算该笔借款现值的算式中，正确的有（　　　　）。

　　A. 5 000×(P/A,10%,6)×(P/F,10%,3)　　　　B. 5 000×(P/A,10%,6)×(P/F,10%,4)

　　C. 5 000×〔(P/A,10%,9)-(P/A,10%,3)〕　　　　D. 5 000×〔(P/A,10%,10)-(P/A,10%,4)〕

3. 下列各项中，其数值等于预付年金终值系数的有（　　　　）。

　　A. (P/A,i,n)(1+i)　　B. [(P/A,i,n-1)+1]　　C. (F/A,i,n)(1+i)　　D. [(F/A,i,n+1)-1]

4. 下列各项中，可以直接或间接利用普通年金终值系数计算出确切结果的项目有（　　　　）。

　　A. 偿债基金　　B. 预付年金终值　　C. 永续年金现值　　D. 永续年金终值

5. 下列指标中，能够反映资产风险的有（　　　　）。

　　A. 标准差率　　B. 标准差　　C. 期望值　　D. 方差

6. 证券投资的风险分为可分散风险和不可分散风险两大类，下列各项中，属于可分散风险的有（　　　　）。

　　A. 研发失败风险　　B. 生产事故风险　　C. 通货膨胀风险　　D. 利率变动风险

7. 下列各项中，属于财务管理风险对策的有（　　　　）。

　　A. 规避风险　　B. 减少风险　　C. 转移风险　　D. 接受风险

8. 下列项目中，属于转移风险对策的有（　　　　）。

　　A. 进行准确的预测　　B. 向保险公司投保　　C. 租赁经营　　D. 业务外包

9. 下列风险中，属于非系统风险的有（　　　　）。

　　A. 经营风险　　B. 利率风险　　C. 政治风险　　D. 财务风险

10. 下列关于证券投资组合的表述中，正确的有（　　　　）。

　　A. 两种证券的收益率完全正相关时可以消除风险

　　B. 投资组合收益率为组合中各单项资产收益率的加权平均数

　　C. 投资组合风险是各单项资产风险的加权平均数

　　D. 投资组合能够分散的是非系统风险

11. 根据资本资产定价模型，下列关于β系数的说法中，正确的有（　　　　）。

　　A. β值恒大于0

　　B. 市场组合的β值恒等于1

　　C. β系数为零表示无系统风险

　　D. β系数既能衡量系统风险也能衡量非系统风险

12. 下列各项中，能够影响特定投资组合β系数的有（　　　　）。

　　A. 该组合中所有单项资产在组合中所占的比重

　　B. 该组合中所有单项资产各自的β系数

　　C. 市场投资组合的无风险收益率

　　D. 该组合的无风险收益率

三、判断题

1. 公司年初借入资金 100 万元，第 3 年年末一次性连本带息偿还 130 万元，则这笔借款的实际年利率小于 10%。（   ）

2. 当通货膨胀率大于名义利率时，实际利率为负值。（   ）

3. 必要收益率与投资者认识到的风险有关。如果某项资产的风险较低，那么投资者对该项资产要求的必要收益率就较高。（   ）

4. 根据证券投资组合理论，在其他条件不变的情况下，如果两项资产的收益率具有完全正相关关系，则该证券投资组合不能够分散风险。（   ）

5. 在分散风险过程中，随着资产组合中资产数量的增加，分散风险的效果会越来越明显。（   ）

6. 市场整体对风险越是厌恶和回避，市场风险溢酬的数值就越小。（   ）

7. 依据资本资产定价模型，资产的必要收益率不包括对公司特有风险的补偿。（   ）

四、计算分析题

1. 已知：A、B 两种证券构成证券投资组合；A 证券的预期收益率为 10%，方差是 0.014 4，投资比重为 80%；B 证券的预期收益率为 18%，方差是 0.04，投资比重为 20%；A 证券收益率与 B 证券收益率的协方差是 0.004 8。

要求：

（1）计算下列指标。①该证券投资组合的预期收益率；②A 证券的标准差；③B 证券的标准差；④A 证券与 B 证券的相关系数；⑤该证券投资组合的标准差。

（2）当 A 证券与 B 证券的相关系数为 0.5 时，投资组合的标准差为 12.11%，结合（1）的计算结果回答以下问题。①相关系数的大小对投资组合收益率有没有影响？②相关系数的大小对投资组合风险有什么样的影响？

2. 资产组合 M 的期望收益率为 18%，标准离差为 27.9%；资产组合 N 的期望收益率为 13%，标准离差率为 1.2。投资者张某和赵某决定将其个人资产投资于资产组合 M 和 N 中，张某期望的最低收益率为 16%，赵某投资于资产组合 M 和 N 的资金比例分别为 30% 和 70%。

要求：

（1）计算资产组合 M 的标准离差率。

（2）判断资产组合 M 和 N 哪个风险更大。

（3）为实现期望的收益率，计算张某应在资产组合 M 上投资的最低比例。

（4）判断投资者张某和赵某谁更厌恶风险，并说明理由。

3. 已知：现行国库券的年利率为 5%，证券市场组合平均收益率为 15%；市场上 A、B、C、D 四种股票的 β 系数分别为 0.91、1.17、1.8 和 0.52；B、C、D 股票的必要收益率分别为 16.7%、23% 和 10.2%。

要求：

（1）采用资本资产定价模型计算 A 股票的必要收益率。

（2）计算 B 股票价值，为拟投资该股票的投资者做出是否投资的决策，并说明理由。假定 B 股票当前每股市价为 15 元，最近一期发放的每股股利为 2.2 元，预计年股利增长率为 4%。

（3）计算 A、B、C 投资组合的 β 系数和必要收益率。假定投资者购买 A、B、C 三种股票的比例为 1:3:6。

（4）已知按 3:5:2 的比例购买 A、B、D 三种股票，所形成的 A、B、D 投资组合的 β 系数为 0.96，该组合的必要收益率为 14.6%。如果不考虑风险大小，请在 A、B、C 和 A、B、D 两种投资组合中做出投资决策，并说明理由。

项目三

筹资管理基础

项目导读　↓

筹资管理基础

一、筹资认知

企业筹资，是指企业为了满足经营活动、投资活动、资本结构管理和其他需要，运用一定的筹资方式，通过一定的筹资渠道，筹措和获取所需资金的一种财务行为。

企业筹资最基本的目的，是为企业的经营活动提供资金保障。

筹资方式，是指企业筹集资金所采取的具体形式，最基本的筹资方式有股权筹资和债权筹资两种。

筹资的方式按不同的分类方法可分为股权筹资、债务筹资及衍生工具筹资，直接筹资与间接筹资，内部筹资与外部筹资，长期筹资与短期筹资。

筹资主要依据筹措合法、规模适当、取得及时、来源经济和结构合理的原则。

二、债务筹资

银行借款、发行公司债券和融资租赁是债务筹资的三种基本形式。

银行借款，是指企业向银行或其他非银行金融机构借入的、需要还本付息的款项。银行借款筹资具有筹资速度快、资本成本较低、筹资弹性较大、限制条款多、筹资数额有限、筹资风险大等特点。

公司债券是公司依照法定程序发行的、约定在一定期限内还本付息的有价证券。发行公司债券具有一次筹资数额大、募集资金的使用限制条件少、提高公司社会声誉和资本成本负担较高的特点。

融资租赁，是指通过签订资产出让合同的方式，使用资产的一方（承租方）通过支付租金，向出让资产的一方（出租方）取得资产使用权的一种交易行为。在这项交易中，承租方通过得到所需资产的使用权，完成了筹集资金的行为。融资租赁具有无须大量资金就能迅速获得资产、财务风险小、筹资限制条件较少、能延长资金的融通期限、资本成本负担较高的特点。

债务筹资的优点是筹资速度较快、筹资弹性大、资本成本负担较轻、可以利用财务杠杆和稳定公司的控制权。债务筹资的缺点是不能形成企业稳定的资本基础、财务风险较大和筹资数额有限。

三、股权筹资

吸收直接投资、发行普通股股票和利用留存收益，是股权筹资的三种基本形式。

吸收直接投资，是指企业直接吸收国家、法人、个人和外商投入资金的一种筹资方式。吸收直接投资具有易于尽快形成生产经营能力、容易进行信息沟通、有利于增强企业信誉、资本成本较高、企业控制权集中、不利于产权交易的特点。

发行普通股股票的特点：两权分离，有利于公司自主经营管理；能增强公司的社会声誉，促进股权流通和转让；资本成本较高；不易及时形成生产能力。

利用留存收益筹资具有不发生筹资费用、维持公司的控制权分布、筹资数额有限的特点。

股权筹资是企业稳定的资本基础、有助于形成企业良好的信誉基础和财务风险较小的优点，同时具有资本成本负担较重、控制权变更可能影响企业长期稳定发展、信息沟通与披露成本较大的缺点。

四、衍生工具筹资

衍生工具筹资，包括兼具股权筹资与债权筹资性质的混合融资和其他衍生工具融资。我国上市公司目前最常见的混合融资方式是可转换债券融资，最常见的其他衍生工具融资方式是认股权证融资。筹资创新的模式主要有商业票据融资、中期票据融资、股权众筹融资、企业应收账款证券化、融资租赁债权资产证券化、商圈融资、供应链融资、绿色信贷和能效信贷等。

任务一　筹资认知

学习目标

知识目标：掌握企业筹资管理的内容，熟悉企业筹资的动机、方式、分类，了解企业筹资的原则。

技能目标：会使用筹资的各种方式展开筹资管理。

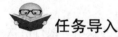

任务导入

任务资料：

华龙公司随着自身规模和经营范围的扩张，亟须筹集部分资金用于企业生产规模的再扩大，公司的筹资管理部门对市场上常用的筹资方式进行了梳理。

任务目标：

根据筹资部门梳理的情况，确定企业可以采用的直接筹资方式和间接筹资方式，并总结各筹资方式的优缺点。

知识准备

企业筹资，是指企业为了满足经营活动、投资活动、资本结构管理和其他需要，运用适当的筹资方式，通过一定的筹资渠道，筹措和获取所需资金的一种财务行为。

筹资认知

一、企业筹资的动机

企业筹资的动机主要有四类：创立性筹资动机、支付性筹资动机、扩展性筹资动机和调整性筹资动机。

1. 创立性筹资动机

创立性筹资动机，是指企业设立时，为取得资本金并形成开展经营活动的基本条件而产生的筹资动机。企业创立时，需要按照经营规模核定长期资本需要量和流动资金需要量、构建厂房设备等，安排流动资金，形成企业的经营能力。

2. 支付性筹资动机

支付性筹资动机，是指企业为了满足经营业务活动的正常波动所形成的支付需要而产生的筹资动机。在经营过程中，企业经常出现季节性、临时性的交易支付需求，需要通过经常的临时性筹资来满足这些需求，以维持企业的支付能力。

3. 扩张性筹资动机

扩张性筹资动机，是指企业因扩大经营规模或对外投资需要而产生的筹资动机。具有良好发展前景、处于成长期的企业，往往会产生扩张性筹资动机。扩张性的筹资活动，在筹资时间和数量上都要服务于投资决策和投资计划的安排，扩张性筹资的直接结果，是企业资产总规模的增加和资本结构的明显变化。

4. 调整性筹资动机

调整性筹资动机，是指企业因调整资本结构而产生的筹资动机。调整资本结构的目的在于降低资本成本、控制财务风险、提升企业价值。企业产生调整性筹资动机的具体原因有：一是优化资本结构，合理利用财务杠杆效应；二是偿还到期债务，调整内部债务结构。调整性筹资的目的是调整资本结构，而不是为企业经营活动追加资金，这类筹资通常不会增加企业的资本总额。

在实务中，企业筹资的目的往往不是唯一的，追加筹资既满足了经营活动、投资活动的资金需要，又达到了调整资本结构的目的，从而实现混合性筹资动机。混合性筹资动机一般是基于企业规模扩张和调整资本结构两种目的，兼具扩展性筹资动机和调整性筹资动机的特性，同时增加了企业的资产总额和资本总额，也使企业的资产结构和资本结构同时变化。

二、筹资管理的内容

筹资活动是企业资金运动的起点，筹资管理要求解决企业为什么要筹资、需要筹集多少资金、从什么渠道以什么方式筹集资金，以及如何协调财务风险和资本成本、合理安排资本结构等问题。

企业筹资时应先科学预计资金需要量，然后合理安排筹资渠道、选择筹资方式，最后通过降低资本成本和控制财务风险选出最佳的筹资方案，并有效运用所筹资金。

1. 科学预计资金需要量

企业筹资主要是为了满足经营运转和投资发展的资金需要。企业创立时，要按照规划的生产经营规模，预测长期资本需要量和流动资金需要量；企业正常营运时，要根据年度经营计划和资金周转水平，预测维持营业活动的日常资金需求量；企业扩张发展时，要根据扩张规模或对外投资对大额资金的需求，预测专项资金需求。

2. 合理安排筹资渠道、选择筹资方式

筹资渠道，是指企业筹集资金的来源与通道。企业最基本的筹资渠道有直接筹资和间接筹资两条。直接筹资，是企业与投资者签订协议或通过发行股票、债券等方式直接从社会取得资金；间接筹资，是企业通过银行等金融机构以信贷关系间接从社会取得资金。企业的具体筹资渠道主要有国家财政投资和财政补贴、银行与非银行金融机构信贷、资本市场筹集、其他法人单位与自

然人投入、企业自身积累等。

对于不同渠道的资金，企业可以通过不同的筹资方式来取得。筹资方式是企业筹集资金所采取的具体方式，大体可以分为外部筹资和内部筹资。外部筹资是指从企业外部筹措资金，内部筹资主要依靠企业的利润留存积累。外部筹资主要有股权筹资和债务筹资两种方式。股权筹资，是企业通过吸收直接投资、发行股票等方式从股东投资者那里取得资金；债务筹资，是企业通过向银行借款、发行债券、利用商业信用、融资租赁等方式从债权人那里取得资金。

安排筹资渠道和选择筹资方式是一项重要的财务工作，这直接关系到企业所能筹措资金的数量、成本和风险，因此，需要深刻认识各种筹资渠道和筹资方式的特征、性质以及与企业融资要求的适应性。在权衡不同性质资金的数量、成本和风险的基础上，应按照不同的筹资渠道合理选择筹资方式，有效筹集资金。

3. 降低资本成本、控制财务风险

资本成本是企业筹集和使用资金所付出的代价，包括资金筹集费用和占用费用。在筹集资金过程中，要发生股票发行费、借款手续费、证券印刷费、公证费、律师费等费用，这些属于资金筹集费用。在企业生产经营和对外投资活动中，要发生利息支出、股利支出、融资租赁的资金利息等费用，这些属于资金占用费用。

按不同方式取得的资金，其资本成本也是不同的。一般来说，债权资金比股权资金的资本成本要低。企业筹资的资本成本，需要通过使用资金所取得的收益与报酬来补偿，资本成本决定了企业使用资金的最低投资报酬率要求。因此，企业在筹资管理中，要权衡债务清偿的财务风险，合理利用资本成本较低的资金种类，努力降低企业的资本成本。

尽管债权资金的资本成本较低，但由于债权资金有固定还款期限，到期必须偿还，所以企业承担的财务风险比股权资金要大一些。财务风险，是指企业无法足额偿付到期债务的本金和利息、支付股东股利的风险，主要表现为偿债风险。无力清偿债权人的债务，可能会导致企业破产。企业筹集资金在考虑降低资本成本的同时，还要充分考虑财务风险，防范企业破产的财务危机。

三、筹资方式

筹资方式，是指企业筹集资金所采取的具体形式，受到法律环境、经济体制、融资市场等筹资环境的制约，特别是受国家对金融市场和融资行为方面的法律法规制约。

股权筹资和债务筹资是企业最基本的筹资方式。股权筹资形成企业的股权资金，通过吸收直接投资、发行股票、利用留存收益等方式取得；债务筹资形成企业的债权资金，通过向金融机构借款、发行公司债券、融资租赁、利用商业信用等方式取得。另外，发行可转换债券等属于兼有股权筹资和债务筹资性质的混合筹资方式。

1. 吸收直接投资

吸收直接投资，是指企业以投资合同、协议等形式定向地吸收国家、法人单位、自然人等投资主体资金的筹资方式，是一种股权筹资方式。这种筹资方式不以股票为载体，通过签订投资合同或投资协议规定双方的权利和义务，主要适用于非股份制公司筹集股权资本。

2. 发行股票

发行股票，是指企业以发行股票的方式取得资金的筹资方式。只有股份有限公司才能发行股票，发行股票是一种股权筹资方式。股票是表明股东按其持有的股份享有权益和承担义务的可转

让的书面投资凭证。股票的发行对象，可以是社会公众，也可以是特定投资主体。这种筹资方式只适用于股份有限公司，而且必须以股票作为载体。

3. 利用留存收益

留存收益，是指企业从税后净利润中提取的盈余公积，以及从企业可供分配利润中留存的未分配利润。利用留存收益，是企业将当年利润转化为股东对企业追加投资的过程，是一种股权筹资方式。

4. 向金融机构借款

向金融机构借款，是指企业根据借款合同从银行或非银行金融机构取得资金的筹资方式。这种筹资方式广泛适用于各类企业，它既可以筹集长期资金，也可以用于短期资金融通，具有灵活、方便的特点。

5. 发行公司债券

发行公司债券，是指企业以发行公司债券的方式取得资金的一种债务筹资方式。《公司债券发行与交易管理办法》规定，除了地方政府融资平台公司以外，所有公司制法人，均可以发行公司债券。公司债券是公司依照法定程序发行、约定还本付息期限、标明债权债务关系的有价证券。发行公司债券适用于向法人单位和自然人两种投资主体筹资。

6. 融资租赁

融资租赁，也称资本租赁或财务租赁，是指企业与租赁公司签订租赁合同，从租赁公司取得租赁物资产，通过对租赁物的占有、使用取得资金的筹资方式。融资租赁方式下，企业不直接取得货币性资金，通过租赁信用关系，直接取得实物资产，快速形成生产经营能力，然后通过向出租人分期交付租金的方式偿还资产的价款。

7. 利用商业信用

商业信用，是指企业之间在商品或劳务交易中，由于延期付款或延期交货所形成的借贷信用关系形成的一种债务筹资方式。商业信用是业务供销活动形成的，它是企业短期资金的一种重要和经常性的来源。

四、筹资的分类

企业采用不同方式所筹集的资金，按照不同的分类方法可以分为不同的筹资类别。

（一）股权筹资、债务筹资及衍生工具筹资

按企业所取得资金的权益特性不同，企业筹资分为股权筹资、债务筹资及衍生工具筹资三种。

1. 股权筹资

股权筹资形成股权资本，股权资本是股东投入的、企业依法长期拥有、能够自主调配运用的资本。股权资本，包括实收资本（股本）、资本公积、盈余公积和未分配利润。股权资本在企业持续经营期间内，投资者不得抽回，因而也称企业的自有资本、主权资本或权益资本。股权资本是企业从事生产经营活动和偿还债务的基本保证，是代表企业基本资信状况的一个主要指标。企业的股权资本通过吸收直接投资、发行股票、内部积累等方式取得。股权筹资在经济意义上形成了企业的所有者权益，其金额等于企业资产总额减去负债总额后的余额。股权资本一般不用偿还本金，它形成企业的永久性资本，因而财务风险小，但付出的资本成本相对较高。

2. 债务筹资

债务筹资形成债务资本，债务资本是企业按合同向债权人取得的、在规定期限内需要清偿的债务。企业通过向金融机构借款、发行债券、融资租赁等方式取得债务资本。债务资本到期要归还本金和支付利息，债权人对企业的经营状况不承担责任，因而债务资本具有较大的财务风险，但付出的资本成本相对较低。从经济意义上来说，债务资本是债权人对企业的一种投资，债权人依法享有企业使用债务资本所取得的经济利益，因而债务资本形成了企业的债权人权益。

3. 衍生工具筹资

衍生工具筹资，包括兼具股权筹资与债务筹资性质的混合筹资和其他衍生工具融资。我国上市公司目前最常见的混合筹资方式是发行可转换公司债券，其他常见的衍生工具融资方式是认股权证融资。

（二）直接筹资与间接筹资

按是否以金融机构为媒介，企业筹资分为直接筹资和间接筹资两种类型。

1. 直接筹资

直接筹资，是企业直接与资金供应者协商融通资金的筹资活动。直接筹资不需要通过金融机构来筹措资金，是企业直接从社会取得资金的方式。直接筹资的方式主要有发行股票、发行债券、吸收直接投资等。借助直接筹资方式既可以筹集股权资金，也可以筹集债务资金。相对来说，直接筹资的筹资手续比较复杂，筹资费用较高；但筹资领域广阔，能够直接吸收社会资金，有利于提高企业的知名度和资信度。

2. 间接筹资

间接筹资，是企业借助于银行和非银行金融机构筹集资金。在间接筹资方式下，银行等金融机构发挥中介作用，预先集聚资金，然后提供给企业。间接筹资的基本方式是银行借款，此外还有融资租赁等方式。间接筹资形成的主要是债务资金，主要用于满足企业资金周转的需要。

间接筹资手续相对比较简便，筹资效率高，筹资费用较低，但容易受金融政策的制约和影响。

（三）内部筹资与外部筹资

按资金的来源不同，企业筹资分为内部筹资和外部筹资两种类型。

1. 内部筹资

内部筹资是指企业通过利润留存而形成的筹资来源。内部筹资数额大小主要取决于企业可分配利润的多少和利润分配政策，一般无须花费筹资费用，从而降低了资本成本。

2. 外部筹资

外部筹资是指企业向外部筹措资金而形成的筹资来源。外部筹资的方式主要有发行股票、债券，取得商业信用、银行借款等。企业向外部筹资增加了筹资费用，从而提高了筹资成本。

（四）长期筹资与短期筹资

按所筹集资金的使用期限不同，企业筹资分为长期筹资和短期筹资两种类型。

1. 长期筹资

长期筹资，是指企业筹集使用期限在 1 年以上的资金。长期筹资的目的主要在于形成和更新企业的生产和经营能力，或扩大企业生产经营规模，或为对外投资筹集资金。长期筹资通常采取吸收直接投资、发行股票、发行债券、长期借款、融资租赁等方式，所形成的长期资金主要用于购建固定资产、形成无形资产、进行对外长期投资、垫支流动资金、产品和技术研发等。从资金权益性质来看，长期资金可以是股权资金，也可以是债务资金。

2. 短期筹资

短期筹资，是指企业筹集使用期限在 1 年以内的资金。短期资金主要用于企业的流动资产和资金日常周转，一般在短期内需要偿还。短期资金经常利用商业信用、短期借款、保理业务等方式来筹集。

五、筹资的原则

企业筹资管理的基本原则，是在遵守国家法律法规的基础上，分析影响筹资的各种因素，权衡资金的性质、数量、成本和风险，合理选择筹资方式，提升筹资效果。

1. 筹措合法

企业的筹资行为和筹资活动必须遵循国家的相关法律法规，依法履行投资合同约定的责任，合法合规筹资，依法披露信息，维护各方的合法权益。

2. 规模适当

企业需要根据生产经营及其发展的需要，合理安排资金需求。企业筹集资金，要合理预测资金的需要量，筹资规模与资金需要量应当匹配。

3. 取得及时

企业筹集资金，需要合理预测资金使用的时间，合理安排资金的筹集到位时间，使筹资与用资在时间上相衔接。

4. 来源经济

企业要充分利用各种筹资渠道，选择经济、可行的资金来源。企业应当在考虑筹资难易程度的基础上，针对不同来源资金的成本，认真选择筹资渠道，并选择经济、可行的筹资方式，力求降低筹资成本。

5. 结构合理

筹资管理要综合考虑各种筹资方式，优化资本结构，保持适当的偿债能力，防范企业财务危机。

任务实施

任务资料和任务目标见本任务的"任务导入"，具体任务实施过程如下。

直接筹资，是企业直接与资金供应者协商融通资金的筹资活动。直接筹资方式主要有发行股票、发行债券、吸收直接投资等。直接筹资的筹资手续比较复杂，筹资费用较高；但筹资领域广阔，能够直接吸收社会资金，有利于提高企业的知名度和资信度。

间接筹资，是企业借助于银行和非银行金融机构筹集资金。间接筹资的基本方式是银行借款，此外还有融资租赁等方式。间接筹资手续相对比较简便，筹资效率高，筹资费用较低，但容易受金融政策的制约和影响。

任务二　债务筹资

学习目标

知识目标：掌握银行借款、发行公司债券和融资租赁等债务筹资方式的相关知识。

技能目标：会安排企业的债务筹资。

任务导入

任务资料：

华龙公司从租赁公司融资租入一台设备，价格为 350 万元，租期为 10 年，租赁期满时预计净残值 15 万元归租赁公司所有。假设年利率为 8%，年租赁手续费率为 2%，每年年末等额支付租金。

任务目标：

根据上述资料，计算华龙公司每年的租金。

知识准备

债务筹资

一、银行借款

银行借款是指企业向银行或其他非银行金融机构借入的、需要还本付息的款项，包括偿还期限超过 1 年的长期借款和不足 1 年的短期借款。银行借款主要用于企业购建固定资产和满足流动资金周转的需要。

（一）银行借款的种类

（1）按提供贷款的机构，银行借款分为政策性银行贷款、商业性银行贷款和其他金融机构贷款。

政策性银行贷款是指执行国家政策性贷款业务的银行向企业发放的贷款，通常为长期贷款。如国家开发银行贷款，主要满足企业承建国家重点建设项目的资本需要；中国进出口银行贷款，主要为大型设备的进出口提供买方信贷或卖方信贷；中国农业发展银行贷款，主要用于确保国家对粮、棉、油等政策性收购资金的供应。

商业性银行贷款是指由各商业银行，如中国工商银行、中国建设银行、中国农业银行、中国银行等，向企业提供的贷款，用以满足企业生产经营的资金需要，包括短期贷款和长期贷款。

其他金融机构贷款，如从信托投资公司取得实物或货币形式的信托投资贷款，从财务公司取得的各种中长期贷款，从保险公司取得的贷款等。其他金融机构贷款一般较商业性银行贷款的期限要长，要求的利率较高，对借款企业的信用要求和担保的选择比较严格。

（2）按机构对贷款有无担保要求，银行借款分为信用贷款和担保贷款。

信用贷款是指以借款人的信誉或保证人的信用为依据而获得的贷款。企业取得这种贷款，无须以财产做抵押。这种贷款由于风险较高，银行通常要收取较高的利息，往往还附加一定的限制条件。

担保贷款是指由借款人或第三方依法提供担保而获得的贷款。担保包括保证、抵押、质押，由此，担保贷款分为保证贷款、抵押贷款和质押贷款。

（二）长期借款的保护性条款

长期贷款的金额大、期限长、风险高，除借款合同的基本条款之外，债权人通常还在借款合同中附加各种保护性条款，以确保企业按要求使用借款和按时足额偿还借款。保护性条款一般有以下三种。

1. 例行性保护条款

例行性保护条款主要包括：①定期向提供贷款的金融机构提交财务报表，以使债权人随时掌握企业的财务状况和经营成果；②保持保险储备，不准在正常情况下出售较多的非产成品存货，以保持企业的正常生产经营能力；③及时清偿债务，以防被罚款而造成不必要的现金流失；④不准以资产做其他承诺的担保或抵押；⑤不准贴现应收票据或出售应收账款，以避免产生或有负债等。

2. 一般性保护条款

一般性保护条款是对企业资产的流动性及偿债能力等方面的要求条款，这类条款应用于大多数借款合同。一般性保护条款主要包括：①保持企业的资产流动性。要求企业需持有一定最低限度的货币资金及其他流动资产。②限制企业非经营性支出。如限制支付现金股利、购入股票和职工加薪的数额等。③限制企业资本支出的规模。控制企业资产结构中的长期性资产的比例，以减少企业日后不得不变卖固定资产以偿还贷款的可能性。④限制企业再举债规模。限制企业再举债规模的目的是防止其他债权人取得对企业资产的优先索偿权。⑤限制企业的长期投资。如规定企业不准投资于短期内不能收回资本的项目，不能未经银行等债权人同意而与其他企业合并等。

3. 特殊性保护条款

特殊性保护条款是针对某些特殊情况而出现在部分借款合同中的条款，这类条款只有在特殊情况下才能生效，主要包括：要求企业的主要领导人购买人身保险，借款的用途不得改变，违约惩罚条款等。

（三）银行借款筹资的优缺点

1. 银行借款筹资的优点

（1）筹资速度快。与发行公司债券、融资租赁等债务筹资方式相比，采用银行借款筹资的程序相对简单，所花时间较短，企业可以迅速获得所需资金。

（2）资本成本较低。利用银行借款筹资，比发行公司债券和融资租赁的利息负担要低；而且，无须支付证券发行费用、租赁手续费用等筹资占用费。

（3）筹资弹性较大。利用银行借款筹资具有较大的灵活性，短期借款更是如此。

2. 银行借款筹资的缺点

（1）限制条款较多。与债券筹资相比较，银行借款合同对借款用途有明确规定，通过借款的保护性条款，对企业资本支出额度、再筹资、股利支付等行为有严格的约束，以后企业的生产经营活动和财务政策必将受到一定程度的影响。

（2）筹资数额有限。银行借款的数额往往受到企业资本实力的制约，需要在一定的授信额度内进行，无法一次性筹集到大笔资金，无法满足企业大规模筹资的需要。

（3）筹资风险大。银行借款需要还本付息，在筹资数额较大的情况下，企业资金调度不周，就有可能无力按期偿付本金和利息，甚至导致破产。

二、发行公司债券

公司债券是公司依照法定程序发行的、约定在一定期限内还本付息的有价证券。债券是持有人拥有公司债权的书面证书，它代表持券人同发债公司之间的债权债务关系。

公司债券可以公开发行，也可以非公开发行。

（一）公司债券的种类

（1）按是否记名，公司债券分为记名债券和无记名债券。

记名债券，应当在公司债券存根簿上载明债券持有人的姓名及住所、债券持有人取得债券的日期及债券的编号等债券持有人信息。记名债券，由债券持有人以背书方式或者法律、行政法规规定的其他方式转让；转让后由公司将受让人的姓名或者名称及住所记载于公司债券存根簿。

无记名债券，应当在公司债券存根簿上载明债券总额、利率、偿还期限和方式、发行日期及债券的编号。无记名债券的转让，由债券持有人将该债券交付给受让人后即发生转让的效力。

（2）按是否能够转换成公司股票，公司债券分为可转换债券与不可转换债券。

可转换债券，债券持有者可以在规定的时间内按规定的价格将债券转换为发债公司的股票。可转换债券的发行主体是股份有限公司中的上市公司。

不可转换债券，是指不能转换为发债公司股票的债券。

（3）按有无特定财产担保，公司债券分为信用债券和担保债券。

信用债券是无担保债券，是仅凭公司自身的信用发行的、没有抵押品做抵押担保的债券。在公司清算时，信用债券的持有人因无特定的资产做担保品，只能作为一般债权人参与剩余财产的分配。

担保债券是指以抵押方式担保发行人按期还本付息的债券，主要是指抵押债券。抵押债券按其抵押品的不同，又分为不动产抵押债券、动产抵押债券和证券信托抵押债券。

（二）发行公司债券筹资的优缺点

1. 发行公司债券筹资的优点

（1）一次筹资数额大。利用发行公司债券筹资，能够筹集大额的资金，满足公司大规模筹资的需要。

（2）募集资金的使用限制条件少。与银行借款相比，发行公司债券募集的资金在使用上具有一定的灵活性和自主性。若要满足期限较长、额度较大，用于公司扩展、增加大型固定资产和基本建设投资等流动性较差的长期资产的需求，则多采用发行公司债券方式筹资。

（3）提高公司的社会声誉。公司债券的发行主体一般是股份有限公司和有实力的有限责任公司，有严格的资格限制。通过发行公司债券，可筹集大量资金，同时也扩大了公司的社会影响力。

2. 发行公司债券筹资的缺点

发行公司债券筹资的主要缺点是资本成本负担较高。相对于银行借款筹资，发行公司债券的利息负担和筹资费用都比较高。债券不能像银行借款一样进行债务展期，加上大额的本金和较高的利息，在固定的到期日，将会对公司现金流量产生巨大的财务压力。但是，公司债券的期限长、利率相对固定，在预计市场利率将持续上升的金融市场环境下，发行公司债券筹资能够锁定资本成本。

三、融资租赁

租赁，是指通过签订资产出让合同的方式，使用资产的一方（承租方）通过支付租金，向出让资产的一方（出租方）取得资产使用权的一种交易行为。在这项交易中，承租方通过获得资产的使用权筹集资金。

（一）融资租赁的基本形式

1. 直接租赁

直接租赁是融资租赁的主要形式，它是指承租人提出租赁申请，出租人按照承租人的要求选购设备，然后再出租给承租人的租赁形式。

2. 售后租回

售后租回是指承租人由于急需资金等各种原因，将自己的资产出售给出租人，然后以租赁的形式从出租人原封不动地租回资产的使用权的租赁形式。

3. 杠杆租赁

杠杆租赁是指涉及承租人、出租人和资金出借人三方的融资租赁业务。一般来说，当所涉及的资产价值昂贵时，出租人只投入部分资金，通常为资产价值的 20%～40%，其余资金则通过将该资产抵押的方式，向第三方（通常为银行）申请贷款解决。然后出租人将设备出租给承租人，用收取的租金偿还贷款，该资产的所有权属于出租人。出租人既是债权人也是债务人，既要收取租金又要偿还债务。

（二）融资租赁租金的计算

1. 租金的构成

计算融资租赁的租金需要考虑三方面的因素。（1）设备原价及预计残值，包括设备买价、运输费、安装调试费、保险费等，以及设备租赁期满后将其出售可得的收入。（2）利息，是指租赁公司为承租企业购置设备垫付资金所应支付的利息。（3）租赁手续费和利润，是指租赁公司承办租赁设备所发生的业务费用和必要的利润。

2. 租金的支付方式

租金的支付有以下几种分类方式。（1）按支付间隔期长短，租金的支付方式分为年付、半年付、季付和月付等。（2）按在期初还是期末支付，租金的支付方式分为先付租金和后付租金。（3）按每期支付金额，租金的支付方式分为等额支付和不等额支付。实务中，承租企业与租赁公司商定的租金支付方式，大多为后付等额年金。

3. 租金的计算方法

融资租赁实务中，租金的计算大多采用等额年金法。等额年金法下，通常要根据利率和租赁手续费率确定一个租赁费率，作为折现率。

（1）后付租金即于每年年末支付等额租金，每年租金的计算公式为：

$$A = P \div (P/A, i, n)$$

（2）先付租金即于每年年初支付等额租金，每年租金的计算公式为：

$$A = P \div [(P/A, i, n-1) + 1]$$

【例 3-2-1】华龙公司于 20×1 年 1 月 1 日从租赁公司租入价值 100 万元的设备一台，租期为

8 年，租赁期满设备的残值为 5 万元，归租赁公司。假设双方商定的折现率为 10%，租金于每年年末支付。要求：计算每年的租金。

$$每年租金=[100-5\times(P/F,10\%,8)]\div(P/A,10\%,8)$$
$$=（100-5\times0.466\ 5）\div5.334\ 9$$
$$=18.31（万元）$$

若设备残值归承租人，则：

$$每年租金=100\div(P/A,10\%,8)$$
$$=100\div5.334\ 9$$
$$=18.74（万元）$$

提示

在计算融资租赁租金时，从出租人的角度考虑租金的现值。

（三）融资租赁筹资的优缺点

1. 融资租赁筹资的优点

（1）无须大量资金就能迅速获得所需资产。融资租赁集融资与融物于一体，使企业在资金短缺的情况下引进设备成为可能。

（2）财务风险小。融资租赁与购买的一次性支出相比，能够避免一次性支付的负担，而且租金支出是未来的、分期的，企业无须一次筹集大量资金偿还。

（3）筹资限制条件较少。

（4）能延长资金融通的期限。通常为购置设备而贷款的借款期限比该资产的物理寿命要短得多，而融资租赁的融资期限却可接近其全部使用寿命期限；并且其金额随设备价款金额而定，无融资额度的限制。

2. 融资租赁筹资的缺点

资本成本负担较高。融资租赁的租金通常比银行借款或发行公司债券所负担的利息高得多，租金总额通常要比设备价值高出 30%。尽管与借款方式比，融资租赁能够避免到期一次性集中偿还的财务压力，但高额的固定租金也给各期的经营带来了负担。

四、债务筹资的优缺点

（一）债务筹资的优点

（1）筹资速度较快。与股权筹资相比，债务筹资不需要经过复杂的审批手续和证券发行程序，可以迅速地获得资金。

（2）筹资弹性较大。利用债务筹资，企业可以根据自身的经营情况和财务状况，灵活地商定债务条件，控制筹资数量，安排取得资金的时间。

（3）资本成本负担较轻。一般来说，债务筹资的资本成本要低于股权筹资。一是因为债务筹资取得资金的手续费用等筹资费用较低；二是因为在债务筹资中利息、租金等用资费用比股权资本成本要低；三是因为在债务筹资中利息等资本成本可以在税前扣除。

（4）可以利用财务杠杆。当企业的资本收益率（息税前利润率）高于债务利率时，会增加普通股股东的每股收益，提高净资产收益率，提升企业价值。

（5）稳定公司的控制权。债权人只能获得固定的利息或租金，无权参加公司的经营管理，不改变公司的控制权，不能参加公司剩余收益的分配。在信息沟通与披露等公司治理方面，债务筹资的代理成本也较低。

（二）债务筹资的缺点

（1）不能形成企业稳定的资本基础。债务资本有固定的到期日，到期需要偿还，只能作为企业的补充性资本来源。再加上取得债务资本往往需要进行信用评级，没有信用基础的企业和新创企业，往往难以取得足额的债务资本。现有债务资本在企业的资本结构中达到一定比例后，往往由于财务风险而导致企业不容易再取得新的债务资本。

（2）财务风险较大。债务资本有固定的到期日、固定的债息负担，通过抵押、质押等担保方式取得的债务资本在使用上可能会有特别的限制。这些都要求企业必须保证有一定的偿债能力，要保持资产流动性及资产报酬水平，作为清偿债务的保障。这对企业的财务状况提出了更高的要求，否则会给企业带来财务危机，甚至导致企业破产。

（3）筹资数额有限。债务筹资的数额往往受到企业资本实力的制约，除发行债券方式外，一般难以像发行股票那样一次筹集到大笔资金，无法满足企业大规模筹资的需要。

 任务实施

任务资料和任务目标见本任务的"任务导入"，具体任务实施过程如下。

华龙公司租赁资产的折现率=8%+2%=10%，残值归出租人且租金在每期期末支付，每期租金=（租赁设备价值-残值现值）÷普通年金现值系数=[租赁设备价值-残值×$(P/F,i,n)$]÷$(P/A,i,n)$=[350-15×$(P/F,10\%,10)$]÷$(P/A,10\%,10)$=（350-15×3 855）÷6.144 6=56.02（万元）。

任务三 股权筹资

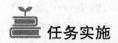 **学习目标**

知识目标：掌握吸收直接投资、发行普通股股票和利用留存收益等股权筹资方式的相关知识。

技能目标：会安排企业的股权筹资。

任务导入

任务资料：

华龙公司为了优化资本结构，在财务工作会议上，对企业的债务筹资和股权筹资情况进行讨论和分析。

任务目标：

根据所学知识，分析股权筹资相对于债务筹资的优缺点。

知识准备

利用股权筹资所筹集到的资金形成企业的股权资金，股权筹资是企业最基本的筹资方式。吸收直接投资、发行普通股股票和利用留存收益，是股权筹资的三种基本形式。

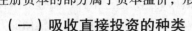

股权筹资

一、吸收直接投资

吸收直接投资，是指企业按照"共同投资、共同经营、共担风险、共享收益"的原则，直接吸收国家、法人、个人和外商投入资金的一种筹资方式。吸收直接投资是非股份制企业筹集权益资本的基本方式，采用吸收直接投资的企业，其资本不分为等额股份、无须公开发行股票。吸收直接投资的实际出资额中，注册资本部分形成实收资本，超过注册资本的部分属于资本溢价，形成资本公积。

（一）吸收直接投资的种类

1. 国家投资

国家投资是指有权代表国家投资的政府部门或机构，以国有资产投入公司，这种情况下形成的资本叫作国有资本。

2. 法人投资

法人投资是指法人单位以其依法可支配的资产投入公司，这种情况下形成的资本叫作法人资本。吸收法人投资一般具有以下特点：①发生在法人单位之间；②以参与公司利润分配或控制为目的；③出资方式灵活多样。

3. 合资经营

合资经营，是指两个或者两个以上的不同国家的投资者共同投资，创办企业，并且共同经营、共担风险、共负盈亏、共享利益的一种直接投资方式。在我国，中外合资经营企业也称股权式合营企业，它是外国企业和其他经济组织或个人同我国的企业或其他经济组织在我国境内共同投资举办的企业。

4. 社会公众投资

社会公众投资是指社会个人或本企业内部职工以个人合法财产投入企业，这种情况下形成的资本叫作个人资本。社会公众投资一般具有以下特点：①参加投资的人员较多；②每人投资的数额相对较少；③以参与公司利润分配为目的。

（二）吸收直接投资的出资方式

1. 以货币资产出资

以货币资产出资是吸收直接投资中最重要的出资方式。企业有了货币资产，便可以获取其他物质资源，支付各种费用，满足企业创建时的开支和随后的日常周转需要。

2. 以实物资产出资

以实物资产出资是指投资者以房屋、建筑物、设备等固定资产和材料、燃料、商品等流动资产所进行的投资。以实物资产出资中所出资的实物应符合以下条件：①适合企业生产、经营、研发等活动的需要；②技术性能良好；③作价公平合理。

3. 以土地使用权出资

土地使用权是指土地经营者对依法取得的土地在一定期限内有进行建筑、生产经营或其他活动的权利。土地使用权具有相对的独立性，在土地使用权存续期间，包括土地所有者在内的任何人和单位，不能任意收回土地和非法干预使用权人的经营活动。企业吸收土地使用权投资应符合以下条件：①该土地适合企业科研、生产、经营、研发等活动的需要；②该土地的地理、交通条件适宜；③该土地作价公平合理。

4. 以知识产权出资

知识产权通常是指专有技术、商标权、专利权、非专利技术等无形资产。投资者以知识产权出资应符合以下条件：①该知识产权有助于企业研究、开发和生产出新的高科技产品；②该知识产权有助于企业提高生产效率，改进产品质量；③该知识产权有助于企业降低生产消耗、能源消耗等各种消耗；④该知识产权作价公平合理。此外，国家相关法律法规对无形资产出资方式做出限制：股东或发起人不得以劳务、信用、自然人姓名、商誉、特许经营权或者设定担保的财产等作价出资。

5. 以特定债权出资

特定债权，是指企业依法发行的可转换债券以及按照国家有关规定可以转作股权的债权。

（三）吸收直接投资的优缺点

1. 吸收直接投资的优点

（1）易于尽快形成生产经营能力。吸收直接投资不仅有助于企业取得一部分货币资本，而且有助于企业直接获得所需的先进设备和技术，尽快形成生产经营能力。

（2）容易进行信息沟通。吸收直接投资的投资者比较单一，股权没有社会化、分散化，甚至有的投资者直接担任企业管理层职务，企业与投资者易于沟通。

（3）有利于增强企业信誉。吸收直接投资所筹集的资金属于企业的权益资金，与债务融资方式相比，吸收直接投资能够提高企业的借款能力，有利于扩大企业经营规模，壮大企业实力。

2. 吸收直接投资的缺点

（1）资本成本较高。相对于股权筹资来说，吸收直接投资的资本成本较高。当企业经营较好、盈利较多时，投资者往往要求将大部分盈余作为红利分配，因为企业向投资者支付的报酬是按其出资数额和企业实现利润的比率来计算的。但是，吸收直接投资的手续相对比较简单，筹资费用较低。

（2）企业控制权集中，不利于企业治理。采用吸收直接投资方式筹资，投资者一般要求获得与投资数额相适应的经营管理权。如果某个投资者的投资额比例较大，则该投资者对企业的经营管理就会有相当大的控制权，容易损害其他投资者的利益。

（3）不利于产权交易。吸收直接投资由于没有以证券为媒介，所以不利于产权交易，难以进行产权转让。

二、发行普通股股票

股票是股份有限公司为筹措股权资本而发行的具有平等权利和义务的有价证券，它代表了股东对企业的所有权。股票作为一种所有权凭证，体现着股东对发行公司净资产的所有权。股票只能由股份有限公司发行。

（一）股票的特点

1. 永久性

公司发行股票所筹集的资金属于公司的长期自有资金，没有期限，不需归还。换言之，股东在购买股票之后，一般情况下不能要求发行公司退还股金。

2. 流通性

股票作为一种有价证券，在资本市场上可以自由转让、买卖和流通，也可以继承、赠送或作为抵押品。股票，特别是上市公司发行的股票具有很强的变现能力，流动性很强。

3. 风险性

由于股票的永久性，股东成了公司风险的主要承担者。风险的表现形式有股票价格的波动性、红利的不确定性、破产清算时股东处于剩余财产分配顺序的最后等。

4. 参与性

股东作为股份有限公司的所有者，拥有参与公司管理的权利，包括重大决策权、经营者选择权、财务监控权、公司经营的建议和质询权等。此外，股东还有承担有限责任、遵守公司章程等义务。

（二）普通股股东的权利

股东最基本的权利是按投入公司的股份额，依法享有公司收益分享权、公司重大决策参与权和选择公司管理者的权利，并以其所持股份为限对公司承担责任。

1. 公司管理权

股东对公司的管理权主要体现在重大决策参与权、经营者选择权、财务监控权、公司经营的建议和质询权、股东大会召集权等方面。

2. 收益分享权

股东有权通过股利方式分享公司的税后利润，公司利润分配方案由董事会提出并经过股东大会批准。

3. 股份转让权

股东有权将其所持有的股票出售或转让。

4. 优先认股权

原有股东拥有优先认购本公司增发股票的权利。

5. 剩余财产要求权

当公司解散、清算时，股东有对清偿债务、清偿优先股股东以后的剩余财产进行索取的权利。

（三）发行普通股股票筹资的优缺点

1. 发行普通股股票筹资的优点

（1）两权分离，有利于公司自主经营管理。公司通过对外发行股票筹资，公司的所有权与经营权相分离，分散了公司控制权，有利于公司自主管理、自主经营。普通股股东众多，公司日常经营管理事务主要由公司的董事会和经理层负责。但公司的控制权分散，公司也容易被经理人控制。

（2）能增强公司的社会声誉，促进股权流通和转让。发行普通股股票筹资，股东的大众化为公司带来了广泛的社会影响。特别是上市公司，其股票的流通性强，有利于市场确认公司的价值。发行普通股股票筹资以股票作为媒介，便于股权的流通和转让，便于吸收新的投资者。但是，流通性强的股票容易在资本市场上被恶意收购。

2. 发行普通股股票筹资的缺点

（1）资本成本较高。由于股票投资的风险较大，收益具有不确定性，投资者就会要求较高的风险补偿。因此，发行普通股股票筹资的资本成本较高。

（2）不利于企业及时形成生产能力。发行普通股股票筹资吸收的一般都是货币资金，企业需要通过购置和建造才能形成生产经营能力。相对于吸收直接投资方式来说，这种方式不利于企业及时形成生产能力。

三、利用留存收益

利用留存收益筹资是股权筹资的主要方式之一。留存收益是企业税后净利润形成的，属于企业的所有者，包括盈余公积和未分配利润。企业通过合法、有效地经营所实现的税后净利润，属于企业的所有者，因此，属于所有者的利润包括分配给所有者的利润和尚未分配留存于企业的利润。

（一）留存收益的来源

1. 提取盈余公积

盈余公积，是指有指定用途的留存净利润，其提取基数是抵减年初累计亏损后的本年度净利润。盈余公积主要用于企业未来的经营发展，经审议后也可以用于转增股本（实收资本）和弥补以前年度经营亏损。盈余公积不得用于以后年度的对外利润分配。

2. 未分配利润

未分配利润，是指未限定用途的留存净利润。未分配利润有两层含义：第一，这部分净利润本年没有分配给投资者；第二，这部分净利润未指定用途，可以用于企业未来经营发展、转增股本（实收资本）、弥补以前年度经营亏损、以后年度利润分配。

（二）利用留存收益筹资的优缺点

1. 利用留存收益筹资的优点

（1）不发生筹资费用。与发行普通股股票筹资等从外部筹集长期资本相比较，利用留存收益筹资不会发生筹资费用，资本成本较低。

（2）维持企业的控制权分布。利用留存收益筹资，不用对外发行新股或吸收新投资者，由此增加的权益资本不会改变企业的股权结构，不会稀释原有股东的控制权。

2. 利用留存收益筹资的缺点

筹资数额有限。当期留存收益的最大数额是当期的净利润，利用留存收益筹资不像外部筹资那样可以一次性筹集大量资金。企业如果发生亏损，则当年没有利润留存。另外，投资者从自身期望出发，往往希望企业每年发放一定股利，保持一定的利润分配比例。

四、股权筹资的优缺点

（一）股权筹资的优点

1. 股权筹资是企业稳定的资本基础

股权资本没有固定的到期日，无须偿还，是企业的永久性资本，企业清算时才有可能予以偿还。这对于保障企业对资本的最低需求、促进企业长期持续稳定经营具有重要意义。

2. 股权筹资有助于形成企业良好的信誉基础

股权资本作为企业最基本的资本，代表了企业的资本实力，是企业与其他企业组织开展经营业务、进行业务活动的信誉基础。同时，股权资本也是其他筹资方式的基础，尤其可为债务筹资，如银行借款、发行公司债券等提供信用保障。

3. 股权筹资的财务风险较小

股权资本不用在企业正常营运期内偿还，企业没有还本付息的财务压力。相对于债务资本而言，股权资本筹资限制少，资本使用上也无特别限制。

（二）股权筹资的缺点

1. 资本成本负担较重

一般而言，股权筹资的资本成本高于债务筹资。投资者投资于股权，特别是投资于股票的风险较高，投资者或股东相应要求得到较高的报酬率。从企业成本开支的角度来看，股利、红利从税后利润中支付，而债务资本成本允许税前扣除。此外，普通股在发行、上市等方面的费用也较高。

2. 控制权变更可能影响企业长期稳定发展

利用股权筹资，引进了新的投资者或出售了新的股票，必然会导致企业控制权结构发生改变，而控制权变更过于频繁，又势必会影响企业管理层的人事变动和决策效率，影响企业的正常经营。

3. 信息沟通与披露成本较大

投资者或股东作为企业的所有者，有了解企业经营业务、财务状况、经营成果等的权利。企业需要通过各种渠道和方式加强与投资者的关系管理，保障投资者的权益。特别是上市公司，其股东多而分散，只能通过公司的公开信息披露公司状况，这就需要公司花更多的精力，有些公司还需要设置专门的部门，进行公司的信息披露和投资者关系管理。

任务实施

任务资料和任务目标见本任务的"任务导入"，具体任务实施过程如下。

股权筹资相对于债务筹资的优点：①股权筹资是企业稳定的资本基础；②股权筹资有助于形成企业良好的信誉基础；③股权筹资的财务风险较小。

股权筹资相对于债务筹资的缺点：①资本成本负担较重；②控制权变更可能影响企业长期稳定发展；③信息沟通与披露成本较大。

任务四　衍生工具筹资

学习目标

知识目标：熟悉可转换债券、认股权证和优先股，了解筹资实务创新。
技能目标：熟悉各种衍生工具的内涵和优缺点。

任务导入

任务资料：

华龙公司董事会考虑到公司打算开拓新的领域，需要更多的资金，想通过发行可转换债券的形式完成本次筹资。

任务目标：

思考华龙公司通过发行可转换债券筹集资金的优缺点。

　知识准备

衍生工具筹资，包括兼具股权筹资和债务筹资性质的混合融资和其他衍生工具融资。我国上市公司目前最常见的混合融资方式是可转换债券融资和优先股融资，最常见的其他衍生工具融资是认股权证融资。

一、可转换债券

可转换债券是一种混合型证券，是公司普通债券与证券期权的组合。可转换债券的持有人在一定期限内，可以按照事先规定的价格或者转换比例，自由地选择是否将债券转换为普通股股票。

（一）可转换债券的基本性质

1. 证券期权性

可转换债券给予了债券持有人未来的选择权，在事先约定的期限内，债券持有人可以选择将债券转换为普通股股票，也可以放弃转换权利，持有至债券到期还本付息。由于可转换债券持有人具有在未来按一定的价格购买股票的权利，因此可转换债券实质上是一种未来的买入期权。

2. 资本转换性

可转换债券在正常持有期，具有债权性质；转换成股票后，具有股权性质。资本属性的转换，取决于债券持有人是否行权。

3. 赎回与回售

可转换债券一般都会有赎回条款，发债公司在可转换债券转换前，可以按一定条件赎回债券。通常，公司股票价格在一段时期内连续高于转股价格达到某一幅度时，公司会按事先约定的价格买回未转股的可转换债券。同样，可转换债券一般也有回售条款，公司股票价格在一段时期内连续低于转股价格达到某一幅度时，债券持有人可按事先约定的价格将所持债券回卖给发行公司。

（二）可转换债券筹资的优缺点

1. 可转换债券筹资的优点

（1）筹资灵活性。可转换债券筹资将传统的债务筹资和股权筹资的特点结合起来，具有筹资灵活性。

（2）资本成本较低。可转换债券的利率低于同一条件下普通债券的利率，降低了公司的筹资成本；另外，在可转换债券转换为普通股时，公司无须另外支付筹资费用，节约了筹资成本。

（3）筹资效率高。可转换债券在发行时，规定的转换价格往往高于当时本公司的股票价格。如果这些债券将来都转换成了股票，这相当于在债券发行之际，就以高于当时股票市价的价格新发行了股票，以较少的股份代价筹集了更多的股份资金。因此，在公司发行新股时机不佳时，可以先发行可转换债券，相当于变相发行普通股。

2. 可转换债券筹资的缺点

（1）存在不转换的财务压力。如果在转换期内公司股价恶化，债券持有人到期不转股，会造

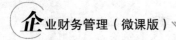

成公司集中兑付债券本金的财务压力。

（2）存在回售的财务压力。若可转换债券发行后，公司股价长期低迷，在设计有回售条款的情况下，债券持有人集中在一段时间内将债券回售给发行公司，加大了公司的财务压力。

二、认股权证

认股权证是一种由上市公司发行的证明文件，持有人有权在一定时间内以约定价格认购该公司发行的一定数量的股票。权证按买或卖的不同权利，可分为认购权证和认沽权证，又称为看涨权证和看跌权证。认股权证属于认购权证。

03

（一）认股权证的基本性质

1. 认股权证具有期权性

认股权证本质上是一种股票期权，属于衍生金融工具，具有实现融资和股票期权激励的双重功能。但认股权证本身是一种认购普通股的期权，它没有普通股的红利收入，也没有普通股相应的投票权。

2. 认股权证是一种投资工具

投资者可以通过购买认股权证获得市场价与认购价之间的股票差价收益，因此它是一种具有内在价值的投资工具。

（二）认股权证筹资的优缺点

1. 认股权证筹资的优点

（1）认股权证是一种融资促进工具。认股权证的发行人是发行标的股票的上市公司，认股权证通过以约定价格认购公司股票的契约方式，能保证公司能够在规定的期限内完成股票发行计划，顺利实现融资。

（2）有助于改善上市公司的治理结构。采用认股权证进行融资，融资是缓期、分批实现的。上市公司及其大股东的利益与投资者是否在到期之前执行认股权证密切相关。因此，在认股权证有效期间，上市公司管理层及其大股东的任何有损公司价值的行为，都可能降低上市公司的股价，从而降低投资者执行认股权证的可能性，这将损害上市公司管理层及其大股东的利益。所以认股权证能够约束上市公司的行为，并激励管理层更加努力地提升上市公司的市场价值。

（3）有利于推进上市公司的股权激励机制。认股权证是常用的员工激励工具，通过给予管理者和重要员工一定的认股权证，可以把管理者和员工的利益与企业价值成长紧密联系在一起，建立一个管理者与员工通过提升企业价值再实现自身财富增值的利益驱动机制。

2. 认股权证筹资的缺点

（1）稀释每股收益。投资者持认股权证购买的是公司新发行的股票，并非二级市场的股票。这样，当行使认股权证时普通股股份增多，会导致每股收益下降。

（2）容易分散公司的控制权。发行公司为了吸引投资者，其认股权证通常随有价证券一起发售。当行使认股权证时，公司的股权结构会发生改变，会稀释原有股东的控制权。

三、优先股

优先股是指股份有限公司发行的在利润分配及剩余财产清偿分配方面优先于普通股，但在参与公司决策管理等方面，相对于普通股受到限制的股份。

（一）优先股的基本性质

1. 约定股息

相对于普通股而言，优先股的股利收益是事先约定的，也是相对固定的，因此，优先股一般不参与公司普通股的利润分红。但优先股的固定股息率各年可以不同，也可以采用浮动股息率分配利润。

2. 权利优先

在年度利润分配和剩余财产清偿分配方面，优先股股东具有比普通股股东优先的权利。优先股股东可以先于普通股股东获得股息，公司的可分配利润先分给优先股股东，剩余部分再分给普通股股东。在剩余财产清偿方面，优先股股东的清偿顺序先于普通股股东而次于债权人。优先股的优先权利是相对于普通股而言的，优先股股东不可以要求经营成果不佳无法分配股利的公司支付固定股息；优先股股东也不可以要求无法支付股息的公司进入破产程序，不能向人民法院提出公司重整、和解或者破产清算申请。

3. 权利范围小

优先股股东一般没有选举权和被选举权，对股份有限公司的重大经营事项无表决权；仅在股东大会表决与优先股股东自身利益直接相关的特定事项时，具有有限表决权。

（二）优先股筹资的优缺点

1. 优先股筹资的优点

优先股既像公司债券，又像公司股票，因此优先股筹资属于混合筹资，其兼有债务筹资和股权筹资性质。

（1）有利于丰富资本市场的投资结构。优先股有利于为投资者提供多元化投资渠道，增加固定收益型产品。看重现金红利的投资者可投资优先股，而希望分享公司经营成果的投资者则可以选择普通股。

（2）有利于股份有限公司股权资本结构的调整。发行优先股，是股份有限公司调整股权资本结构的重要方式。

（3）有利于保障普通股的收益权和控制权。优先股的每股收益是固定的，只要净利润增加并且高于优先股股息，普通股的每股收益就会上升。此外，优先股股东无表决权，不影响普通股股东对企业的控制权，也基本上不会稀释普通股的权益。

（4）有利于降低公司财务风险。优先股股利不是公司必须偿付的一项法定债务，如果公司财务状况恶化、经营成果不佳，可以不支付这种股利，从而相对减轻了企业的财务负担。优先股没有规定最终到期日，它实质上是一种永续性借款。优先股的收回由公司决定，公司可在有利条件下收回优先股，具有较大的灵活性。发行优先股，增加了权益资本，从而改善了公司的财务状况。从财务角度看，优先股属于股债连接产品。作为资本，优先股可以降低公司整体负债率；作为负债，优先股可以增加长期资金来源，有利于公司的长久发展。

2. 优先股筹资的缺点

利用优先股筹资可能给股份有限公司带来一定的财务压力。首先，优先股的资本成本高于债务。优先股股息不能抵减所得税，而债务利息可以抵减所得税。其次，优先股的股利支付相对于普通股具有固定性。针对固定股息率优先股、强制分红优先股、可累积优先股而言，股利支付的固定性可能成为公司的一项财务负担。

四、筹资实务创新

随着经济的发展和金融政策的完善，我国企业的筹资方式和筹资渠道逐步呈现多元化趋势。

1. 商业票据融资

商业票据融资，是指企业通过商业票据融通资金的融资方式。商业票据是一种商业信用工具，是债务人向债权人开出的，承诺在一定时期内支付一定款项的支付保证书，即由无担保、可转让的短期期票组成。商业票据融资具有融资成本较低、灵活方便等特点。

2. 中期票据融资

中期票据是指具有法人资格的非金融类企业在银行间债券市场按计划分期发行的，约定在一定期限还本付息的债务融资工具。中期票据具有发行机制灵活、用款方式灵活、融资额度大、使用期限长、成本较低、无须担保等特点。

3. 股权众筹融资

股权众筹融资主要是指通过互联网形式进行公开、小额股权融资的活动。

4. 企业应收账款证券化

企业应收账款资产支持证券，是指证券公司、基金管理公司子公司作为管理人，通过设立资产支持专项计划开展资产证券化业务，以企业应收账款债权为基础资产或基础资产现金流来源所发行的资产支持证券。企业应收账款证券化是企业拓宽融资渠道、降低融资成本、盘活存量资产、提高资产使用效率的重要途径。

5. 融资租赁债权资产证券化

融资租赁债权资产支持证券，是指证券公司、基金管理公司子公司作为管理人，通过设立资产支持专项计划开展资产证券化业务，以融资租赁债权为基础资产或基础资产现金流来源所发行的资产支持证券。融资租赁债权是指融资租赁公司依据融资租赁合同对债务人（承租人）享有的租金债权、附属担保权益及其他权利。

6. 商圈融资

商圈融资模式包括商圈担保融资、供应链融资、商铺经营权、租赁权质押、仓单质押、存货质押、动产质押、企业集合债券等。

7. 供应链融资

供应链融资，是将供应链核心企业及其上下游配套企业作为一个整体，根据供应链中相关企业的交易关系和行业特点制定基于货权和现金流控制的"一揽子"金融解决方案的一种融资模式。供应链融资解决了上下游企业融资难、担保难的问题，而且通过打通上下游的融资瓶颈，还可以降低供应链融资成本，提高核心企业及配套企业的竞争力。

8. 绿色信贷

绿色信贷，是指银行业金融机构为支持环保产业、倡导绿色文明、发展绿色经济而提供的信贷融资。绿色信贷重点支持能源环保、清洁生产、清洁能源、生态环境、基础设施绿色升级和绿色服务六大类产业。

9. 能效信贷

能效信贷，是指银行业金融机构为支持用能单位提高能源利用效率，降低能源消耗而提供的信贷融资。

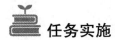

任务实施

任务资料和任务目标见本任务的"任务导入"，具体任务实施过程如下。

华龙公司通过发行可转换债券的方式筹资，主要的优点有：①筹资的灵活性较高；②资本成本较低；③筹资效率高。

这种方式的主要缺点是：①存在不转换的财务压力；②存在回售的财务压力。

课程思政——明辨篇

三是要明辨，善于明辨是非，善于决断选择。"学而不思则罔，思而不学则殆。"是非明，方向清，路子正，人们付出的辛劳才能结出果实。面对世界的深刻复杂变化，面对信息时代各种思潮的相互激荡，面对纷繁多变、鱼龙混杂、泥沙俱下的社会现象，面对学业、情感、职业选择等多方面的考量，一时有些疑惑、彷徨、失落，是正常的人生经历。关键是要学会思考、善于分析、正确抉择，做到稳重自持、从容自信、坚定自励。要树立正确的世界观、人生观、价值观，掌握了这把总钥匙，再来看看社会万象、人生历程，一切是非、正误、主次，一切真假、善恶、美丑，自然就洞若观火、清澈明了，自然就能作出正确判断、作出正确选择。正所谓"千淘万漉虽辛苦，吹尽狂沙始到金"。

选自《习近平：青年要自觉践行社会主义核心价值观——在北京大学师生座谈会上的讲话》

课后练习

一、单项选择题

1. 企业因发放现金股利的需要而进行筹资的动机属于（　　　）。

　　A. 扩张性筹资动机　　B. 支付性筹资动机　　C. 创立性筹资动机　　D. 调整性筹资动机

2. 企业为了优化资本结构而筹集资金，这种筹资的动机是（　　　）。

　　A. 支付性筹资动机　　B. 创立性筹资动机　　C. 调整性筹资动机　　D. 扩张性筹资动机

3. 下列筹资方式中属于混合筹资方式的是（　　　）。

　　A. 认股权证筹资　　　B. 发行可转换债券　　C. 吸收直接投资　　　D. 融资租赁

4. 下列筹资方式中，既可以筹集长期资金，也可以融通短期资金的是（　　　）。

　　A. 向金融机构借款　　　　　　　　　　B. 发行股票

　　C. 利用商业信用　　　　　　　　　　　D. 吸收直接投资

5. 与发行公司债券相比，银行借款筹资的优点是（　　　）。

　　A. 资本成本较低　　　　　　　　　　　B. 资金使用的限制条件少

　　C. 能提高公司的社会声誉　　　　　　　D. 单次筹资数额较大

6. 下列各项中，不计入融资租赁租金的是（　　　）。

　　A. 租赁手续费　　　　　　　　　　　　B. 承租公司的财产保险费

　　C. 租赁公司垫付资金的利息　　　　　　D. 设备的买价

7. 下列各项中，不属于融资租赁租金构成内容的是（　　　）。

    A. 设备原价　　　　　　　　　　　　　B. 租赁手续费

    C. 租赁设备的维护费用　　　　　　　　D. 垫付设备价款的利息

8. 企业向租赁公司租入一台设备，价值 500 万元，合同约定租赁期满时残值 5 万元归出租人所有，租期为 5 年，年利率为 10%，租赁手续费率为每年 2%。若采用先付租金的方式，则平均每年年初支付的租金为（　　　）万元。[$(P/F,12\%,5)=0.567\ 4$，$(P/A,12\%,5)=3.604\ 8$]

    A. 123.84　　　　　B. 123.14　　　　　C. 137.92　　　　　D. 137.35

9. 企业向租赁公司租入一台设备，价值 500 万元，合同约定租赁期满时残值 5 万元归承租人所有，租期为 5 年，年利率为 10%，租赁手续费率为每年 2%。若采用先付租金的方式，则平均每年年初支付的租金为（　　　）万元。[$(P/A,12\%,5)=3.604\ 8$，$(P/A,12\%,4)=3.037\ 3$]

    A. 123.84　　　　　B. 138.7　　　　　C. 137.92　　　　　D. 155.35

10. 下列各项中，不能作为资产出资的是（　　　）。

    A. 存货　　　　　B. 固定资产　　　　　C. 可转换债券　　　　　D. 特许经营权

11. 下列各项优先权中，属于普通股股东所享有的权利的是（　　　）。

    A. 优先剩余财产分配权　　　　　　　　B. 优先股利分配权

    C. 优先股份转让权　　　　　　　　　　D. 优先认股权

12. 下列各项中，不属于普通股股东拥有的权利的是（　　　）。

    A. 优先认股权　　　　　　　　　　　　B. 优先分配收益权

    C. 股份转让权　　　　　　　　　　　　D. 剩余财产要求权

13. 下列关于利用留存收益筹资的表述中，错误的是（　　　）。

    A. 利用留存收益筹资可以维持公司的控制权结构

    B. 利用留存收益筹资不会发生筹资费用，因此没有资本成本

    C. 留存收益来源于提取的盈余公积和留存于企业的利润

    D. 利用留存收益筹资有企业的主动选择，也有法律的强制要求

14. 下列各项中，与利用留存收益筹资相比，属于吸收直接投资特点的是（　　　）。

    A. 资本成本较低　　　　　　　　　　　B. 筹资速度较快

    C. 筹资规模有限　　　　　　　　　　　D. 形成生产能力较快

15. 与发行股票筹资相比，吸收直接投资的优点是（　　　）。

    A. 易于进行产权交易　　　　　　　　　B. 资本成本较低

    C. 有利于提高公司声誉　　　　　　　　D. 筹资费用较低

16. 与发行公司债券相比，吸收直接投资的优点是（　　　）。

    A. 资本成本较低　　　　　　　　　　　B. 产权流动性较强

    C. 能够提升企业的市场形象　　　　　　D. 易于尽快形成生产经营能力

17. 下列各种筹资方式中，最有利于降低公司财务风险的是（　　　）。

    A. 发行普通股　　　B. 发行优先股　　　C. 发行公司债券　　　D. 发行可转换债券

二、多项选择题

1. 下列各项中，属于企业筹资管理应当遵循的原则有（　　　）。

    A. 依法筹资原则　　　B. 负债最低原则　　　C. 规模适度原则　　　D. 结构合理原则

2. 应用于大多数借款合同的条款有（　　　）。

A.　例行性保护条款　　B.　一般性保护条款　　C.　特殊性保护条款　　D.　限制性保护条款

3. 如果企业在发行债券的契约中规定了允许提前偿还的条款，则下列表述正确的有（　　　）。

A.　当预测年利息率上升时，一般应提前赎回债券

B.　提前偿还所支付的价格通常要高于债券的面值

C.　提前偿还所支付的价格通常随到期日的临近而逐渐上升

D.　具有提前偿还条款的债券可使公司筹资有较大的弹性

4. 下列关于杠杆租赁的表述中，正确的有（　　　）。

A.　出租人既是债权人又是债务人

B.　涉及出租人、承租人和资金出借人三方当事人

C.　租赁的设备通常是出租人已有的设备

D.　出租人只投入设备购买款的部分资金

5. 下列各项中，能够作为吸收直接投资出资方式的有（　　　）。

A.　特许经营权　　　　B.　土地使用权　　　　C.　商誉　　　　　　D.　非专利技术

6. 下列各项中，属于盈余公积用途的有（　　　）。

A.　弥补亏损　　　　　B.　转增股本　　　　　C.　扩大经营　　　　D.　分配股利

7. 与普通股筹资相比，下列属于可转换债券筹资优点的有（　　　）。

A.　筹资灵活性　　　　B.　资本成本较低　　　C.　筹资效率高　　　　D.　财务风险小

8. 下列各项中，属于认股权证筹资特点的有（　　　）。

A.　认股权证是一种融资促进工具　　　　　B.　认股权证是一种高风险融资工具

C.　有助于改善上市公司的治理结构　　　　D.　有利于推进上市公司的股权激励机制

9. 相对于普通股而言，下列各项中，属于优先股特殊性的有（　　　）。

A.　当公司破产清算时，优先股股东优先于普通股股东求偿

B.　当公司分配利润时，优先股股东优先于普通股股东支付股利

C.　当公司选举董事会成员时，优先股股东优先于普通股股东当选

D.　当公司决定合并、分立时，优先股股东的表决权优先于普通股股东

10. 一般而言，与发行普通股相比，发行优先股的特点有（　　　）。

A.　可以降低公司的资本成本　　　　　　　B.　可以增加公司的财务杠杆效应

C.　可以保障普通股股东的控制权　　　　　D.　可以降低公司的财务风险

三、判断题

1. 直接筹资是企业直接从社会取得资金的一种筹资方式，一般只能用来筹集股权资金。（　　　）

2. 企业在初创期通常采用外部筹资，而在成长期通常采用内部筹资。（　　　）

3. 长期借款的例行性保护条款、一般性保护条款、特殊性保护条款可结合使用，有利于全面保护债权人的权益。（　　　）

4. 杠杆租赁的情况下出租人既是债权人也是债务人，如果出租人到期不能按期偿还借款，资产的所有权则转移给资金的出借者。（　　　）

5. 企业吸收直接投资有时能够直接获得所需的设备和技术，及时形成生产能力。（　　　）

6. 因为公司债务必须付息，而普通股不一定支付股利，所以普通股资本成本小于债务资本成本。（　　　）

7. 可转换债券的持有人具有在未来按一定的价格购买普通股股票的权利，因此可转换债券具

有买入期权的性质。（　　　）

8. 可转换债券是常用的员工激励工具，可以把管理者和员工的利益与企业价值成长紧密联系在一起。（　　　）

9. 优先股筹资属于混合筹资，其兼有债务筹资和股权筹资性质，优先股资本成本相对于债务筹资的资本成本较低。（　　　）

03

项目四

筹资管理实务

筹资管理实务

一、资金需要量预测

资金的需要量是筹资的数量依据，应当科学、合理地进行预测。资金需要量预测的基本目的，是保证筹集的资金既能满足生产经营的需要，又不会产生多余闲置资金。

因素分析法，又称分析调整法，是以有关项目基期年度的平均资金需要量为基础，根据预测年度的生产经营任务和资金周转速度的要求，进行分析调整，来预测资金需要量的一种方法。

销售百分比法，将反映生产经营规模的销售因素与反映资金占用的资产因素连接起来，根据销售与资产之间的数量比例关系，来预计企业的外部筹资需要量。

资金习性预测法，是指根据资金习性预测未来资金需要量的一种方法。所谓资金习性，是指资金的变动同产销量变动之间的依存关系。按照资金同产销量之间的依存关系，可以把资金区分为不变资金、变动资金和半变动资金。

二、资本成本

资本成本，是指企业为筹集和使用资本而付出的代价，包括筹资费用和占用费用。资本成本主要包括个别资本成本、平均资本成本和边际资本成本。个别资本成本主要包括银行借款的资本成本、公司债券的资本成本、优先股的资本成本、普通股的资本成本和留存收益的资本成本。

三、杠杆效应

财务管理中的杠杆效应，包括经营杠杆、财务杠杆和总杠杆三种效应形式。杠杆效应既可以产生杠杆利益，也可能带来杠杆风险。

经营杠杆，是指由于固定性经营成本的存在，企业的资产收益（息税前利润）变动率大于业务量变动率的现象。经营杠杆反映了资产收益的波动性，用以评价企业的经营风险。经营风险，是指企业生产经营导致的资产收益波动的风险。经营杠杆放大了市场和生产等因素变化对利润波动的影响。经营杠杆系数越大，表明息税前利润受产销量变动的影响程度越大，经营风险也就越大。

财务杠杆，是指由于固定性资本成本的存在，企业的普通股收益（或每股收益）变动率大于息税前利润变动率的现象。财务杠杆反映了股权资本收益的波动性，用于评价企业的财务风险。财务杠杆放大了资产收益变化对普通股收益的影响，财务杠杆系数越大，表明财务风险也就越大。

总杠杆，是指由于固定经营成本和固定资本成本的存在，普通股每股收益变动率大于产销业务量变动率的现象。总杠杆系数反映了经营杠杆和财务杠杆之间的关系，用以评价企业的整体风险水平。

四、资本结构

资本结构是在企业多种筹资方式下形成的，不同的筹资方式组合决定着企业资本结构。企业筹资方式虽然很多，但总的来说分为债务筹资和股权筹资两大类。资本结构优化的目标，是降低平均资本成本率或提高普通股每股收益。资本结构优化的方法主要有每股收益分析法、平均资本成本比较法和公司价值分析法。

任务一　资金需要量预测

学习目标

知识目标：掌握企业资金需要量预测的因素分析法、销售百分比法和资金习性预测法的原理。

技能目标：能够运用因素分析法、销售百分比法和资金习性预测法预测企业的资金需要量。

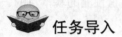

任务导入

任务资料：

华龙公司 20×1 年营业收入为 20 000 万元，销售净利率为 12%，净利润的 60% 分配给投资者。20×1 年 12 月 31 日的资产负债表（简表）如表 4-1-1 所示。

表 4-1-1　　　　　　　　　　资产负债表（简表）

20×1 年 12 月 31 日　　　　　　　　　　　　　　　　　　　　　　　单位：万元

资产	期末余额	负债及所有者权益	期末余额
货币资金	1 000	应付账款	1 000
应收账款净额	3 000	应付票据	2 000
存货	6 000	长期借款	9 000
固定资产净值	7 000	实收资本	4 000
无形资产	1 000	留存收益	2 000
资产总计	18 000	负债与所有者权益总计	18 000

该公司 20×2 年计划营业收入比上年增长 30%，为实现这一目标，公司需新增设备一台，价值 148 万元。据历年财务数据分析，公司流动资产与流动负债随销售额同比率增减。假定该公司 20×2 年的营业净利率和利润分配政策与上年保持一致。

任务目标：

（1）计算 20×2 年公司需增加的营运资金。

（2）预测 20×2 年公司需要对外筹集的资金量。

知识准备

一、因素分析法

因素分析法又称分析调整法，是以有关项目基期年度的平均资本需要量为基础，根据预测年度的生产经营任务和资金周转速度的要求，进行分析调整，来预测资金需要量的一种方法。这种方法计算简便，容易掌握，但预测结果不太精确，通常用于品种繁多、规格复杂、资金需要量较小的项目。因素分析法下资金需要量的计算公式如下：

资金需要量=（基期资金平均占用额-不合理资金占用额）×（1+预测期销售增长率）
÷（1+预测期资金周转速度增长率）

【例 4-1-1】华龙公司上年度资金平均占用额为 5 000 万元，经分析，其中不合理部分为 400 万元，预计本年度销售增长 10%，资金周转速度增长率 5%。则：

预测年度资金需要量=（5 000-400）×（1+10%）÷（1+5%）=4 819.05（万元）

二、销售百分比法

（一）基本原理

销售百分比法，是指假设某些资产和负债与销售额存在稳定的百分比关系，根据这个假设预计外部资金需要量的方法。企业的销售规模扩大时，要相应增加流动资产；如果销售规模增加很多，还必须增加长期资产。为取得扩大销售所需增加的资产，企业需要筹措资金。这些资金一部分来自随销售收入同比例增加的流动负债，还有一部分来自预测期的收益留存，另一部分通过外部筹资取得。

销售百分比法将反映生产经营规模的销售因素与反映资金占用的资产因素连接起来，根据销售与资产之间的数量比例关系来预计企业的外部筹资需要量。销售百分比法首先假设某些资产与销售额存在稳定的百分比关系，根据销售额与资产的比例关系预计资产额，根据资产额预计相应的负债和所有者权益，进而确定筹资需要量。

（二）基本步骤

1. 确定随销售额变动而变动的资产和负债项目

随着销售额的变化，经营性资产项目将占用更多的资金。同时，随着经营性资产的增加，相应的经营性短期债务也会增加，如存货增加会导致应付账款增加，此类债务称为"自动性债务"，可以为企业提供暂时性资金。经营性资产与经营性负债的差额通常与销售额保持稳定的比例关系。这里，经营性资产项目包括库存现金、应收账款、存货等项目；而经营性负债项目包括应付票据、应付账款等项目，不包括短期借款、短期融资券、长期负债等筹资性负债。

> **提示**
>
> 经营性（敏感性）资产与经营性（敏感性）负债随着销售额的增长自然而然地增长，具有自动性；不随着销售额的变化自动变化的资产和负债或需要经过专门的程序才能获得的资产和负债不属于经营性的。

2. 确定有关项目与销售额的稳定比例关系

如果企业资金的营运效率保持不变，经营性（敏感性）资产项目与经营性（敏感性）负债项目将会随销售额的变动而成正比例变动，保持稳定的百分比关系。企业应当根据历史资料和同业情况，剔除不合理的资金占用项目，寻找有关项目与销售额的稳定百分比关系。

3. 确定需要增加的筹资数量

预计由于销售增长而需要的资金需求增长额，扣除利润留存后，即为所需要的外部筹资额。即有：

$$外部筹资需要量=A\div S_1\times\Delta S-B\div S_1\times\Delta S-P\times E\times S_2$$

式中：A 表示随销售额变化的敏感性资产；B 表示随销售额变化的敏感性负债；S_1 表示基期销售额；S_2 表示预测期销售额；ΔS 表示销售变动额；P 表示销售净利率；E 表示利润留存率；$A\div S_1$ 表示敏感性资产与销售额的百分比关系；$B\div S_1$ 表示敏感性负债与销售额的百分比关系，$A\div S_1\times\Delta S-B\div S_1\times\Delta S$ 表示流动资产筹资需要量的增加额（营运资金的增加额）；$P\times E\times S_2$ 表示留存收益的增加额（内部筹资需要的增加额）。

需要说明的是，如果非敏感性资产增加，则外部筹资需要量也应相应增加。

【例 4-1-2】华龙公司 20×1 年 12 月 31 日的简要资产负债表如表 4-1-2 所示。假定华龙公司 20×1 年的销售额为 20 000 万元，销售净利率为 10%，利润留存率为 40%。20×2 年销售额预计增长 20%，公司有足够的生产能力，无须追加固定资产投资。

表 4-1-2　　　　　　　　　华龙公司的简要资产负债表（20×1 年 12 月 31 日）　　　　　　　　单位：万元

资产	金额	占销售额的百分比/%	负债与权益	金额	占销售额的百分比/%
货币资金	1 000	5	短期借款	5 000	N
应收账款	3 000	15	应付票据	1 000	5
存货	6 000	30	应付账款	2 000	10
固定资产	6 000	N	公司债券	2 000	N
			实收资本	4 000	N
			留存收益	2 000	N
合计	16 000	50	合计	16 000	15

首先，确定有关项目及其与销售额的百分比关系。在表 4-1-2 中，N 表示不变动，是指该项目不随销售额的变化而变化，也就是非敏感项目。

根据华龙公司的资料，采用销售百分比法计算有关数据。

华龙公司销售额的增加（ΔS）=20 000×20%=4 000（万元）

华龙公司 20×2 的销售额（S_2）=20 000×（1+20%）=24 000（万元）

留存收益的增加=24 000×40%×10%=960（万元）

筹资需要量（营运资金）的增加=50%×4 000-15%×4 000=1 400（万元）

外部筹资需要量=50%×4 000-15%×4 000-10%×40%×24 000=1 400-960=440（万元）

销售百分比法的优点是能为筹资管理提供短期预计的财务报表，以适应外部筹资的需要，且易于使用；但在有关因素发生变动的情况下，必须相应地调整原有的销售百分比。

三、资金习性预测法

资金习性预测法，是指根据资金习性预测未来资金需要量的一种方法。资金习性，是指资金的变动同产销量变动之间的依存关系。按照资金同产销量之间的依存关系，可以把资金区分为不变资金、变动资金和半变动资金。

不变资金是指在一定的产销量范围内，不受产销量变动的影响而保持固定不变的那部分资金。

产销量在一定范围内变动，不变资金保持不变，不变资金主要包括：为维持营业而占用的最低数额的现金，原材料的保险储备占用的资金，必要的成品储备占用的资金，厂房、机器设备等固定资产占用的资金。

变动资金是指随产销量的变动而同比例变动的那部分资金，一般包括直接构成产品实体的原材料、外购件等占用的资金。另外，在最低储备以外的现金、存货、应收账款等也具有变动资金的性质。

半变动资金是指虽然受产销量变化的影响，但不成同比例变动的资金，如一些辅助材料占用的资金。半变动资金可采用一定的方法划分为不变资金和变动资金两部分。

（一）根据资金占用总额与产销量的关系预测

这种方式是根据历史上企业资金占用总额与产销量之间的关系，把资金分为不变和变动两部分，然后结合预计的销售量来预测资金需要量。

设产销量为自变量 X，资金占用为因变量 Y，它们之间的关系可用下式表示：

$$Y = a + bX$$

式中，a 表示不变资金；b 表示单位产销量所需变动资金。

可见，只要求出 a 和 b，并知道预测期的产销量，就可以用上述公式测算资金需要情况。a 和 b 可用回归直线方程组求出。

【例 4-1-3】华龙公司 20×1—20×5 年产销量与资金变化情况如表 4-1-3 所示，根据表 4-1-3 整理出表 4-1-4。20×6 年预计销售量为 1 500 万件，需要预计 20×6 年的资金需要量。

表 4-1-3　　　　华龙公司 20×1—20×5 年产销量与资金变化情况

年度	产销量 X/万件	资金占用 Y/万元
20×1	1 000	930
20×2	1 100	950
20×3	1 200	1 000
20×4	1 300	1 050
20×5	1 400	1 100

表 4-1-4　　　　　　资金需要量预测表（按总额预测）

年度	销售量 X/万件	资金需要量 Y/万元	XY	X²
20×1	1 000	930	930 000	1 000 000
20×2	1 100	950	1 045 000	1 210 000
20×3	1 200	1 000	1 200 000	1 440 000
20×4	1 300	1 050	1 365 000	1 690 000
20×5	1 400	1 100	1 540 000	1 960 000
$n=5$	$\sum X = 6\ 000$	$\sum Y = 5\ 030$	$\sum XY = 6\ 080\ 000$	$\sum X^2 = 7\ 300\ 000$

将以上数据代入方程组：

$$\begin{cases} \sum Y = na + b\sum X \\ \sum XY = a\sum X + b\sum X^2 \end{cases}$$

即：

$$a = \frac{\sum X^2 \sum Y - \sum X \sum XY}{n\sum X^2 - (\sum X)^2} = 478$$

$$b = \frac{n\sum XY - \sum X\sum Y}{n\sum X^2 - (\sum X)^2} = 0.44$$

代入模型得直线方程式为：$Y=478+0.44X$

根据 20×6 年的预计销售量 1 500 万件，计算 20×6 年的预计资金需要量。

$Y=478+0.44×1\ 500$

$=1\ 138$（万元）

因华龙公司 20×5 年年末已有资金 1 100 万元，因此，20×6 年该公司需要筹集资金 1 138-1 100=38（万元）。

> **提示**
>
> 资金习性预测法可以借助 Excel 中的散点图来完成，在 Excel 表格中输入已知年份的产销量和资金占用数据，选中数据，插入散点图，将趋势线设置为"线性、自动、显示公式"，在散点图中能显示出资金需要量的一元一次函数关系式，从而得出直线方程式。

（二）采用逐项分析法预测

这种方式是根据各资金占用项目（如现金、存货、应收账款、固定资产）和资金来源项目同产销量之间的关系，把各项目的资金都分成变动和不变两部分，然后汇总在一起，求出企业变动资金总额和不变资金总额，进而预测资金需要量。

【例 4-1-4】华龙公司历年资金占用与销售收入之间的关系如表 4-1-5 所示，根据两者的关系，计算现金占用项目中不变资金和变动资金的数额。

表 4-1-5　　　　　　　华龙公司历年资金占用与销售收入之间的关系

年度	销售收入 X/万元	现金占用 Y/万元
20×1	2 500	93
20×2	2 750	95
20×3	3 000	100
20×4	3 250	105
20×5	3 500	110

根据表 4-1-5 的资料，采用高低点法来计算资金占用项目中不变资金和变动资金的数额。

b=（最高收入期的资金占用量-最低收入期的资金占用量）÷（最高销售收入-最低销售收入）

=（110-93）÷（3 500-2 500）=0.017

将 b=0.017 的数据代入 20×5 年的 $Y=a+bX$，得：

$a=110-0.017×3\ 500=50.5$（万元）

> **提示**
>
> 采用高低点法时，需注意高点和低点指的是业务量的高点和低点，而非资金占用量的高点和低点，二者有时关系对应，有时并不完全对应。求出二者的系数之后，可以选择高点或者低点的数据代入方程，求得结果。

存货、应收账款、流动负债、固定资产等也可根据历史资料做这样的划分，然后汇总列于表4-1-6 中。

表 4-1-6 资金需要量预测（分项预测） 单位：万元

项目	年度不变资金（a）	每 1 元销售收入所需变动资金（b）
流动资产：		
现金	50.5	0.017
应收账款	200	0.3
存货	600	0.5
小计	850.5	0.817
减：流动负债		
应付账款及应付费用	500	0.25
净资金占用	350.5	0.567
固定资产：		
厂房、设备	2 000	0
所需资金合计	2 350.5	0.567

根据表 4-1-6 的资料得出预测模型为：

$Y=2\,350.5+0.567X$

如果 20×6 年的预计销售额为 4 000 万元，则：

20×6 年的资金需要量=2 350.5+0.567×4 000=4 618.5（万元）

进行资金习性分析时，把资金划分为变动资金和不变资金两部分，从数量上掌握了资金同销售量之间的规律，对准确地预测资金需要量有很大帮助。

运用资金习性预测法必须注意以下几个问题：①资金需要量与业务量之间线性关系的假定应符合实际情况；②确定 a、b 数值，应利用连续若干年的历史资料，一般要有 3 年以上的资料；③应考虑价格等因素的变动情况。

提示

采用逐项分析法时，注意资产类的项目中各项不变资金和变动资金是相加的，资产和负债项目之间是相减的。

任务实施

任务资料和任务目标见本任务的"任务导入"，具体任务实施过程如下。

（1）计算 20×2 年华龙公司需增加的营运资金

流动资产占营业收入的百分比=10 000÷20 000×100%=50%。

流动负债占营业收入的百分比=3 000÷20 000×100%=15%。

增加的营业收入=20 000×30%=6 000（万元）。

增加的营运资金=6 000×50%-6 000×15%=2 100（万元）。

（2）预测 20×2 年华龙公司需要对外筹集的资金量

增加的留存收益=20 000×（1+30%）×12%×（1-60%）=1 248（万元）。

对外筹集资金量=148+2 100-1 248=1 000（万元）。

任务二　资本成本

学习目标

知识目标：掌握个别资本成本、平均资本成本和边际资本成本的基本原理。

技能目标：能够运用个别资本成本、平均资本成本和边际资本成本对企业的相关事项做出决策。

04

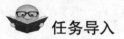

任务导入

任务资料：

华龙公司 20×1 年年末长期资本为 5 000 万元，其中长期银行借款为 1 000 万元，年利率为 6%，所有者权益（包括普通股股本和留存收益）为 4 000 万元。公司计划在 20×2 年追加筹集 5 000 万元，其中按面值发行债券 2 000 万元，票面年利率为 6.86%，期限 5 年，每年付息一次，到期一次还本，筹资费用率为 2%；发行优先股筹资 3 000 万元，固定股息率为 7.76%，筹资费用率为 3%。公司普通股 β 系数为 2，一年期国债利率为 4%，市场平均收益率为 9%，公司适用的所得税税率为 25%。假设不考虑筹资费用对资本结构的影响，发行债券和优先股不影响借款利率和普通股股价。

任务目标：

（1）计算华龙公司长期银行借款的资本成本率。

（2）计算发行债券的资本成本率（不用考虑货币时间价值）。

（3）计算华龙公司发行优先股的资本成本率。

（4）利用资本资产定价模型计算华龙公司留存收益的资本成本率。

（5）计算加权平均资本成本率。

知识准备

一、资本成本认知

资本成本是衡量资本结构优化程度的标准，也是对投资获得经济效益的最低要求，通常用资本成本率表示。企业所筹得的资本付诸使用以后，只有项目的投资收益率高于资本成本率，才能表明所筹集的资本取得了较好的经济效益。

资本成本

（一）资本成本的含义

资本成本是指企业为筹集和使用资本而付出的代价，包括筹资费用和占用费用。资本成本是资本所有权与资本使用权分离的结果。对出资者而言，由于让渡了资本使用权，所以必须要求取得一定的补偿，资本成本表现为让渡资本使用权所带来的投资收益。对筹资者而言，由于取得了资本使用权，所以必须支付一定代价，资本成本表现为取得资本使用权所付出的代价。资本成本可以用绝对数表示，也可以用相对数表示。用绝对数表示的资本成本，主要由以下两个部分构成。

（1）筹资费。筹资费是指企业在筹措资本过程中为获取资本而付出的代价，如向银行支付的借款手续费，因发行股票、公司债券而支付的发行费等。筹资费用通常在筹集资本时一次性发生，在资本使用过程中不再发生，因此，视为筹资数额的扣除项。

（2）占用费。占用费是指企业在使用资本过程中因占用资本而付出的代价，如向银行等债权人支付的利息、向股东支付的股利等。占用费是因为占用了他人资金而必须支付的，是资本成本的主要内容。

（二）资本成本的作用

1. 资本成本是比较筹资方式、选择筹资方案的依据

在评价各种筹资方式时，一般会考虑的因素包括该筹资方式对企业控制权的影响，以及对投资者吸引力的大小、融资的难易和风险、资本成本的高低等，而资本成本是其中的重要因素。在其他条件相同时，企业筹资应选择资本成本率最低的方式。

2. 平均资本成本是衡量资本结构是否合理的重要依据

企业财务管理目标是企业价值最大化，企业价值是企业资产带来的未来现金流量的贴现值。计算企业价值时，经常采用企业的平均资本成本作为贴现率，当平均资本成本最小时，企业价值最大，此时的资本结构是企业理想的资本结构。

3. 资本成本是评价投资项目可行性的主要标准

任何投资项目，如果它预期的投资收益率超过该项目使用资金的资本成本率，则该项目在经济上就是可行的。

4. 资本成本是评价企业整体业绩的重要依据

一定时期企业资本成本率的高低，不仅反映企业筹资管理的水平，还可作为评价企业整体经营业绩的标准。企业的生产经营活动，实际上就是所筹集资本经过投放后形成资产的营运活动，企业的总资产税后收益率应高于其平均资本成本率，这样才能带来剩余收益。

（三）影响资本成本的因素

（1）总体经济环境。一个国家或地区的总体经济环境状况，表现在国民经济发展水平、预期的通货膨胀等方面，这些都会对企业筹资的资本成本产生影响。如果国民经济保持健康、稳定、持续增长，整个社会经济的资金供给和需求相对均衡且通货膨胀水平低、资金所有者投资的风险小、预期收益率低，筹资的资本成本率相应就比较低。

（2）资本市场条件。资本市场条件包括资本市场的效率和风险。如果资本市场缺乏效率、证券的市场流动性低、投资风险大、投资者要求的预期收益率高，那么通过资本市场融通的资本，其成本就比较高。

（3）企业经营状况和融资状况。企业的经营风险和财务风险共同构成企业总体风险，如果企业经营风险高、财务风险大，则企业总体风险水平高、投资者要求的预期收益率高，企业筹资的资本成本相应就大。

（4）企业对筹资规模和时限的需求。企业一次性需要筹集的资金规模大、占用资金时限长，资本成本就高。当然，融资规模、时限与资本成本的正向相关性并非线性关系。一般来说，融资

规模在一定限度内，并不会引起资本成本的明显变化；当融资规模突破一定限度时，才会引起资本成本的明显变化。

二、个别资本成本

个别资本成本是指单一融资方式本身的资本成本，包括银行借款资本成本、公司债券资本成本、融资租赁资本成本、优先股资本成本、普通股资本成本和留存收益资本成本等。其中，前三项是债务资本成本，后三项是权益资本成本。个别资本成本的高低，用相对数，即资本成本率表示。

（1）一般模式。为了便于分析比较，计算资本成本率通常用不考虑货币时间价值的一般模式。计算时，将初期的筹资费用作为筹资额的扣除项，扣除筹资费用后的筹资额称为筹资净额，一般模式的资本成本率计算公式为：

资本成本率=年资金占用费÷（筹资总额-筹资费用）

=年资金占用费/筹资总额×（1-筹资费用率）

（2）贴现模式。对于金额大、时间超过1年的长期资本，更为准确一些的资本成本率的计算方式是贴现模式，即将债务未来还本付息或股权未来股利的贴现值与目前筹资净额相等时的贴现率作为资本成本率。

由：筹资净额现值-未来资本清偿额现金流量现值=0

得：资本成本率=所采用的贴现率

（一）银行借款的资本成本率

银行借款的资本成本包括借款利息和借款手续费用，手续费用是筹资费用的具体表现。利息费用在税前支付，可以起抵税作用，一般计算税后资本成本率，以便与权益资本成本率具有可比性。银行借款的资本成本率按一般模式计算为：

债务资本成本的计算

$$K_b=年利率×（1-所得税税率）÷（1-手续费用率）=i(1-T)÷(1-f)$$

式中：K_b 表示银行借款资本成本率；i 表示银行借款年利率；f 表示手续费用率；T 表示所得税税率。

对于长期借款，考虑货币时间价值问题，还可以用贴现模式计算资本成本率。

【例4-2-1】某企业取得5年期长期借款1 000万元，年利率为8%，每年付息一次，到期一次还本，借款费用率为0.1%，企业所得税税率为25%。该项借款的资本成本率为：

$$K_b=i(1-T)÷(1-f)=8\%×（1-25\%）÷（1-0.1\%）=6.01\%$$

考虑货币时间价值，该项长期借款的资本成本计算如下（M为名义借款额）：

$$M(1-f)=\sum_{i=1}^{n}\frac{I_t(1-T)}{(1+K_b)^t}+\frac{M}{(1+K_b)^n}$$

即：1 000×（1-0.1%）=1 000×8%×（1-25%）×(P/A,K_b,5)+1 000×(P/F,K_b,5)=999（万元）

K_b=6%时，1 000×8%×（1-25%）×(P/A,6%,5)+1 000×(P/F,6%,5)

=1 000×8%×（1-25%）×4.212 4+1 000×0.747 3

=1 000.04（万元）

K_b=6%时，长期借款的价值1 000.04万元>999万元，为了找到一个计算结果比999万元小的长期借款价值，需要提高贴现率。

当贴现率 K_b=7%时，$1\,000×8\%×（1-25\%）×(P/A,7\%,5)+1\,000×(P/F,7\%,5)$

$\qquad\qquad =1\,000×8\%×（1-25\%）×4.100\,2+1\,000×0.713$

$\qquad\qquad =959.01（万元）$

按插值法计算，得：$\dfrac{K_b-6\%}{7\%-6\%}=\dfrac{999-1\,000.04}{959.01-1\,000.04}$

K_b=6.03%

（二）公司债券的资本成本率

公司债券的资本成本包括债券利息和借款发行费用。债券可以溢价发行，也可以折价发行，其资本成本率按一般模式计算为：

K_b=年利息×（1-所得税税率）÷债券筹资总额×（1-手续费用率）$=I(1-T)÷L(1-f)$

式中，L 表示公司债券筹资总额，I 表示公司债券年利息。

> **提示**
>
> 公司债券资本成本的计算，需要注意年利息是用债券面值乘以债券票面利率得到的，债券筹资总额与债券的发行价格有关，债券有溢价、折价和平价三种发行方式。

04

【例4-2-2】华龙公司以 1 050 元的价格，溢价发行面值为 1 000 元、期限为 5 年、票面利率为 10%的公司债券一批。每年付息一次，到期一次还本，发行费用率为 2%，所得税税率为 25%，该批债券的资本成本率为：

K_b=1 000×10%×（1-25%）÷[1 050×（1-2%）]

$\qquad =7.29\%$

考虑货币时间价值，该项公司债券的资本成本计算如下：

$1\,050×（1-2\%）=1\,000×10\%×（1-25\%）×(P/A,K_b,5)+1\,000×(P/F,K_b,5)=1\,029（元）$

当贴现率 K_b=7%时，$1\,000×10\%×（1-25\%）×(P/A,7\%,5)+1\,000×(P/F,7\%,5)$

$\qquad\qquad =1\,000×10\%×（1-25\%）×4.100\,2+1\,000×0.713$

$\qquad\qquad =1\,020.52（元）$

K_b=7%时，公司债券的价值 1 020.52 元＜1 029 元，为了找到一个计算结果比 1 029 元大的公司债券价值，需要降低贴现率。

K_b=6%时，$1\,000×10\%×（1-25\%）×(P/A,6\%,5)+1\,000×(P/F,6\%,5)$

$\qquad\qquad =1\,000×10\%×（1-25\%）×4.212\,4+1\,000×0.747\,3$

$\qquad\qquad =1\,063.23（元）$

按插值法计算，得：$\dfrac{K_b-6\%}{7\%-6\%}=\dfrac{1\,029-1\,063.23}{1\,020.52-1\,063.23}$

K_b=6.80%

（三）优先股的资本成本率

优先股的资本成本主要是向优先股股东支付的各期股利。对于固定股息率优先股而言，如果各期股利是相等的，优先股的资本成本率按一般模式计算为：

$$K_s=D÷P_n(1-f)$$

股权资本成本的计算

式中：K_s 表示优先股资本成本率；D 表示优先股年固定股息；P_n 表示优先股发行价格；f 表示筹资费用率。

【例 4-2-3】某上市公司发行面值为 100 元的优先股，规定的年股息率为 8%。该优先股溢价发行，发行价格为 110 元；发行时筹资费用率为 2%。则该优先股的资本成本率为：

$$K_s=D\div P_n(1-f)=100\times 8\%\div[110\times(1-2\%)]=7.42\%$$

由本例可见，该优先股票面股息率为 8%，但实际资本成本率只有 7.42%，主要原因是该优先股溢价 1.1 倍发行。

如果是浮动股息率优先股，则优先股的浮动股息率将根据约定的方法计算，并在公司章程中事先明确。由于浮动优先股各期股利是波动的，因此其资本成本率只能按照贴现模式计算，并假定各期股利的变化量呈一定的规律性。此类浮动股息率优先股的资本成本率计算方式，与普通股资本成本率的股利增长模型法计算方式相同。

（四）普通股的资本成本率

普通股的资本成本主要是向股东支付的各期股利。由于各期股利并不一定固定，随企业各期收益波动，因此普通股的资本成本只能按贴现模式计算，并假定各期股利的变化有一定规律性。如果是上市公司普通股，其资本成本还可以根据该公司股票收益率与市场收益率的相关性，按资本资产定价模型估计。

（1）股利增长模型法。假定资本市场有效，股票市场价格与价值相等，某股票本期支付的股利为 D_0，未来各期股利按 g 速度永续增长。目前股票市场价格为 P_0，则普通股资本成本率为：

$$K_s=\frac{D_0(1+g)}{P_0(1-f)}+g=\frac{D_1}{P_0(1-f)}+g$$

【例 4-2-4】某公司普通股每股市价为 20 元，筹资费用率为 1%，本年发放现金股利为每股 0.4 元，预期股利年增长率为 10%。则：

$$K_s=0.4\times(1+10\%)\div[20\times(1-1\%)]+10\%$$
$$=12.22\%$$

（2）资本资产定价模型法。假定资本市场有效，股票市场价格与价值相等，无风险收益率为 R_f，市场平均收益率为 R_m，某股票贝塔系数为 β，则普通股资本成本率为：

$$K_s=R_f+\beta(R_m-R_f)$$

【例 4-2-5】某公司普通股 β 系数为 2，此时一年期国债利率为 4%，市场平均收益率为 10%，则该普通股资本成本率为：

$$K_s=4\%+2\times(10\%-4\%)=16\%$$

（五）留存收益的资本成本率

留存收益是由企业税后净利润形成的，是一种所有者权益，其实质是所有者向企业的追加投资。企业利用留存收益筹资不发生筹资费用。如果企业将留存收益用于再投资，所获得的收益率低于股东自己进行一项风险相似的投资项目的收益率，企业就应该将其分配给股东。留存收益的资本成本率，表现为股东追加投资要求的收益率，其计算与普通股资本成本率计算相同，也分为股利增长模型法和资本资产定价模型法，但是不考虑筹资费用。

三、平均资本成本

平均资本成本是指多元化融资方式下的综合资本成本，反映企业资本成本的整体水平。在衡量和评价单一融资方案时，需要计算个别资本成本；在衡量和评价企业筹资总体的经济性时，需要计算企业的平均资本成本。平均资本成本用于衡量企业资本成本水平，确立企业理想的资本结构。

平均资本成本

企业平均资本成本，是以各项个别资本在企业总资本中的比重为权数，对各项个别资本成本率进行加权平均而得到的总资本成本率。计算公式为：

$$K_w = \sum_{j=1}^{n} K_j W_j$$

式中：K_w 表示平均资本成本率；K_j 表示第 j 种个别资本成本率；W_j 表示第 j 种个别资本在全部资本中的比重。

平均资本成本率的计算，存在着权数价值的选择问题，即按什么权数来确定各项个别资本的比重。通常，可供选择的价值形式有账面价值、市场价值、目标价值等。

1. 账面价值权数

账面价值权数即以各项个别资本的会计报表账面价值为基础来计算资本权数，确定各类资本占总资本的比重。其优点是，容易取得资料，数据可以直接从资产负债表中得到，而且计算结果比较稳定。其缺点是，当债券和股票的市价与账面价值差距较大时，导致按账面价值计算出来的资本成本不能反映目前从资本市场上筹集资本的现时机会成本，不适合评价现时的资本结构。

2. 市场价值权数

市场价值权数即以各项个别资本的现行市价为基础来计算资本权数，确定各类资本占总资本的比重。其优点是，能够反映现时的资本成本水平，有利于进行资本结构决策。其缺点是，现行市价处于经常变动之中，不容易取得，而且现行市价反映的只是现时的资本结构，不适用于未来的筹资决策。

3. 目标价值权数

目标价值权数即以各项个别资本预计的未来价值为基础来确定资本权数，确定各类资本占总资本的比重。对于公司筹措新资本，需要反映期望的资本结构时，目标价值权数是有益的，适用于未来的筹资决策，但目标价值的确定难免具有主观性。

以目标价值为基础计算资本权重，能体现决策的相关性。确定目标价值权数，可以选择未来的市场价值，也可以选择未来的账面价值。选择未来的市场价值，与资本市场现状联系比较紧密，能够与现时的资本市场环境状况结合起来。目标价值权数的确定一般以现时市场价值为依据，但市场价值波动频繁，可行方案是选用市场价值的历史平均值。

【例 4-2-6】华龙公司 20×1 年期末的长期资本账面总额为 8 000 万元，其中：银行长期贷款 2 000 万元，占 25%；长期债券 2 000 万元，占 25%；股东权益 4 000 万元（共 1 000 万股，每股面值 1 元，市价 8 元），占 50%。个别资本成本率分别为 8%、9% 和 10%。计算该公司的平均资本成本率。

按账面价值计算：$K_w = 8\% \times 25\% + 9\% \times 25\% + 10\% \times 50\% = 9.25\%$

按市场价值计算：$K_w = （8\% \times 2\,000 + 9\% \times 2\,000 + 10\% \times 8\,000） \div （2\,000 + 2\,000 + 8\,000） = 9.5\%$

四、边际资本成本

边际资本成本是企业追加筹资的成本。企业在追加筹资时，不仅要考虑目前所使用资本的成本，还要考虑新筹集资本的成本，即边际资本成本。边际资本成本是企业追加筹资的决策依据。组合筹资方案时，边际资本成本的权数采用目标价值权数。

【例4-2-7】华龙公司设定的目标资本结构为：银行借款 20%、公司债券 25%、股东权益 55%。现拟追加筹资 1 000 万元，按此资本结构来筹资。个别资本成本率预计分别为：银行借款 10%、公司债券 12%、股东权益 15%。追加筹资 1 000 万元的边际资本成本的相关计算如表4-2-1所示。

表 4-2-1　　　　　　　　　　　　　　　边际资本成本的相关计算

资本种类	目标资本结构/%	追加筹资额/万元	个别资本成本率/%	边际资本成本率/%
银行借款	20	200	10	2
公司债券	25	250	12	3
股东权益	55	550	15	8.25
合计	100	1 000		13.25

 任务实施

任务资料和任务目标见本任务的"任务导入"，具体任务实施过程如下。

（1）长期银行借款资本成本=6%×（1-25%）=4.5%。

（2）债券资本成本=6.86%×（1-25%）÷（1-2%）=5.25%。

（3）优先股资本成本=7.76%÷（1-3%）=8%。

（4）留存收益资本成本=4%+2×（9%-4%）=14%。

（5）加权平均资本成本=1 000÷10 000×4.5%+4 000÷10 000×14%+2 000÷10 000×5.25%+3 000÷10 000×8%=9.5%。

任务三　杠杆效应

 学习目标

知识目标：掌握经营杠杆、财务杠杆和总杠杆的原理。

技能目标：能够运用经营杠杆、财务杠杆和总杠杆对企业的风险水平做出分析。

任务导入

任务资料：

华龙公司 20×1 年度销售某产品，固定成本总额为 20 000 万元，单位变动成本为 0.4 万元，单位售价为 0.8 万元，销售量为 100 000 套；该公司 20×1 年度发生的利息费用为 4 000 万元。

任务目标：

（1）计算 20×1 年度的息税前利润。

（2）以 20×1 年为基数，计算下列指标。

① 经营杠杆系数。

② 财务杠杆系数。

③ 总杠杆系数。

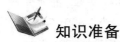　知识准备

财务管理中存在着类似于物理学中的杠杆效应，表现为：由于特定固定支出或费用的存在，当某一财务变量以较小幅度变动时，另一相关变量会以较大幅度变动。财务管理中的杠杆效应，包括经营杠杆、财务杠杆和总杠杆三种效应形式。杠杆效应既可以产生杠杆利益，也可能带来杠杆风险。

一、经营杠杆效应

（一）经营杠杆

经营杠杆，是指由于固定性经营成本的存在，企业的资产收益（息税前利润）变动率大于业务量变动率的现象。经营杠杆反映了资产收益的波动性，用以评价企业的经营风险。用息税前利润（Earning Before Interest and Tax，EBIT）表示资产总收益，则：

经营杠杆效应

$$EBIT=S-V-F=(P-V_c)Q-F=M-F$$

式中：$EBIT$ 表示息税前利润；S 表示销售额；V 表示变动性经营成本；F 表示固定性经营成本；Q 表示产销业务量；P 表示销售单价；V_c 表示单位变动成本；M 表示边际贡献。

$EBIT$ 是息前税前利润，因此 $EBIT=EBT$（税前利润、利润总额）$+I$（利息）

上式中，影响 $EBIT$ 的因素包括产品售价、产品销量、产品成本等因素。当产品成本中存在固定成本时，如果其他条件不变，产销业务量的增加虽然不会改变固定成本总额，但会降低单位产品分摊的固定成本，从而提高单位产品利润，使息税前利润的增长率大于产销业务量的增长率，进而产生经营杠杆效应。当不存在固定性经营成本时，所有成本都是变动性经营成本，边际贡献等于息税前利润，此时息税前利润变动率与产销业务量的变动率完全一致。

（二）经营杠杆系数

只要企业存在固定性经营成本，就存在经营杠杆效应。但以不同产销业务量为基础，经营杠杆效应的程度是不一致的。测算经营杠杆效应，常用指标为经营杠杆系数。经营杠杆系数（Degree of Opreating Leverage，DOL），是息税前利润变动率与产销业务量变动率的比值，计算公式为：

$$DOL=\frac{\Delta EBIT}{EBIT_0}\bigg/\frac{\Delta Q}{Q_0}=\frac{息税前利润变动率}{产销业务量变动率}$$

式中：DOL 表示经营杠杆系数；$\Delta EBIT$ 表示息税前利润变动额；ΔQ 表示产销业务量变动值。

上式经整理，经营杠杆系数的计算也可以简化为：

$$DOL=\frac{M_0}{M_0-F_0}=\frac{EBIT_0+F_0}{EBIT_0}=\frac{M_0}{EBIT_0}=\frac{基期边际贡献}{基期息税前利润}$$

公式推导过程：

$$DOL=\frac{\Delta EBIT}{EBIT_0}\bigg/\frac{\Delta Q}{Q_0}=\frac{(P-V_c)(Q_1-Q_0)}{(P-V_c)Q_0-F_0}\bigg/\frac{(Q_1-Q_0)}{Q_0}$$

$$=\frac{(P-V_c)Q_0}{(P-V_c)Q_0-F_0}=\frac{M_0}{M_0-F_0}=\frac{M_0}{EBIT_0}$$

其中$\Delta EBIT=(P-V_c)(Q_1-Q_0)$，$\Delta Q=Q_1-Q_0$。

【例4-3-1】华龙公司产销某种商品，固定成本为800万元，变动成本率为60%。年产销额为4 000万元时，变动成本为2 400万元，固定成本为800万元，息税前利润为800万元；年产销额为6 000万元时，变动成本为3 600万元，固定成本仍为800万元，息税前利润为1 600万元。可以看出，该公司产销量增长了50%，息税前利润增长了100%，产生了2倍的经营杠杆效应。

$$DOL=\frac{\Delta EBIT}{EBIT_0} \bigg/ \frac{\Delta Q}{Q_0}=\frac{800}{800} \bigg/ \frac{2\,000}{4\,000}=2$$

$$DOL=\frac{M_0}{M_0-F_0}=\frac{4\,000-2\,400}{4\,000-2\,400-800}=\frac{1\,600}{1\,600-800}=2$$

（三）经营杠杆与经营风险

经营风险是指企业生产经营导致的资产收益波动的风险。引起企业经营风险的主要原因是市场需求和生产成本等因素的不确定性，经营杠杆本身并不是资产收益不确定的根源，只是资产收益波动的表现。但是，经营杠杆放大了市场和生产等因素变化对利润波动的影响。经营杠杆系数越大，表明息税前利润受产销量变动的影响程度越大，经营风险也就越大。根据经营杠杆系数的计算公式，有：

$$DOL=\frac{EBIT_0+F_0}{EBIT_0}=1+\frac{基期固定成本}{基期息税前利润}$$

上式表明，在息税前利润为正的前提下，经营杠杆系数最小为1，不会为负数；只要有固定性经营成本存在，经营杠杆系数总是大于1。

从上式可知，影响经营杠杆的因素包括企业成本结构中固定成本的比重和息税前利润水平。其中，息税前利润水平又受产品销售数量、销售价格、成本水平（单位变动成本和固定成本总额）的影响。固定成本比重越高、成本水平越高、产品销售数量和销售价格水平越低，经营杠杆效应越大；固定成本比重越低、成本水平越低、产品销售数量和销售价格水平越高，经营杠杆效应越小。

其他因素不变的情况下，销售额越小，经营杠杆系数越大，经营风险也就越大；销售额越大，经营杠杆系数越小，经营风险也就越小。

二、财务杠杆效应

（一）财务杠杆

财务杠杆，是指由于固定性资本成本的存在，企业的普通股收益（或每股收益）变动率大于息税前利润变动率的现象。财务杠杆反映了权益资本收益的波动性，用以评价企业的财务风险。用普通股收益或每股收益表示普通股权益资本收益，则：

财务杠杆效应

$$TE=(EBIT-I)(1-T)-D$$

$$EPS=[(EBIT-I)(1-T)-D]\div N$$

式中：TE为普通股收益；EPS为每股收益；I为债务资本利息；D为优先股股利；T为所得税税率；N为普通股股数。

上式中，影响普通股收益的因素包括资产报酬、资本成本、所得税税率等因素。当有利息费用等固定性资本成本存在时，如果其他条件不变，息税前利润的增加虽然不改变固定利息费用总额，但会降低每元息税前利润分摊的利息费用，从而提高每股收益，使得普通股收益的增长率大于息税前利润的增长率，进而产生财务杠杆效应。当不存在固定利息、股息等资本成本时，息税前利润就是利润总额，此时利润总额变动率与息税前利润变动率完全一致。如果两期所得税税率和普通股股数保持不变，每股盈余的变动率与利润总额变动率也完全一致，进而与息税前利润变动率一致。

（二）财务杠杆系数

只要企业融资方式中存在固定性资本成本，就存在财务杠杆效应。测算财务杠杆效应程度，常用指标为财务杠杆系数。财务杠杆系数（Degree of Financial Leverage，DFL），是普通股收益变动率与息税前利润变动率的比值，计算公式为：

$$DFL=\frac{\Delta EPS}{EPS_0} \bigg/ \frac{\Delta EBIT}{EBIT_0}=\frac{普通股每股收益变动率}{息税前利润变动率}$$

在不存在优先股股息的情况下，上式经整理，财务杠杆系数的计算也可以简化为：

$$DFL=\frac{EBIT_0}{EBIT_0-I_0}=\frac{基期息税前利润}{基期利润总额}$$

公式推导过程：

$$DFL=\frac{\Delta EBIT(1-T)/N}{(EBIT_0-I_0)(1-T)/N} \bigg/ \frac{\Delta EBIT}{EBIT_0}=\frac{EBIT_0}{EBIT_0-I_0}$$

其中，$EPS_0=(EBIT_0-I_0)(1-T)/N$

$\Delta EPS=(EBIT_1-I_0)(1-T)/N-(EBIT_0-I_0)(1-T)/N=(EBIT_1-EBIT_0)(1-T)/N=\Delta EBIT(1-T)/N$

如果企业既存在固定利息的债务，也存在固定股息的优先股，则财务杠杆系数的计算进一步调整为：

$$DFL=\frac{EBIT_0}{EBIT_0-I_0-\dfrac{D_p}{1-T}}$$，式中，D_p 表示优先股股利，T 表示所得税税率。

【例4-3-2】有甲、乙、丙三个公司，资本总额均为 3 000 万元，所得税税率均为 25%，每股面值均为 1 元。甲公司资本全部由普通股组成；乙公司的资本结构为债务资金 1 000 万元（年利率为 8%）、普通股 2 000 万元；丙公司的资本结构为债务资金 1 200 万元（年利率为 10%）、普通股 1 800 万元。三个公司 20×1 年的 EBIT 均为 800 万元，20×2 年的 EBIT 均为 1 000 万元，EBIT 增长了 25%。相关财务指标如表 4-3-1 所示。

表 4-3-1　　　　　　　　　　相关财务指标

利润项目		甲公司	乙公司	丙公司
普通股股数/万股		3 000	2 000	1 800
利润总额/万元	20×1 年	800	720	680
	20×2 年	1 000	920	880
	增长率/%	25.00	27.78	29.41
净利润/万元	20×1 年	600	540	510
	20×2 年	750	690	660
	增长率/%	25.00	27.78	29.41
普通股收益/万元	20×1 年	600	540	510
	20×2 年	750	690	660
	增长率/%	25.00	27.78	29.41

续表

利润项目		甲公司	乙公司	丙公司
每股收益/元	20×1年	0.20	0.27	0.28
	20×2年	0.25	0.35	0.37
	增长率/%（根据未四舍五入的每股收益计算）	25.00	27.78	29.41
财务杠杆系数		1.00	1.11	1.18

$$DFL=\frac{\Delta EPS}{EPS_0}\bigg/\frac{\Delta EBIT}{EBIT_0}=\frac{普通股每股收益变动率}{息税前利润变动率}$$

甲公司的财务杠杆系数：25%÷25%=1.00

乙公司的财务杠杆系数：27.78%÷25%=1.11

丙公司的财务杠杆系数：29.41%÷25%=1.18

可见，固定性资本成本的资金所占比重越高，财务杠杆系数就越大。甲公司资金全部由普通股组成，由于不存在固定资本成本，没有财务杠杆效应；乙公司存在债务资金1 000万元，其普通股收益增长幅度是息税前利润增长幅度的1.11倍；丙公司存在债务资金1 200万元，并且债务资金的比重比乙公司高，其普通股收益增长幅度是息税前利润增长幅度的1.18倍。

（三）财务杠杆与财务风险

财务风险是指企业筹资产生的固定资本成本负担而导致普通股收益波动的风险。引起企业财务风险的主要原因是资产收益（息税前利润）的不利变化和固定资本成本。由于财务杠杆的作用，当企业的息税前利润下降时，企业仍然需要支付固定的资本成本，导致普通股剩余收益以更快的速度下降。财务杠杆放大了资产收益变化对普通股收益的影响，财务杠杆系数越大，表明普通股收益的波动程度越大，财务风险也就越大。在不存在优先股股息的情况下，根据财务杠杆系数的计算公式，有：

$$DFL=1+\frac{I_0}{EBIT_0-I_0}$$

上面分式中，分子是企业筹资产生的固定性资本成本，分母是归属于股东的收益。上式表明：在企业有正的税后利润的前提下，财务杠杆系数最小为1，不会为负数；只要有固定性资本成本存在，财务杠杆系数总是大于1。

从上式可知，影响财务杠杆的因素包括企业资本结构中债务资金的比重、普通股盈余水平、所得税税率水平。其中，普通股盈余水平又受息税前利润、固定性资本成本的影响。债务成本比重越高、固定资本成本越高、息税前利润水平越低，财务杠杆效应越大；债务成本比重越低、固定资本成本越低、息税前利润水平越高，财务杠杆效应越小。

【例4-3-3】在【例4-3-2】中，三个公司20×2年的财务杠杆系数分别为：甲公司1.00；乙公司1.11；丙公司1.18。这意味着，如果息税前利润下降，甲公司的每股收益与之同步下降，而乙公司和丙公司的每股收益会以更大的幅度下降。导致各公司每股收益不为负数的息税前利润最大降幅如表4-3-2所示。

表 4-3-2   息税前利润最大降幅

公司	DFL	每股收益降低/%	息税前利润降低/%
甲	1.00	100.00	100.00
乙	1.11	100.00	90.00
丙	1.18	100.00	85.00

上述结果意味着，20×2 年在 20×1 年的基础上，$EBIT$ 只要降低 85%，丙公司普通股每股收益就会出现亏损；$EBIT$ 降低 90%，乙公司普通股每股收益会出现亏损；$EBIT$ 降低 100%，甲公司普通股每股收益会出现亏损。显然，丙公司不能支付利息、不能满足普通股股利要求的财务风险高于甲和乙公司。

总杠杆效应

三、总杠杆效应

（一）总杠杆

总杠杆是用来反映经营杠杆和财务杠杆的共同作用结果的，即反映权益资本收益与产销业务量之间的变动关系。由于固定性经营成本的存在，产生经营杠杆效应，产销业务量变动对息税前利润变动有放大作用；同样，由于固定性资本成本的存在，产生财务杠杆效应，息税前利润变动对普通股每股收益变动有放大作用。两种杠杆共同作用，将导致产销业务量稍有变动，就会引起普通股每股收益更大的变动。

总杠杆，是指由于固定经营成本和固定资本成本的存在，导致普通股每股收益变动率大于产销业务量的变动率的现象。

（二）总杠杆系数

只要企业同时存在固定性经营成本和固定性资本成本，就存在总杠杆效应。产销量变动通过息税前利润的变动，传导至普通股每股收益，使得普通股每股收益发生更大的变动。用总杠杆系数（Degree of Total Leverage，DTL）表示总杠杆效应程度，可见，总杠杆系数是经营杠杆系数和财务杠杆系数的乘积，是普通股每股收益变动率与产销量变动率的倍数，计算公式为：

$$DTL=\frac{普通股每股收益变动率}{产销量变动率}$$

在不存在优先股股息的情况下，上式经整理，总杠杆系数的计算也可以简化为：

$$DTL=DOL×DFL=\frac{M_0}{M_0-F_0}×\frac{EBIT_0}{EBIT_0-I_0}=\frac{M_0}{EBIT_0}×\frac{EBIT_0}{EBIT_0-I_0}=\frac{M_0}{EBIT_0-I_0}$$

$$=\frac{基期边际贡献}{基期利润总额}=\frac{基期税后边际贡献}{基期税后利润}$$

【例 4-3-4】华龙公司的有关数据如表 4-3-3 所示，分别计算其 20×2 年的经营杠杆系数、财务杠杆系数和总杠杆系数。

表 4-3-3   华龙公司的有关数据   单位：万元

项目	20×1 年	20×2 年	变动率
销售额（单价为 20 元）	2 000	2 400	+20%
边际贡献（单位边际贡献为 6 元）	600	720	+20%

续表

项目	20×1年	20×2年	变动率
固定成本	400	400	—
息税前利润（EBIT）	200	320	+60%
利息（I）	100	100	—
利润总额	100	220	+120%
净利润（企业所得税税率为25%）	75	165	+120%
每股收益（共1 000万股）	0.075	0.165	+120%

华龙公司的经营杠杆系数=60%÷20%=3

华龙公司的财务杠杆系数=120%÷60%=2

华龙公司的总杠杆系数=2×3=6

（三）总杠杆与企业风险

企业风险包括企业的经营风险和财务风险，反映了企业的整体风险。总杠杆系数反映了经营杠杆和财务杠杆之间的关系，用以评价企业的整体风险水平。在总杠杆系数一定的情况下，经营杠杆系数与财务杠杆系数此消彼长。总杠杆效应的意义在于：第一，能够说明产销业务量变动对普通股每股收益的影响，据以预测未来的每股收益水平；第二，揭示了财务管理的风险管理策略，即要保持一定的风险水平，需要维持一定的总杠杆系数，经营杠杆和财务杠杆可以有不同的组合。

通常，固定资产比重较大的资本密集型企业，经营杠杆系数高、经营风险大，企业筹资主要依靠权益资本，以保持较小的财务杠杆系数和财务风险；变动成本比重较大的劳动密集型企业，经营杠杆系数低、经营风险小，企业筹资可以主要依靠债务资金，以保持较大的财务杠杆系数和财务风险。

在企业初创阶段，产品市场占有率低、产销业务量小，经营杠杆系数大，此时企业筹资主要依靠权益资本，在较低程度上使用财务杠杆；在企业扩张成熟期，产品市场占有率高、产销业务量大，经营杠杆系数小，此时，在企业资本结构中可扩大债务资本比重，在较高程度上使用财务杠杆。

任务实施

任务资料和任务目标见本任务的"任务导入"，具体任务实施过程如下。

（1）20×1年度的息税前利润=（0.8-0.4）×100 000-20 000=20 000（万元）。

（按照习惯性表述，固定成本总额是指经营性固定成本，不含利息费用。）

（2）① 经营杠杆系数=（0.8-0.4）×100 000÷20 000=2。

② 财务杠杆系数=20 000÷（20 000-4 000）=1.25。

③ 总杠杆系数=2×1.25=2.5。

任务四　资本结构

学习目标

知识目标：熟悉企业的资本结构理论，了解影响企业资本结构的因素，掌握优化资本结构的方法。

技能目标：能够运用平均资本成本比较法、每股收益分析法和公司价值分析法对企业的资本结构优化做出决策。

 **任务导入**

任务资料：

华龙公司现有生产线已满负荷运转，鉴于其产品在市场上供不应求，公司准备购置一条生产线，公司及生产线的相关资料如下。

华龙公司目前资本结构（按市场价值计算）为：总资本 40 000 万元，其中债务资本 16 000 万元（市场价值等于其账面价值，平均年利率为 8%），普通股股本 24 000 万元（市价为 6 元/股，4 000 万股），公司今年的每股股利（D_0）为 0.3 元，预计股利年增长率为 10%，且未来股利政策保持不变。

华龙公司投资所需资金 7 200 万元需要从外部筹措，有两种方案可供选择。方案一为全部增发普通股，增发价格为 6 元/股。方案二为全部发行债券，债券年利率为 10%，按年支付利息，到期一次性归还本金。假设不考虑筹资过程中发生的筹资费用。华龙公司预期的年息税前利润为 4 500 万元。

公司适用的企业所得税税率为 25%，不考虑其他相关税金，公司要求的最低投资收益率为 12%。

任务目标：

（1）计算方案一和方案二的每股收益无差别点（以息税前利润表示）。

（2）计算每股收益无差别点的每股收益。

（3）运用每股收益分析法判断华龙公司应选择哪一种筹资方案，并说明理由。

（4）假定华龙公司按方案二进行筹资，根据任务资料计算下列指标。

① 华龙公司普通股的资本成本率。

② 筹资后华龙公司的加权平均资本成本率。

 知识准备

资本结构及其管理是企业筹资管理的核心问题。企业应综合考虑有关影响因素，运用适当的方法确定最佳资本结构，提升企业价值。如果企业现有资本结构不合理，应通过筹资活动优化调整资本结构，使其趋于科学合理。

筹资管理中，资本结构有广义和狭义之分。广义的资本结构是指全部债务与股东权益的构成比例；狭义的资本结构则是指长期负债与股东权益的构成比例。本书所指的资本结构，是指狭义的资本结构。

最佳资本结构，是指在一定条件下使企业平均资本成本率最低、企业价值最大的资本结构。资本结构优化的目标，是降低平均资本成本率或提升公司价值。从理论上讲，最佳资本结构是存在的，但由于企业内部条件和外部环境的经常性变化，动态地保持最佳资本结构十分困难。因此在实践中，目标资本结

资本结构的优化

构通常是企业结合自身实际进行适度负债经营所确立的资本结构，是根据满意化原则确定的资本结构。

一、资本结构理论

资本结构理论是现代企业财务领域的核心部分，美国学者莫迪利亚尼（Franco Modigliani）与米勒（Mentor Miller）提出了著名的 MM 理论，标志着现代资本结构理论的建立。

（一）MM 理论

最初的 MM 理论是建立在以下基本假设基础上的：（1）企业只有长期债券和普通股股票，债券和股票均在完善的资本市场上交易，不存在交易成本；（2）个人投资者与机构投资者的借款利率与企业的借款利率相同且无借债风险；（3）具有相同经营风险的企业称为风险同类，经营风险可以用息税前利润的方差衡量；（4）每一个投资者对企业未来的收益、风险的预期都相同；（5）所有的现金流量都是永续的，债券也是如此。

该理论认为，不考虑企业所得税，有无负债不改变企业的价值。因此企业价值不受资本结构的影响。而且，有负债企业的股权成本随着负债程度的增大而增大。

在考虑企业所得税带来的影响后，提出了修正的 MM 理论。该理论认为企业可利用财务杠杆增加企业价值，因负债利息可带来避税利益，企业价值会随着资产负债率的增加而增加。具体而言：有负债企业的价值等于相同风险等级中某一无负债企业的价值加上赋税节余的价值；有负债企业的股权成本等于相同风险等级的无负债企业的股权成本加上与以市值计算的债务与股权比例成比例的风险收益，且风险收益取决于企业的债务比例以及企业所得税税率。

之后，米勒进一步将个人所得税因素引入修正的 MM 理论，并建立了同时考虑企业所得税和个人所得税的 MM 资本结构理论模型。

（二）权衡理论

修正了的 MM 理论只是接近了现实，在现实经济实践中，各种负债成本随负债比率的增大而上升，当负债比率达到某一程度时，企业破产的概率会增加。经营良好的企业，通常会维持其债务不超过某一限度。为解释这一现象，权衡理论应运而生。

权衡理论通过放宽 MM 理论完全信息以外的各种假定，考虑在税收、财务困境成本存在的条件下，资本结构如何影响企业市场价值。权衡理论认为，有负债企业的价值等于无负债企业的价值加上税赋节约现值，再减去财务困境成本的现值。

（三）代理理论

代理理论认为企业资本结构会影响经理人员的工作水平和其他行为选择，从而影响企业未来现金收入和企业市场价值。该理论认为，债务筹资有很强的激励作用，并将债务视为一种担保机制。这种机制能够促使经理人员多努力工作，少个人享受，并且做出更好的投资决策，从而降低由于两权分离而产生的代理成本；但是，债务筹资可能导致另一种代理成本，即企业接受债权人监督而产生的成本。均衡的企业所有权结构是由股权代理成本和债务代理成本之间的平衡关系来决定的。

（四）优序融资理论

优序融资理论以非对称信息条件以及交易成本的存在为前提，认为企业若采取外部融资要多支付各种成本，使得投资者可以从企业资本结构的选择中判断企业市场价值。企业偏好内部融资，当需要进行外部融资时，债务筹资优于股权筹资。从成熟的证券市场来看，企业的筹资优序模式首先是内部筹资，其次是银行借款、发行公司债券、发行可转换债券，最后是发行新股。但是，该理论显然难以解释现实生活中所有的资本结构规律。

企业积极主动地改变资本结构常牵涉交易成本，企业很可能不愿意改变资本结构，除非资本结构严重偏离了最优水平。由于企业的市值随股价的变化而波动，所以大多数企业的资本结构变动很可能是被动发生的。

二、影响资本结构的因素

资本结构是一个产权结构问题，是社会资本在企业经济组织形式中的资源配置结果。资本结构的变化，将直接影响社会资本所有者的利益。影响资本结构的因素有以下几个。

（一）企业产销业务量的稳定性和增长率

企业产销业务量的稳定程度对资本结构有重要影响：如果产销业务稳定，企业可较多地负担固定财务费用；如果产销业务量和盈余有周期性，则负担固定财务费用将承担较大的财务风险。经营发展能力表现为未来产销业务量的增长率，如果产销业务量能够以较高的水平增长，企业可以采用高负债的资本结构，以提升权益资本的收益。

（二）企业的财务状况和信用等级

企业财务状况越好、信用等级越高，债权人越愿意向企业提供信用贷款，企业越容易获得债务资金。

（三）企业的资产结构

资产结构是企业筹集资本后进行资源配置和使用后的资金占用结构，包括长短期资产构成及其比例，以及长短期资产内部的构成及其比例。资产结构对企业资本结构的影响主要包括：拥有大量固定资产的企业主要通过发行股票融通资金；拥有较多流动资产的企业更多地依赖流动负债融通资金，资产适用于抵押贷款的企业负债较多，以技术研发为主的企业则负债较少。

（四）企业投资人和管理当局的态度

从企业投资人的角度看，如果企业股权分散，则更多地采用股权筹资以分散企业风险。如果企业为少数股东控制，股东通常重视企业控股权问题，为防止控股权被稀释，企业一般尽量避免普通股筹资，而是采用优先股或债务筹资。从企业管理当局的角度看，高负债资本结构的财务风险高，一旦经营失败或出现财务危机，管理当局将面临市场接管的威胁或者被董事会解聘。因此，稳健的管理当局偏好于选择低负债比例的资本结构。

（五）行业特征和企业发展周期

不同行业的资本结构差异很大。产品市场稳定的成熟产业经营风险低，因此该行业企业可提高债务资金比重，以发挥财务杠杆作用。高新技术企业的产品、技术、市场尚不成熟，经营风险高，因此可降低债务资金比重，控制财务杠杆风险。同一企业在不同发展阶段，资本结构安排不同。企业初创阶段，经营风险高，在资本结构安排上应控制负债比例；企业发展成熟阶段，产品产销业务量稳定并持续增长，经营风险低，可适度增加债务资金比重，发挥财务杠杆效应；企业收缩阶段，产品市场占有率下降，经营风险逐步加大，应逐步降低债务资金比重，保证经营现金流量能够偿付到期债务，保持企业持续经营能力，减少破产风险。

（六）财政税收政策和货币金融政策

政府调控经济的手段包括财政税收政策和货币金融政策，当所得税税率较高时，债务资金的抵税作用大，企业应充分利用这种作用以提高企业价值。货币金融政策影响资本供给，从而影响利率水平，当国家执行了紧缩的货币政策时，市场利率较高，企业债务资金成本较大。

三、资本结构优化的方法

资本结构优化，要求企业权衡负债的低资本成本和高财务风险的关系，确定合理的资本结构。资本结构优化的目标，是降低平均资本成本率或提高企业价值。

（一）平均资本成本比较法

平均资本成本比较法，是通过计算和比较各种可能的筹资组合方案的平均资本成本，选择平均资本成本率最低的方案的方法。这种方法侧重于从资本投入的角度对筹资方案和资本结构进行优化分析。

【例 4-4-1】华龙公司需筹集 5 000 万元长期资本，可以用长期借款、发行债券、发行普通股三种方式筹集，其个别资本成本率已分别测定，有关资料如表 4-4-1 所示。

表 4-4-1　　　　　　　　　　华龙公司资本成本与资本结构数据　　　　　　　　　　单位：%

筹资方式	资本结构			个别资本成本率
	方案 A	方案 B	方案 C	
长期借款	40	30	20	6
发行债券	10	15	20	7
发行普通股	50	55	60	9
合计	100	100	100	

首先，分别计算三个方案的加权平均资本成本率 K。

方案 A：$K = 40\% \times 6\% + 10\% \times 7\% + 50\% \times 9\% = 7.6\%$

方案 B：$K = 30\% \times 6\% + 15\% \times 7\% + 55\% \times 9\% = 7.8\%$

方案 C：$K = 20\% \times 6\% + 20\% \times 7\% + 60\% \times 9\% = 8.0\%$

其次，根据企业筹资评价的其他标准，考虑企业的其他因素，对各个方案进行修正之后，再选择其中成本最低的方案。本例中，假设其他因素对方案选择的影响甚小，则方案 A 的平均资本成本率最低。

（二）每股收益分析法

能够提高普通股每股收益的资本结构，就是合理的资本结构。在资本结构管理中，利用债务资本筹资的目的之一，就是债务资本能够带来财务杠杆效应，利用债务筹资的财务杠杆作用来增加股东财富。

每股收益受到经营利润水平、债务资本成本水平等因素的影响，分析每股收益与资本结构的关系，可以找到每股收益无差别点。所谓每股收益无差别点，是指不同筹资方式下每股收益都相等时的息税前利润或业务量水平。

在每股收益无差别点上，采用债务筹资或股权筹资，每股收益都是相等的。

当预期息税前利润或业务量水平大于每股收益无差别点时，应当选择债务筹资方案；当预期息税前利润或业务量水平小于每股收益无差别点时，应选择股权筹资方案。在每股收益无差别点时，不同筹资方案的每股收益是相等的，用公式表示如下：

$$\frac{(\overline{EBIT}-I_1)\times(1-T)-DP_1}{N_1}=\frac{(\overline{EBIT}-I_2)\times(1-T)-DP_2}{N_2}$$

式中：$\overline{EBIT}$ 是每股收益无差别点，即息税前利润平衡点；I_1、I_2 是两种筹资方式下的债务利息；DP_1、DP_2 是两种筹资方式下的优先股股利；N_1、N_2 是两种筹资方式下的普通股股数，T 表示所得税税率。

【例4-4-2】华龙公司目前有债务资本4 000万元（年利息为300万元）；普通股股数为5 000万股。公司由于有一个较好的新投资项目，需要追加筹资1 000万元，有两种筹资方案。

甲方案：向银行取得长期借款1 000万元，年利率为10%。

乙方案：增发普通股200万股，每股发行价为5元。

根据财务人员测算，追加筹资后销售额有望达到8 000万元，变动成本率为60%，固定成本为1 000万元，企业所得税税率为25%，不考虑筹资费用因素。

（1）计算债务筹资和股权筹资方式的每股收益无差别点，并根据每股收益分析法确定华龙公司应该选择的方案。

（2）其他条件不变，若追加投资后预期销售额为10 000万元，分析企业应该选择哪种方案。

解析：

（1）将上述数据代入每股收益无差别点的计算公式：

$$=\frac{(\overline{EBIT}-300-100)\times(1-25\%)}{5\ 000}=\frac{(\overline{EBIT}-300)\times(1-25\%)}{5\ 000+200}$$

得：$\overline{EBIT}=2\ 900$（万元）

$EPS=0.375$（元）

这里，$\overline{EBIT}$ 为2 900万元是两个筹资方案的每股收益无差别点。在此点上，两个方案的每股收益相等，均为0.375元。

企业追加筹资后预期的 $EBIT$ 为：

8 000×（1-60%）-1 000=2 200（万元），低于2 900万元，因此，企业应选择乙方案。在8 000万元的销售水平上，乙方案的 EPS 为0.274元，甲方案的 EPS 为0.27元。

（2）若追加投资后预期销售额为10 000万元，这种情况下 $EBIT$ 为：

10 000×（1-60%）-1 000=3 000（万元），高于2 900万元，因此，企业应选择甲方案。在10 000万元的销售水平上，甲方案的 EPS 为0.39元，乙方案的 EPS 为0.389 4元。

当企业的息税前利润低于无差别点的息税前利润时，应选择股权筹资；高于无差别点的息税前利润时，应选择债务筹资。每股收益无差别点分析如图4-4-1所示。

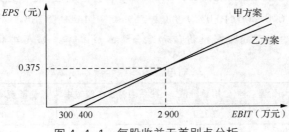

图4-4-1 每股收益无差别点分析

（三）公司价值分析法

公司价值分析法，是在考虑市场风险的基础上，以公司市场价值为标准，进行资本结构优化的方法。能够提升公司价值的资本结构，就是合理的资本结构。这种方法主要用于对现有资本结构进行调整，适用于资本规模较大的上市公司。同时，在企业价值最大的资本结构下，公司的加权平均资本成本率也是最低的。

公司市场价值模型为：$V=S+B$

式中：V是公司价值；B是债务资金价值；S是权益资本价值。

为简化分析，假设公司各期的$EBIT$保持不变，债务资金的市场价值等于其面值。

权益资本的市场价值可通过下式计算：

$$S = \frac{(EBIT-I)(1-T)}{K_s}$$

$$且，\quad K_s = R_f + \beta(R_m - R_f)$$

此时：

$$K_w = K_b\frac{B}{V} + K_s\frac{S}{V}$$

【例4-4-3】华龙公司息税前利润为600万元，资本总额账面价值为3 000万元。假设无风险收益率为6%，证券市场平均收益率为10%，所得税税率为25%。经测算，不同债务水平下的权益资本成本率和债务资本成本率如表4-4-2所示。

表4-4-2 不同债务水平下的权益资本成本率和债务资本成本率

债务市场价值 B/万元	税前债务利息率 K_b/%	股票 β 系数	权益资本成本率 K_s/%
0	—	1.50	12.0
200	8.0	1.55	12.2
400	8.5	1.65	12.6
600	9.0	1.80	13.2
800	10.0	2.00	14.0

（1）根据表4-4-2的资料，将以上数据分别代入公式：

$$S = \frac{(EBIT-I)\times(1-T)}{K_s}$$

计算不同债务市场价值下的股票市场价值：

当B=0时，S=（600-0）×（1-25%）÷12.0%=3 750（万元）。

当B=200时，S=[（600-200×8.0%）×（1-25%）]÷12.2%=3 590（万元）。

当B=400时，S=[（600-400×8.5%）×（1-25%）]÷12.6%=3 369（万元）。

当B=600时，S=[（600-600×9.0%）×（1-25%）]÷13.2%=3 102（万元）。

当B=800时，S=[（600-800×10.0%）×（1-25%）]÷14.0%=2 786（万元）。

（2）计算不同资本结构下的公司总价值和综合资本成本率，如表4-4-3所示。

表4-4-3 公司总价值和综合资本成本率　　　　　　　　　　　　　金额单位：万元

债务市场价值	股票市场价值	公司总价值	税后债务资本成本率	普通股资本成本率	平均资本成本率
0	3 750	3 750	—	12.0%	12.0%
200	3 590	3 790	6.0%	12.2%	11.87%

续表

债务市场价值	股票市场价值	公司总价值	税后债务资本成本率	普通股资本成本率	平均资本成本率
400	3 369	3 769	6.38%	12.6%	11.94%
600	3 102	3 702	6.75%	13.2%	12.15%
800	2 786	3 586	7.5%	14.0%	12.55%

可以看出，在没有债务资本的情况下，公司的总价值等于股票的账面价值。当公司增加一部分债务时，财务杠杆开始发挥作用，公司总价值上升，平均资本成本率下降。在债务资本达到 200 万元时，公司总价值最高，平均资本成本率最低。债务资本超过 200 万元后，随着利息率的不断上升，财务杠杆作用逐步减弱甚至显现负作用，公司总价值下降，平均资本成本率上升。因此，债务资本为 200 万元时的资本结构是该公司的最优资本结构。

任务实施

任务资料和任务目标见本任务的"任务导入"，具体任务实施过程如下。

（1）计算方案一和方案二的每股收益无差别点（以息税前利润表示）。

$(EBIT-16\,000×8\%)×(1-25\%)÷(4\,000+7\,200÷6)$

$=(EBIT-16\,000×8\%-7\,200×10\%)×(1-25\%)÷4\,000$

$EBIT=(5\,200×2\,000-4\,000×1\,280)÷(5\,200-4\,000)=4\,400$（万元）。

（2）计算每股收益无差别点的每股收益。

每股收益无差别点的每股收益=$(4\,400-16\,000×8\%)×(1-25\%)÷(4\,000+7\,200÷6)=0.45$（元）。

（3）运用每股收益分析法判断华龙公司应选择哪一种筹资方案，并说明理由。

该公司预期息税前利润 4 500 万元大于每股收益无差别点的息税前利润 4 400 万元，所以应该选择财务杠杆较大的方案二。

（4）① 华龙公司普通股的资本成本率=$0.3×(1+10\%)÷6+10\%=15.5\%$。

② 筹资后华龙公司的加权平均资本成本=$15.5\%×24\,000÷(40\,000+7\,200)+8\%×(1-25\%)×16\,000÷(40\,000+7\,200)+10\%×(1-25\%)×7\,200÷(40\,000+7\,200)=11.06\%$。

课程思政——笃实篇

四是要笃实，扎扎实实干事，踏踏实实做人。道不可坐论，德不能空谈。于实处用力，从知行合一上下功夫，核心价值观才能内化为人们的精神追求，外化为人们的自觉行动。《礼记》中说："博学之，审问之，慎思之，明辨之，笃行之。"有人说："圣人是肯做工夫的庸人，庸人是不肯做工夫的圣人。"青年有着大好机遇，关键是要迈稳步子、夯实根基、久久为功。心浮气躁，朝三暮四，学一门丢一门，干一行弃一行，无论为学还是创业，都是最忌讳的。"天下难事，必作于易；天下大事，必作于细。"成功的背后，永远是艰辛努力。青年要把艰苦环境作为磨炼自己的机遇，把小事当作大事干，一步一个脚印往前走。滴水可以穿石。只要坚韧不拔、百折不挠，成功就一定在前方等你。

选自《习近平：青年要自觉践行社会主义核心价值观——在北京大学师生座谈会上的讲话》

课后练习

一、单项选择题

1. 某公司 20×1 年度资金平均占用额为 4 500 万元，其中不合理部分占 15%。预计 20×2 年度销售增长率为 20%，资金周转速度不变，采用因素分析法预测的 20×2 年度资金需要量为（　　）万元。

    A. 4 590　　　　　　B. 4 500　　　　　　C. 5 400　　　　　　D. 3 825

2. 甲企业本年度资金平均占用额为 3 500 万元，经分析，其中不合理部分为 500 万元。预计下年度销售增长 5%，资金周转加速 2%，则下年度资金需要量预计为（　　）万元。

    A. 3 000　　　　　　B. 3 088　　　　　　C. 3 150　　　　　　D. 3 213

3. 甲企业上年度资金平均占用额为 5 500 万元，经分析，其中不合理部分为 500 万元。预计本年度销售下降 5%，资金周转速度会下降 2%，则预测年度资金需要量为（　　）万元。

    A. 5 145　　　　　　B. 5 355　　　　　　C. 4 655　　　　　　D. 4 847

4. 根据资金需要量预测的销售百分比法，下列负债项目中，通常会随销售额变动而成正比例变动的是（　　）。

    A. 短期融资券　　　　B. 短期借款　　　　C. 长期负债　　　　D. 应付票据

5. 某公司 20×1 年预计营业收入为 50 000 万元，预计营业净利率为 10%，股利支付率为 60%。据此可以测算出该公司 20×1 年来源于内部资金的金额为（　　）万元。

    A. 2 000　　　　　　B. 3 000　　　　　　C. 5 000　　　　　　D. 8 000

6. 某公司 20×1—20×4 年度营业收入和资金占用的历史数据（单位：万元）分别为（800，18），（760，19），（1 000，22），（1 100，21）。运用高低点法分离资金占用中的不变资金与变动资金时，应采用的两组数据是（　　）。

    A. （760，19）和（1 000，22）　　　　　　B. （760，19）和（1 100，21）

    C. （800，18）和（1 000，22）　　　　　　D. （800，18）和（1 100，21）

7. 下列各项中，属于资金使用费的是（　　）。

    A. 借款手续费　　　B. 债券利息费　　　C. 借款公证费　　　D. 债券发行费

8. 下列各种筹资方式中，企业无须支付资金占用费的是（　　）。

    A. 发行债券　　　　B. 发行优先股　　　C. 发行短期票据　　　D. 发行认股权证

9. 某企业发行了期限为 5 年的长期债券 10 000 万元，年利率为 8%，每年年末付息一次，到期一次还本，债券发行费用率为 1.5%，企业所得税税率为 25%，该债券的资本成本率为（　　）。

    A. 6%　　　　　　　B. 6.09%　　　　　　C. 8%　　　　　　　D. 8.12%

10. 某公司普通股目前的股价为 25 元/股，筹资费用率为 6%，刚刚支付的每股股利为 2 元，股利固定增长率为 2%，则该企业利用留存收益的资本成本率为（　　）。

    A. 10.16%　　　　　B. 10%　　　　　　C. 8%　　　　　　　D. 8.16%

11. 在不考虑筹款限制的前提下，下列筹资方式中个别资本成本最高的通常是（　　）。

    A. 发行普通股　　　B. 留存收益筹资　　C. 发行优先股　　　D. 发行公司债券

12. 为反映现时资本成本水平，计算平均资本成本最适宜采用的价值权数是（　　）。

    A. 账面价值权数　　B. 目标价值权数　　C. 市场价值权数　　D. 历史价值权数

13. 某企业某年的财务杠杆系数为 2.5，息税前利润的计划增长率为 10%，假定其他因素不变，则该年普通股每股收益的增长率为（　　）。

    A. 4%　　　　　　　B. 5%　　　　　　　C. 20%　　　　　　　D. 25%

14. 下列各项中，将会导致经营杠杆效应最大的情况是（　　）。

    A. 实际销售额等于目标销售额　　　　　　　B. 实际销售额大于目标销售额

    C. 实际销售额等于盈亏临界点销售额　　　　D. 实际销售额大于盈亏临界点销售额

15. 在通常情况下，适宜采用较高负债比例的企业发展阶段是（　　）。

    A. 初创阶段　　　B. 破产清算阶段　　　C. 收缩阶段　　　D. 发展成熟阶段

16. 在信息不对称和逆向选择的情况下，根据优序融资理论，选择融资方式的先后顺序应该是（　　）。

    A. 普通股、银行借款、可转换债券、公司债券

    B. 普通股、可转换债券、留存收益、公司债券

    C. 留存收益、可转换债券、公司债券、普通股

    D. 留存收益、公司债券、可转换债券、普通股

17. 出于优化资本结构和控制风险的考虑，比较而言，下列企业中最不适宜采用高负债资本结构的是（　　）。

    A. 电力企业　　　B. 高新技术企业　　　C. 汽车制造企业　　　D. 餐饮服务企业

18. 下列方法中，能够用于资本结构优化分析并考虑了市场风险的是（　　）。

    A. 利润敏感分析法　　B. 公司价值分析法　　C. 杠杆分析法　　D. 每股收益分析法

二、多项选择题

1. 下列各项因素中，能够影响公司资本成本水平的有（　　）。

    A. 通货膨胀　　　B. 筹资规模　　　C. 经营风险　　　D. 资本市场效率

2. 下列因素变动会使公司资本成本水平提高的有（　　）。

    A. 通货膨胀水平提高　　　　　　　B. 证券市场流动性提高

    C. 经营风险增大　　　　　　　　　D. 资本市场效率提高

3. 在计算个别资本成本时，需要考虑所得税抵减作用的筹资方式有（　　）。

    A. 银行借款　　　B. 发行长期债券　　　C. 发行优先股　　　D. 发行普通股

4. 下列各项因素中，影响经营杠杆系数计算结果的有（　　）。

    A. 销售单价　　　B. 销售数量　　　C. 资本成本　　　D. 所得税税率

5. 下列各项中，影响财务杠杆系数的有（　　）。

    A. 息税前利润　　　B. 普通股股利　　　C. 优先股股息　　　D. 借款利息

6. 下列各项中，影响财务杠杆系数的因素有（　　）。

    A. 产品边际贡献总额　　　　　　　B. 变动成本

    C. 固定成本　　　　　　　　　　　D. 财务费用

7. 在边际贡献大于固定成本的情况下，下列措施中有利于降低企业整体风险的有（　　）。

    A. 增加产品销量　　B. 提高产品单价　　C. 提高资产负债率　　D. 节约固定成本支出

8. 根据考虑所得税的修正 MM 理论，当企业负债比例提高时，（　　）。

    A. 企业价值上升　　　　　　　　　B. 企业价值不变

    C. 加权平均资本成本不变　　　　　D. 股权资本成本上升

9. 根据权衡理论，下列各项中会影响企业价值的是（　　　）。

A. 债务利息抵税　　　B. 债务代理成本　　　C. 股权代理成本　　　D. 财务困境成本

10. 下列关于资本结构理论的表述中，正确的有（　　　）。

A. 根据 MM 理论，当存在企业所得税时，企业负债比例越高，企业价值越大

B. 根据权衡理论，平衡债务利息的抵税收益与财务困境成本是确定最优资本结构的基础

C. 根据代理理论，均衡的企业所有权结构是由股权代理成本和债务代理成本之间的平衡关系决定的

D. 根据优序融资理论，当存在外部融资需求时，企业倾向于债务融资而不是股权融资

11. 下列各项因素中，影响企业资本结构决策的有（　　　）。

A. 企业的经营状况　　　　　　　　　B. 企业的信用等级

C. 国家的货币供应量　　　　　　　　D. 管理者的风险偏好

12. 按照企业投资的分类，下列各项中，属于发展性投资的有（　　　）。

A. 企业间兼并合并的投资　　　　　　B. 更新替换旧设备的投资

C. 大幅度扩大生产规模的投资　　　　D. 开发新产品的投资

三、判断题

1. 资金成本率是投资人对投入资金所要求的最低收益率，也可作为判断投资项目是否可行的取舍标准。（　　　）

2. 其他条件不变的情况下，企业财务风险大，投资者要求的预期报酬率就高，企业筹资的资本成本相应就大。（　　　）

3. 支付的银行借款利息属于企业的筹资费用。（　　　）

4. 资本成本率是企业用以确定项目要求达到的投资报酬率的最低标准。（　　　）

5. 因为公司债务必须付息，而普通股不一定支付股利，所以普通股资本成本小于债务资本成本。（　　　）

6. 平均资本成本比较法侧重于从资本投入角度对筹资方案和资本结构进行优化分析。（　　　）

7. 如果企业的全部资本来源于普通股权益资本，则其总杠杆系数与经营杠杆系数相等。（　　　）

8. 相对于采用目标价值权数，采用市场价值权数计算的平均资本成本更适用于未来的筹资决策。（　　　）

9. 经营杠杆能够扩大市场和生产等不确定性因素对利润变动的影响。（　　　）

10. 杠杆收购筹资会使筹资企业的财务杠杆比率有所降低。（　　　）

11. 公司将筹集的资金投资于高风险项目会给原债权人带来高风险和高收益。（　　　）

12. 在企业承担总风险能力一定且利率相同的情况下，经营杠杆水平较高的企业，应当保持较低的负债水平，而经营杠杆水平较低的企业，则可以保持较高的负债水平。（　　　）

13. 从成熟的证券市场来看，企业筹资的优序模式首先是内部筹资，其次是增发股票、发行公司债券和可转换债券，最后是银行借款。（　　　）

14. 使企业税后利润最大的资本结构是最佳资本结构。（　　　）

15. 最优资本结构是使企业筹资能力最强、财务风险最小的资本结构。（　　　）

四、计算题

1. 泰华公司产销某种服装，固定成本为 500 万元，变动成本率为 70%。当年产销额为 5 000 万元时，变动成本为 3 500 万元，固定成本为 500 万元，息前税前利润为 1 000 万元；当年产销额

为 7 000 万元时，变动成本为 4 900 万元，固定成本仍为 500 万元，息前税前利润为 1 600 万元。

要求：计算该公司的经营杠杆系数。

2. 某企业目前的资产总额为 5 000 万元，资产负债率为 50%，负债的利息率为 10%，全年固定成本和费用总额（含利息）为 550 万元，净利润为 750 万元，适用的企业所得税税率为 25%。

要求：

（1）计算三个杠杆系数。

（2）预计明年销量增加 10%，计算息税前利润增长率。

3. 乙公司是一家上市公司，适用的企业所得税税率为 25%，当年息税前利润为 900 万元，预计未来年度保持不变。为简化计算，假定净利润全部分配，债务资本的市场价值等于其账面价值，确定债务资本成本时不考虑筹资费用。证券市场平均收益率为 12%，无风险收益率为 4%，不同债务水平下的税前年利率和 β 系数如表 4-1 所示。公司价值和平均资本成本率如表 4-2 所示。

表 4-1　　　　　　　不同债务水平下的税前年利率和 β 系数

债务账面价值/万元	税前年利率	β 系数
1 000	6%	1.25
1 500	8%	1.50

表 4-2　　　　　　　公司价值和平均资本成本率

债务市场价值/万元	股票市场价值/万元	公司总价值/万元	税后债务资本成本率	权益资本成本率	平均资本成本率
1 000	4 500	5 500	（A）	（B）	（C）
1 500	（D）	（E）	×	16%	13.09%

注：表中的"×"表示省略的数据。

要求：

（1）确定表 4-2 中英文字母代表的数值。

（2）依据公司价值分析法，确定上述两种债务水平的资本结构哪种更优，并说明理由。

五、综合题

1. 甲公司是一家啤酒生产企业，相关资料如下。

资料一：甲公司 20×1 年年末资产负债表有关项目期末余额及其与销售收入的关系如表 4-3 所示。

表 4-3　　　　　20×1 年年末资产负债表有关项目期末余额及其与销售收入的关系

资产项目	期末数/万元	与销售收入的关系	负债与股东权益项目	期末数/万元	与销售收入的关系
现金	2 310	11%	短期借款	2 000	N
应收账款	1 260	6%	应付账款	1 050	5%
存货	1 680	8%	长期借款	2 950	N
固定资产	8 750	N	股本	7 000	N
			留存收益	1 000	N
资产总计	14 000	25%	负债与股东权益总计	14 000	5%

注：表中"N"表示该项目不能随销售额的变动而变动。

资料二：20×1 年度公司销售收入为 21 000 万元，销售成本为 8 400 万元。

资料三：公司为了扩大生产能力，拟购置一条新的生产线，预计需增加固定资产投资 4 000 万元；假设现金、应收账款、存货、应付账款项目与销售收入的比例关系保持不变；增加生产线后预计 20×2 年销售收入将达到 28 000 万元，税后利润将增加到 2 400 万元；预计 20×2 年度利润留存率为 45%。

要求：根据上述资料，计算 20×2 年度下列指标。

① 利润的留存额；② 外部筹资需要量。

2. 某企业 20×1—20×4 年营业收入与资产情况如表 4-4 所示。

表 4-4   某企业 20×1—20×4 年营业收入与资产情况   单位：万元

时间	营业收入	现金	应收账款	存货	固定资产	经营负债
20×1 年	600	1 400	2 100	3 500	6 500	1 080
20×2 年	500	1 200	1 900	3 100	6 500	930
20×3 年	680	1 620	2 560	4 000	6 500	1 200
20×4 年	700	1 600	2 500	4 100	6 500	1 230

要求：

（1）采用高低点法分项建立资金预测模型。

（2）预测当 20×5 年营业收入为 1 000 万元时，下列指标的数额。

① 企业的资金需要总量。

② 20×5 年需要增加的资金。

③ 若 20×5 年营业净利率为 10%，股利支付率为 40%，20×5 年对外筹资数额。

项目五

投资管理

项目导读 ↓

投资管理

一、投资管理认知

企业投资，是企业为获取未来收益而向一定对象投放资金的经济行为。投资是企业生存与发展、获取利润的基本前提，是企业风险控制的重要手段。

企业投资的特点：企业投资属于企业的战略性决策、对投资活动的管理属于企业的非程序化管理、投资价值的波动性大。

企业投资可以分为直接投资与间接投资、项目投资与证券投资、发展性投资与维持性投资、对内投资与对外投资、独立投资与互斥投资。

投资管理应遵循可行性分析原则、结构平衡原则、动态监控原则。

二、项目投资管理

常用的财务可行性评价指标有净现值、年金净流量、现值指数、内含收益率和回收期等，围绕这些评价指标进行评价也产生了净现值法、内含收益率法、回收期法等评价方法。同时，按照是否考虑货币时间价值来分类，这些评价指标又可以分为静态评价指标和动态评价指标。考虑了货币时间价值的指标称为动态评价指标，没有考虑货币时间价值的指标称为静态评价指标。

项目投资，是指将资金直接投放于实体性资产，以形成生产能力，开展生产经营活动的投资。项目投资一般是企业的对内投资，也包括以实物性资产投资于其他企业的对外投资。其重点是对于独立投资方案和互斥投资方案的决策。

三、证券投资管理

证券投资的对象是金融资产，金融资产是一种以凭证、票据或者合同合约形式存在的权利性资产，如股票、债券及其衍生证券。

证券资产具有价值虚拟性、可分割性、持有目的多元性、强流动性、高风险性的特点。

证券投资的目的主要有：分散资金投向，降低投资风险；利用闲置资金，增加企业收益；稳定客户关系，保障生产经营；提高资产流动性，增强企业偿债能力。

证券投资的风险主要包括系统性风险和非系统性风险。系统性风险主要包括价格风险、再投资风险和购买力风险，非系统性风险主要包括违约风险、变现风险和破产风险。

证券投资管理主要包括债券投资管理、股票投资管理、基金投资管理。

任务一　投资管理认知

学习目标

知识目标：掌握企业投资的分类、证券资产的特点和证券投资的目的；了解企业投资管理的特点、管理原则。

技能目标：会选择合适的证券投资产品。

任务导入

任务资料：

华龙公司需要通过投资配置资产，才能形成生产能力，取得未来经济利益。

任务目标：

讨论华龙公司投资的目的。

知识准备

05

一、企业投资的目的

投资，是指特定经济主体（包括政府、企业和个人）以本金回收并获利为基本目的，将货币、实物资产等作为资本投放于某一个具体对象，以在未来较长期间内获取预期经济利益的经济行为。企业投资，是企业为获取未来长期收益而向一定对象投放资金的经济行为。

投资管理认知

企业通过投资配置资产，以形成生产能力，取得未来的经济利益。具体来看，企业投资有以下目的。

1. 获取生存与发展的能力

企业的生产经营，就是企业资产的运用和资产形态的转换过程。投资是一种资本性支出行为，通过投资支出，企业得以购建流动资产和长期资产，形成生产条件和生产能力。投资决策的正确与否，甚至直接关系到企业的兴衰成败。

2. 获取经营利润

企业投资的目的，是要通过预先垫付一定数量的货币或实物形态的资本，购建和配置企业所需的各类资产，以从事某类经营活动，获取未来的经济利益。通过投资形成生产经营能力，企业才能开展具体的经营活动，获取经营利润。以购买股票、债券等有价证券方式对其他单位进行的投资，可以通过取得股利或债息来获取投资收益，也可以通过转让证券来获取资本利得。

3. 控制风险

通过投资，企业可以实现多元化经营，将资金投放于经营相关程度较低的不同产品或不同行业，分散风险，稳定收益来源，降低资产的流动性风险，增强资产的安全性。

二、企业投资的特点

企业投资涉及的资金多、经历的时间长，对企业未来的财务状况和经营活动都有较大的影响。与日常经营活动相比，企业投资的主要特点表现在以下几个方面。

1. 企业投资属于企业的战略性决策

企业的投资活动一般涉及企业未来的经营发展方向、生产能力、经营规模等问题，如厂房设备的新建与更新、新产品的研制与开发、对其他企业的股权控制等。这些活动是企业简单再生产得以顺利进行并实现扩大再生产的前提条件。

2. 对投资活动的管理属于企业的非程序化管理

企业的投资决策属于企业的战略性决策，是不经常发生的，具有一次性和独特性的特点，对投资活动的管理属于非程序化管理。企业的每次投资，其背景、特点、要求等都不一样，无明显的规律可遵循，管理时更需要周密思考，慎重决策。

3. 投资价值的波动性大

投资项目的价值，是由投资的标的物资产的内在获利能力决定的。这些标的物资产的形态是不断转换的，未来收益的获得具有较强的不确定性，其价值也具有较强的波动性。同时，各种外部因素，如市场利率、物价等的变化，也时刻影响着投资标的物资产的价值。因此，企业进行投资管理决策时，要充分考虑投资项目的时间价值和风险价值。

三、投资的分类

将企业投资的类型进行科学的分类，有利于企业分清投资的性质，加强投资管理，便于企业按不同的特点和要求进行投资决策。

1. 直接投资与间接投资

按投资活动与企业本身的生产经营活动的关系，企业投资可以划分为直接投资和间接投资。

直接投资，是将资金直接投放于可形成生产经营能力的实体性资产，以谋取经营利润的企业投资。企业通过直接投资，购买并配置劳动力、劳动资料和劳动对象等具体生产要素，开展生产经营活动。间接投资，是将资金投放于股票、债券等权益性资产的企业投资。股票、债券的发行方在筹集到资金后，再把这些资金投放于可形成生产经营能力的实体性资产，获取经营利润。

2. 项目投资与证券投资

按投资对象的存在形态和性质，企业投资可以划分为项目投资和证券投资。

项目投资，是指企业通过投资，购买具有实质内涵的经营资产（包括有形资产和无形资产）形成具体的生产经营能力，开展实质性的生产经营活动，谋取经营利润的企业投资。项目投资的目的在于改善生产条件、扩大生产能力，以获取更多的经营利润。项目投资属于直接投资。

证券投资，是指企业通过投资，购买权益性证券资产，通过证券资产所赋予的权利，间接控制被投资企业的生产经营活动，获取投资收益的企业投资。证券投资即购买属于综合生产要素的权益性权利资产的企业投资。企业进行证券投资的目的，在于通过持有权益性证券，获取投资收益，或控制其他企业的财务或经营政策，并不直接从事具体生产经营活动。因此，证券投资属于间接投资。

直接投资与间接投资、项目投资与证券投资，两种投资分类方式的内涵和范围是一致的，只

05

是分类角度不同。直接投资与间接投资强调的是投资的方式性，项目投资与证券投资强调的是投资的对象性。

3. 发展性投资与维持性投资

按投资活动对企业未来生产经营前景的影响，企业投资可以划分为发展性投资和维持性投资。

发展性投资，也称为战略性投资，是指对企业未来的生产经营发展全局有重大影响的企业投资。发展性投资项目实施后，往往可以改变企业的经营方向和经营领域，或者明显地扩大企业的生产经营能力，或者实现企业的战略重组。

维持性投资，也可称为战术性投资，是为了维持企业现有的生产经营正常顺利进行，不会改变企业未来生产经营发展全局的企业投资。维持性投资项目所需要的资金不多，对企业生产经营的前景影响不大，投资风险也相对较小。

4. 对内投资与对外投资

按投资活动资金投出的方向，企业投资可以划分为对内投资和对外投资。

对内投资，是指在本企业范围内部投放资金，以购买和配置各种生产经营所需的经营性资产的企业投资。对外投资，是指向本企业范围以外的其他单位投放资金的企业投资。对外投资多以现金、有形资产、无形资产等资产形式，通过联合投资、合作经营、换取股权、购买证券资产等投资方式，向企业外部其他单位投放资金。对内投资都是直接投资，对外投资主要是间接投资，也可能是直接投资。

5. 独立投资与互斥投资

按投资项目之间的相互关联关系，企业投资可以划分为独立投资和互斥投资。

独立投资是相容性投资，各个投资项目之间互不关联、互不影响，可以并存。对于一个独立投资项目而言，其他投资项目是否被采纳，对本项目的决策并无显著影响。因此，独立投资项目决策考虑的是方案本身是否满足某种决策标准。

互斥投资是非相容性投资，各个投资项目之间相互关联、相互替代，不能并存。如对企业现有设备进行更新，购买新设备就必须处置旧设备，它们之间是互斥的。对于互斥投资项目而言，其他投资项目是否被采纳，直接影响本项目的决策，其他投资项目被采纳，本项目就不能被采纳。因此，互斥投资项目决策考虑的是各方案之间的排斥性，也许每个方案都是可行方案，但互斥决策需要从中选择最优方案。

四、投资管理的原则

为了适应投资项目的特点和要求，实现投资管理的目标，做出合理的投资决策，需要制定投资管理的基本原则，据以保证投资活动的顺利进行。

1. 可行性分析原则

投资项目可行性分析是投资管理的重要组成部分，其主要任务是对投资项目实施的可行性进行科学论证，主要包括对环境可行性、技术可行性、市场可行性、财务可行性等方面进行科学论证。项目可行性分析是对项目实施后未来的运行和发展前景进行预测，通过定性分析和定量分析比较项目的优劣，为投资决策提供参考。

2. 结构平衡原则

投资往往是一个综合性的项目，不仅涉及固定资产等生产能力和生产条件的购建，还涉及使生产能力和生产条件正常发挥作用所需要的流动资产的配置。企业在为某项目投放资金时，要遵循结构平衡的原则，合理分布资金，具体要考虑固定资金与流动资金的配套关系、生产能力与经营规模的平衡关系、资金来源与资金运用的匹配关系、投资进度与资金供应的协调关系、流动资产内部的资产结构关系、发展性投资与维持性投资的配合关系、对内投资与对外投资的顺序关系、直接投资与间接投资的分布关系等。

3. 动态监控原则

投资的动态监控，是指对投资项目实施过程中的进程进行控制。特别是对于工程量大、工期长的建造项目来说，需要按工程预算实施有效的动态投资控制。对于证券投资而言，投资前首先要认真分析投资对象的投资价值，根据风险与收益均衡的原则合理选择投资对象；其次需要分析资本市场上资本的供求关系状况，预计市场利率的波动和变化趋势，动态地估算投资对象的投资价值，寻找转让证券资产和收回投资的最佳时机。

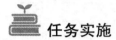 **任务实施**

任务资料和任务目标见本任务的"任务导入"，具体任务实施过程如下。

华龙公司投资的目的包括：（1）获取企业生存与发展的能力；（2）获取经营利润；（3）控制风险。

任务二　项目投资管理

 学习目标

知识目标：掌握财务评价指标，熟悉投资项目的现金流量及其测算，熟悉项目投资财务决策方法。

技能目标：会分析投资项目的现金流量及计算财务评价指标。

 **任务导入**

任务资料：

华龙公司拟进行一项固定资产投资，以扩大生产能力。现有 X、Y、Z 三个方案备选。相关资料如下。

资料一：华龙公司现有长期资本 10 000 万元，其中，普通股股本为 5 500 万元，长期借款为 4 000 万元，留存收益为 500 万元，长期借款年利率为 8%。该公司股票的系统风险是整个股票市场风险的 2 倍。目前整个股票市场平均收益率为 8%，无风险收益率为 5%。假设该投资项目的风险与公司整体风险一致。该投资项目的筹资结构与公司资本结构相同，新增债务利率不变。

资料二：X 方案需要投资固定资产 500 万元，固定资产不需要安装就可以使用，预计使用寿命为 10 年，期满无残值，采用直线法计算折旧。该项目投产后预计会使公司的存货和应收账款共增加 20 万元，应付账款增加 5 万元。假设不会增加其他流动资产和流动负债。在项目运营的 10 年中，预计每年为公司增加 80 万元税前利润。X 方案的现金流量如表 5-2-1 所示。

表 5-2-1 　　　　　　　　　　　　X方案的现金流量 　　　　　　　　　　　　单位：万元

项目	第0年	第1～9年	第10年
一、投资期现金流量			
固定资产投资	（A）		
营运资金垫支	（B）		
投资现金净流量	＊		
二、营业期现金流量			
销售收入		＊	＊
付现成本		＊	＊
折旧		（C）	＊
税前利润		80	＊
所得税		＊	＊
净利润		（D）	＊
营业现金净流量		（E）	（F）
三、终结期现金流量			
固定资产净残值			＊
回收营运资金			（G）
终结期现金流量			＊
四、年现金净流量合计	＊	＊	（H）

　　资料三：Y方案需要投资固定资产300万元，固定资产不需要安装就可以使用，预计使用寿命为8年，期满无残值，预计每年营业现金净流量为50万元。经测算，当折现率为6%时，该方案的净现值为10.49万元；当折现率为8%时，该方案的净现值为-12.67万元。

　　资料四：Z方案与X方案、Y方案的相关指标如表5-2-2所示。

表 5-2-2 　　　　　　　　　　　　备选方案的相关指标

项目	X方案	Y方案	Z方案
原始投资额现值/万元	—	300	420
期限/年	10	8	8
净现值/万元	197.27	—	180.50
现值指数	1.38	0.92	（J）
内含收益率	17.06%	—	—
年金净流量/万元	（I）	—	32.61

　　资料五：公司适用的所得税税率为25%。相关货币时间价值系数如表5-2-3所示。

表 5-2-3 　　　　　　　　　　　　相关货币时间价值系数

系数	8期	9期	10期
（P/F,i,n）	0.501 9	0.460 4	0.422 4
（P/A,i,n）	5.534 8	5.995 2	6.417 0

　　注：i为项目的必要收益率。

任务目标：

（1）根据资料一，利用资本资产定价模型计算华龙公司普通股资本成本率。

（2）根据资料一和资料五，计算华龙公司的加权平均资本成本率。

（3）根据资料二和资料五，确定表 5-2-1 中字母所代表的数值。

（4）根据以上计算的结果和资料三，完成下列要求。①计算 Y 方案的静态投资回收期和内含收益率；②判断 Y 方案是否可行，并说明理由。

（5）根据资料四和资料五，确定表 5-2-2 中字母所代表的数值。

（6）判断华龙公司应当选择哪个投资方案，并说明理由。

知识准备

投资决策，是对各个可行方案进行分析和评价，并从中选择最优方案的过程。投资项目决策的分析评价，需要采用一些专门的评价指标和评价方法。常用的财务可行性评价指标有净现值、年金净流量、现值指数、内含收益率和回收期等，围绕这些指标进行投资项目财务评价就产生了净现值法、内含收益率法、回收期法等评价方法。同时，按照是否考虑货币时间价值来分类，这些评价指标又可以分为静态评价指标和动态评价指标。考虑了货币时间价值的指标称为动态评价指标，没有考虑货币时间价值的指标称为静态评价指标。

一、项目现金流量

现金流量是投资项目财务可行性分析的主要分析对象，净现值、内含收益率、回收期等财务评价指标，均是以现金流量为对象进行可行性评价的。利润只是期间财务报告的结果，对于评价投资方案财务可行性来说，项目的现金流量状况比会计期间盈亏状况更为重要。一个投资项目能否顺利进行、

投资项目的现金流量

有无经济效益，不一定取决于有无会计期间利润，而在于能否带来正现金流量，即整个项目能否获得超过项目投资的现金回收。

由一项长期投资方案所引起的在未来一定期间所发生的现金收支，叫作现金流量（Cash Flow）。其中，现金收入称为现金流入量，现金支出称为现金流出量，现金流入量与现金流出量相抵后的余额，称为现金净流量（Net Cash Flow，NCF）。

在一般情况下，投资决策中的现金流量通常指现金净流量。这里的现金既指库存现金、银行存款等货币性资产，也指相关非货币性资产（如原材料、设备等）的变现价值。

投资项目的整个经济寿命周期，大致可以分为三个阶段：投资期、营业期、终结期。

（一）投资期

投资期的现金流量主要是现金流出量，即在该投资项目上的原始投资，包括在长期资产上的投资和垫支的营运资金。如果该项目的筹建费较高，也可作为初始阶段的现金流出量计入递延资产。通常，该阶段中固定资产的原始投资通常在年内一次性投入（如购买设备），如果原始投资不是一次性投入（如工程建造），则应把投资归属于不同投入年份。

1. 长期资产投资

长期资产投资包括固定资产、无形资产、递延资产等长期资产的购入、建造、运输、安装、

试运行等方面所需的现金支出，如购置成本、运输费、安装费等。对于投资实施后导致固定资产性能改进而发生的改良支出，属于固定资产的后期投资。

2. 营运资金垫支

营运资金垫支是指投资项目形成了生产能力，需要在流动资产上追加的投资。由于扩大了企业生产能力，所以原材料、在产品、产成品等流动资产规模也随之扩大，需要追加投入日常营运资金。同时，企业营业规模扩大后，应付账款等结算性流动负债也随之增加，自动补充了一部分日常营运资金。因此，为该投资垫支的营运资金是追加的流动资产扩大量与结算性流动负债扩大量的净差额。为简化计算，垫支的营运资金在营业期的流入流出过程可忽略不计，只考虑投资期投入资金与终结期收回资金对现金流量的影响。

（二）营业期

营业阶段是投资项目的主要阶段，该阶段既有现金流入量，也有现金流出量。现金流入量主要是营运各年的营业收入，现金流出量主要是营运各年的付现营运成本。另外，营业期内某一年发生的大修理支出，如果在会计处理中将其作为本年内一次性收益性支出，则直接作为该年付现成本；如果跨年摊销处理，则本年作为投资性的现金流出量，摊销年份以非付现成本形式处理。营业期内某一年发生的改良支出是一种投资，应作为该年的现金流出量，以后年份通过折旧收回。

在正常营业阶段，营运各年的营业收入和付现营运成本数额比较稳定，如不考虑所得税因素，营业阶段各年现金流量一般为：

$$营业现金净流量=营业收入-付现成本$$
$$=营业利润+非付现成本$$

式中，非付现成本主要是固定资产年折旧费用、长期资产摊销费用、资产减值损失等。其中，长期资产摊销费用主要有跨年的大修理摊销费用、改良工程折旧费用、筹建费摊销费用等。

所得税是投资项目的现金支出，即现金流出量。考虑所得税对投资项目现金流量的影响，投资项目正常营运阶段所获得的营业现金流量可按下列公式进行测算：

营业现金净流量=营业收入-付现成本-所得税

或： =税后营业利润+非付现成本

或： =收入×（1-所得税税率）-付现成本×（1-所得税税率）+非付现成本
×所得税税率

（三）终结期

终结阶段的现金流量主要是现金流入量，包括固定资产变价净收入、固定资产变现净损益对现金净流量的影响和收回的垫支营运资金。

1. 固定资产变价净收入

投资项目在终结阶段，原有固定资产将退出生产经营，企业对固定资产进行清理处置。固定资产变价净收入，是指固定资产出售或报废时的出售价款或残值收入扣除清理费用后的净额。

2. 固定资产变现净损益对现金净流量的影响

固定资产变现净损益对现金净流量的影响用公式表示如下：

固定资产变现净损益对现金净流量的影响=（账面价值-变价净收入）×所得税税率

如果（账面价值-变价净收入）>0，则意味着发生了变现净损失，可以抵税，进而减少现金流出，增加现金净流量。如果（账面价值-变价净收入）<0，则意味着实现了变现净收益，应该

纳税，进而增加现金流出，减少现金净流量。

变现时，固定资产账面价值指的是固定资产账面原值与变现时按照税法规定计提的累计折旧的差额。如果变现时，按照税法的规定，折旧已经全部计提，则变现时固定资产账面价值等于税法规定的净残值；如果变现时，按照税法的规定，折旧没有全部计提，则变现时固定资产账面价值等于税法规定的净残值与剩余的未计提折旧之和。

3. 收回的垫支营运资金

伴随着固定资产的出售或报废，投资项目的经济寿命结束，企业将与该项目相关的存货出售，应收账款收回，应付账款也随之偿付。营运资金恢复到原有水平，项目开始垫支的营运资金在项目结束时收回。

在实务中，对某一投资项目在不同时点上现金流量数额的测算，通常通过编制"投资项目现金流量表"进行。通过该表，能测算出投资项目相关现金流量的发生时间和数额，以便进一步进行投资项目可行性分析。

> **提示**
>
> 在进行现金流量分析的时候，投资引起的现金流量流出一般认为发生在每期期初，营业期现金流量一般认为发生在每期期末。

05

【例 5-2-1】华龙公司某投资项目需要 2 年建成，每年年初投入建设资金 100 万元，共投入 200 万元。建成投产之时，需投入营运资金 200 万元，以满足日常经营活动需要。项目投产后，估计每年可获税后营业利润 70 万元。固定资产使用年限为 6 年，使用后第 4 年年末预计进行一次改良，估计改良支出为 60 万元，分两年平均摊销。资产使用期满后，估计有残值净收入 20 万元，采用年限平均法计提折旧。项目期满时，垫支营运资金全额收回。

根据以上资料，编制投资项目现金流量表，如表 5-2-4 所示。

表 5-2-4　　　　　　　　　　　投资项目现金流量表　　　　　　　　　　　单位：万元

项目	第0年	第1年	第2年	第3年	第4年	第5年	第6年	第7年	第8年	总计
固定资产价值	（100）	（100）								（200）
固定资产折旧				30	30	30	30	30	30	180
改良支出							（60）			（60）
改良支出摊销								30	30	60
净利润				70	70	70	70	70	70	420
残值净收入									20	20
营运资金			（200）						200	0
总计	（100）	（100）	（200）	100	100	100	40	130	350	420

注：表 5-2-4 中的数字，带有括号的为现金流出量，表示负值；没有带括号的为现金流入量，表示正值。

在投资项目管理的实践中，由于所得税的影响，营业阶段现金流量的测算比较复杂，需要在所得税基础上考虑税后收入、税后付现成本，以及非付现成本抵税对营业现金流量的影响。

【例 5-2-2】华龙公司计划增添一条生产流水线，以扩大生产能力。现有甲、乙两个方案可供选择。甲方案需要投资 1 000 000 元，乙方案需要投资 1 500 000 元。两方案下生产流水线的预计使用寿命均为 5 年，均采用直线法计提折旧。甲方案预计残值为 40 000 元，乙方案预计残值为 60 000 元。甲方案预计年销售收入为 2 000 000 元，第一年付现成本为 1 320 000 元，以后在此基础上每年增加维修费 20 000 元。乙方案预计年销售收入为 2 800 000 元，年付现成本为 2 100 000 元。项目投入营运时，甲方案需垫支营运资金 400 000 元，乙方案需垫支营运资金 500 000 元。公司适用的所得税税率为 25%。

根据上述资料，甲方案营业期现金流量的计算及甲、乙两方案每年的现金流量分别如表 5-2-5 和表 5-2-6 所示。

表 5-2-5　　　　　　　　　　　甲方案营业期现金流量计算　　　　　　　　　　单位：元

项目	第1年	第2年	第3年	第4年	第5年
销售收入（1）	2 000 000	2 000 000	2 000 000	2 000 000	2 000 000
付现成本（2）	1 320 000	1 340 000	1 360 000	1 380 000	1 400 000
折旧（3）	192 000	192 000	192 000	192 000	192 000
营业利润（4）=（1）-（2）-（3）	488 000	468 000	448 000	428 000	408 000
所得税（5）=（4）×25%	122 000	117 000	112 000	107 000	102 000
税后营业利润（6）=（4）-（5）	366 000	351 000	336 000	321 000	306 000
营业现金净流量（7）=（3）+（6）	558 000	543 000	528 000	513 000	498 000

乙方案营业现金净流量=税后营业利润+非付现成本

$$=（2 800 000-2 100 000-288 000）×（1-25\%）+288 000$$

$$=597 000（元）$$

或=收入×（1-所得税税率）-付现成本×（1-所得税税率）+非付现成本×所得税税率

$$=2 800 000×（1-25\%）-2 100 000×（1-25\%）+288 000×25\%$$

$$=597 000（元）$$

表 5-2-6　　　　　　　　　　　　甲、乙两方案现金流量　　　　　　　　　　　单位：元

项目	第0年	第1年	第2年	第3年	第4年	第5年
甲方案：						
固定资产投资	（1 000 000）					
营运资金垫支	（400 000）					
营业现金流量		558 000	543 000	528 000	513 000	498 000
固定资产残值						40 000
营运资金收回						400 000
现金流量合计	（1 400 000）	558 000	543 000	528 000	513 000	938 000
乙方案：						
固定资产投资	（1 500 000）					
营运资金垫支	（500 000）					
营业现金流量		597 000	597 000	597 000	597 000	597 000
固定资产残值						60 000
营运资金收回						500 000
现金流量合计	（2 000 000）	597 000	597 000	597 000	597 000	1 157 000

二、项目评价指标

（一）净现值

1. 基本原理

一个投资项目，其未来现金净流量现值与原始投资额现值之间的差额，称为净现值（Net Present Value，NPV）。计算公式为：

净现值=未来现金净流量现值－原始投资额现值（长期资产投资+营运资金垫支）

计算净现值时，要按预定的贴现率对投资项目的未来现金流量和原始投资额进行贴现。预定贴现率是投资者所期望的最低投资收益率。净现值为正，说明方案的实际收益率高于所要求的收益率，方案可行；净现值为负，说明方案的实际收益率低于所要求的收益率，方案不可行。

当净现值为 0 时，说明方案的投资报酬刚好达到所要求的投资报酬，方案也可行。所以，净现值的经济含义是投资方案报酬超过基本报酬后的剩余收益。其他条件相同时，净现值越大，方案越好。采用净现值法来评价投资方案，一般有以下步骤。

第一，测定投资方案各年的现金流量，包括现金流出量和现金流入量。

第二，设定投资方案采用的贴现率。

确定贴现率的参考标准如下。

（1）以市场利率为标准。资本市场的市场利率是整个社会投资收益率的最低水平，是最低收益率要求。

（2）以投资者希望获得的预期最低投资收益率为标准。这考虑了投资项目的风险补偿因素以及通货膨胀因素。

（3）以企业平均资本成本率为标准。企业筹资承担的资本成本率水平，给投资项目提出了最低收益率要求。

第三，按设定的贴现率，分别将各年的现金流出量和现金流入量折算成现值。

第四，将未来的现金净流量现值与投资额现值进行比较：若前者大于或等于后者，方案可行；若前者小于后者，说明方案达不到投资者的预期投资收益率，方案不可行。

【例 5-2-3】沿用【例 5-2-2】的数据，假定贴现率为 12%。要求：计算甲、乙方案的净现值。

甲方案的净现值=498 000×(P/F,12%,5) +513 000×(P/F,12%,4)+528 000×(P/F,12%,3) +

543 000×(P/F, 12%,2)+558 000×(P/F,12%,1) −1 400 000

=498 000×0.567 4+513 000×0.635 5+528 000×0.711 8+543 000×0.797 2+

558 000×0.892 9−1 400 000

=515 524.9（元）

由于甲方案的净现值大于 0，所以，甲方案可行。

乙方案的净现值=1 157 000×(P/F,12%,5) +597 000×(P/A,12%,4) −2 000 000

=1 057 000×0.567 4+597 000×3.037 3−2 000 000

=469 749.9（元）

由于乙方案的净现值大于 0，所以乙方案也可行。

 Excel 小技巧：

用 NPV 函数根据现金流计算净现值。NPV 函数是通过使用贴现率以及一系列未来支出（负值）和收入（正值），返回一项投资的净现值。只要在单元格中录入“=NPV（资本成本率，投资后产生现金流所在区域的单元格区域）+项目投资金额”即可。【例 5-2-3】甲方案净现值的计算如图 5-2-1 所示，两者的差额是由尾差引起的。

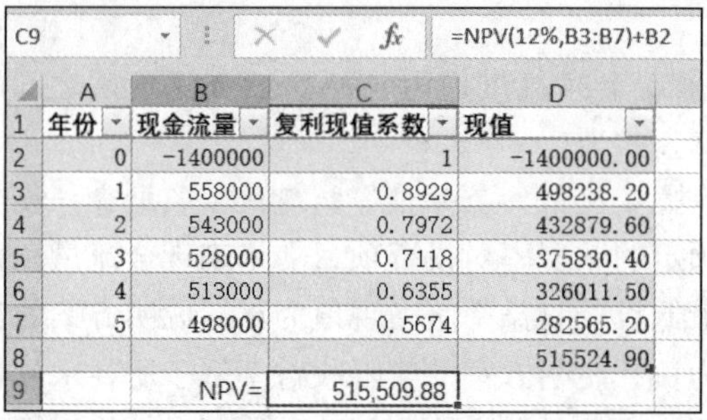
C9 =NPV(12%,B3:B7)+B2

	A	B	C	D
1	年份	现金流量	复利现值系数	现值
2	0	-1400000	1	-1400000.00
3	1	558000	0.8929	498238.20
4	2	543000	0.7972	432879.60
5	3	528000	0.7118	375830.40
6	4	513000	0.6355	326011.50
7	5	498000	0.5674	282565.20
8				515524.90
9		NPV=	515,509.88	

图 5–2–1　用 NPV 函数计算甲方案的净现值

2. 对净现值法的评价

净现值法简便易行，其主要优点如下。

第一，适用性强，能基本满足项目年限相同的互斥投资方案决策。如有 A、B 两个项目，资本成本率为 12%，A 项目投资 2 000 000 元可获净现值 300 000 元，B 项目投资 1 500 000 元可获净现值 200 000 元。尽管 A 项目投资额大，但在计算净现值时已经考虑了实施该项目所承担的还本付息负担，因此净现值大的 A 项目优于 B 项目。

第二，能灵活地考虑投资风险。净现值法下，所设定的贴现率中包含投资风险收益率要求，即能有效地考虑投资风险。

净现值法也具有明显的缺陷，主要表现如下。

第一，所采用的贴现率不易确定。如果两方案采用不同的贴现率贴现，采用净现值法不能够得出正确结论。

第二，不适用于独立投资方案的比较决策。如果各方案的原始投资额现值不相等，有时无法做出正确决策。独立投资方案，是指两个以上的投资项目互不依赖，可以并存。如对外投资购买甲股票或购买乙股票，它们之间并不冲突。在独立投资方案比较中，尽管某项目净现值大于其他项目的净现值，但所需投资额大，获利能力可能低于其他项目，而该项目与其他项目又是非互斥的，因此只凭净现值大小无法决策。

第三，净现值法不能直接用于对寿命期不同的互斥投资方案进行决策。某项目尽管净现值小，但其寿命期短；另一项目尽管净现值大，但它是在较长的寿命期内取得的。两个项目由于寿命期不同，所以净现值是不可比的。要采用净现值法对寿命期不同的投资方案进行决策，需要将各方案均转化为相等寿命期进行比较。

（二）年金净流量

投资项目的未来现金净流量与原始投资额的差额，构成该项目的现金净流量总额。项目期间内全部现金净流量总额的总现值或总终值折算为等额年金的平均现金净流量，称为年金净流量（Annual Net Cash Flow，ANCF）。年金净流量的计算公式为：

年金净流量=现金净流量总现值÷年金现值系数=现金净流量总终值÷年金终值系数

式中，现金净流量总现值即为 NPV。与净现值指标一样，年金净流量指标大于零，说明每年平均的现金流入能抵补现金流出，投资项目的净现值（或净终值）大于零，方案的收益率大于所要求的收益率，方案可行。在两个以上寿命期不同的投资方案比较时，年金净流量越大，方案越好。

【例5-2-4】甲、乙两个投资方案，甲方案需一次性投资100 000元，可用8年，残值为4 000元，每年取得税后营业利润30 000元；乙方案需一次性投资100 000元，可用5年，无残值，第1年获利30 000元，以后每年递增10%。如果资本成本率为10%，应采用哪种方案？

两项目使用年限不同，净现值是不可比的，应考虑它们的年金净流量。由于：

甲方案营业期每年营业现金净流量=30 000+（100 000−4 000）÷8=42 000（元）

乙方案营业期各年营业现金净流量：

第1年=30 000+100 000÷5=50 000（元）

第2年=30 000×（1+10%）+100 000÷5=53 000（元）

第3年=30 000×（1+10%）^{2}+100 000÷5=56 300（元）

第4年=30 000×（1+10%）^{3}+100 000÷5=59 930（元）

第5年=30 000×（1+10%）^{4}+100 000÷5=63 923（元）

甲方案净现值=42 000×5.334 9+4 000×0.466 5−100 000=125 931.80（元）

乙方案净现值=50 000×0.909 1+53 000×0.826 4+56 300×0.751 3+59 930×0.683 0+63 923×0.620 9−100 000=112 174.37（元）

甲方案年金净流量=125 931.80÷(P/A,10%,8）=125 931.80÷5.334 9=23 605.28（元）

乙方案年金净流量=112 174.37÷(P/A,10%,5）=112 174.37÷3.390 8=33 081.98（元）

甲方案净现值大于乙方案，但它是8年内取得的；而乙方案年金净流量大于甲方案，如果按8年计算可取得176 489.06（33 081.98×5.334 9）元的净现值。因此，乙方案优于甲方案。本例中，用终值进行计算也可得出同样的结果。

甲方案年金净流量为23 605.28元，乙方案的年金净流量为33 081.98元，年金净流量的本质是各年现金流量中的超额投资报酬额，所以乙方案优于甲方案。

由此可以看出，年金净流量法是净现值法的辅助方法，在各方案寿命期相同时，实质上就是净现值法。因此，它适用于期限不同的投资方案决策。但同时，它也具有与净现值法同样的缺点，即不便于对原始投资额不相等的独立投资方案进行决策。

（三）现值指数

现值指数（Present Value Index，PVI）是投资项目的未来现金净流量现值与原始投资额现值之比。计算公式为：

$$现值指数=未来现金净流量现值÷原始投资额现值$$

从现值指数的计算公式可见，现值指数的计算结果有大于1、等于1、小于1三种。

若现值指数大于或等于1，说明方案实施后的投资收益率高于或等于必要收益率，方案可行；若现值指数小于1，说明方案实施后的投资收益率低于必要收益率，方案不可行。现值指数越大，方案越好。

【例5-2-5】有两个独立投资方案，有关资料如表5-2-7所示。

表5-2-7　　　　　　　　　　　净现值计算资料　　　　　　　　　　　单位：元

项目	方案A	方案B
原始投资额现值	50 000	5 000
未来现金净流量现值	52 000	6 500
净现值	2 000	1 500

从净现值的绝对数来看，方案 A 优于方案 B，似乎应采用方案 A；但从投资额来看，方案 A 的原始投资额现值大大超过了方案 B。所以，在这种情况下，如果仅用净现值来判断方案的优劣，就难以做出正确的比较和评价。按现值指数法计算：

方案 A 现值指数=52 000÷50 000=1.04

方案 B 现值指数=6 500÷5 000=1.30

计算结果表明，方案 B 的现值指数大于方案 A，应当选择方案 B。

现值指数法也是净现值法的辅助方法，在各方案原始投资额现值相同时，实质上就是净现值法。由于现值指数是未来现金净流量现值与所需投资额现值之比，是一个相对数指标，反映了投资效率，所以，用现值指数指标来评价独立投资方案，可以克服净现值指标不便于对原始投资额现值不同的独立投资方案进行比较和评价的缺点。

（四）内含收益率

1. 基本原理

内含收益率（Internal Rate of Return，IRR），是指对投资方案未来的每年现金净流量进行贴现，使所得的现值恰好与原始投资额现值相等，从而使净现值等于零时的贴现率。

内含收益率法的基本原理是：在计算方案的净现值时，以必要投资收益率作为贴现率计算，净现值的结果往往是大于零或小于零，这就说明方案实际可能达到的投资收益率大于或小于必要投资收益率；而当净现值为零时，说明两种收益率相等。根据这个原理，内含收益率法就是要计算出使净现值等于零时的贴现率，这个贴现率就是投资方案实际可能达到的投资收益率。

（1）未来每年现金净流量相等时。

每年现金净流量相等是一种年金形式，通过查年金现值系数表，可计算出未来现金净流量现值。令净现值为零，有：

未来每年现金净流量×年金现值系数-原始投资额现值=0

计算出净现值为零时的年金现值系数后，通过查年金现值系数表，利用插值法可计算出相应的贴现率 i，该贴现率就是方案的内含收益率。

【例 5-2-6】大安化工厂购入一台新型设备，购价为 80 万元，使用年限为 10 年，无残值。该方案的最低投资收益率要求为 10%（以此作为贴现率）。使用新设备后，估计每年产生现金净流量 14 万元。

要求：用内含收益率指标评价该方案是否可行。

令：140 000×年金现值系数-800 000=0

得：年金现值系数=5.714 3

现已知方案的使用年限为 10 年，查年金现值系数表，期数为 10，系数为 5.714 3。

对应的贴现率在 10%~12%，10%贴现率对应的年金现值系数为 6.144 6，12%的贴现率对应的年金现值系数为 5.560 2。

采用插值法：$\dfrac{IRR-10\%}{12\%-10\%}=\dfrac{5.714\ 3-6.144\ 6}{5.560\ 2-6.144\ 6}$

IRR=11.47%

该方案的内含收益率为 11.47%，高于最低投资收益率 10%，方案可行。

Excel 小技巧:

用 IRR 函数根据现金流计算内含收益率。只需在计算结果单元格录入＝"IRR（选择现金流量的区域）"即可。【例 5-2-6】中，该方案内含收益率的计算如图 5-2-2 所示，两者的差额是由于尾差引起的。

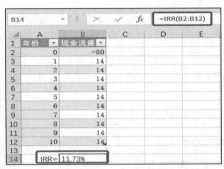

图 5-2-2　用 IRR 函数计算的方案内含收益率

（2）未来每年现金净流量不相等时。

如果投资方案的未来每年现金净流量不相等，各年现金净流量的分布就不是年金形式，不能采用直接查年金现值系数表的方法来计算内含收益率，而需采用逐次测试法。

逐次测试法的具体做法是：根据已知的有关资料，先估计一次贴现率，来试算未来现金净流量的现值，并将这个现值与原始投资额现值相比较。如果净现值大于零，为正数，表示估计的贴现率小于方案实际可能达到的投资收益率，此时需要重估一个较高的贴现率进行试算；如果净现值小于零，为负数，表示估计的贴现率大于方案实际可能达到的投资收益率，需要重估一个较低的贴现率进行试算。如此反复试算，直到净现值等于零或基本接近于零，这时所估计的贴现率就是希望求得的内含收益率。

2. 对内含收益率法的评价

内含收益率法的主要优点如下。

第一，内含收益率反映了投资项目可能达到的收益率，易于被高层决策人员理解。

第二，对于独立投资方案的比较决策，如果各方案原始投资额现值不同，可以通过计算各方案的内含收益率，反映各独立投资方案的获利水平。

内含收益率法的主要缺点如下。

第一，计算复杂，不易直接考虑投资风险大小。

第二，在互斥投资方案决策时，如果各方案的原始投资额现值不相等，有时无法做出正确的决策。某一方案原始投资额低，净现值小，但内含收益率可能较高；而另一方案原始投资额高，净现值大，但内含收益率可能较低。

（五）回收期

回收期（Payback Period，PP），是指投资项目的未来现金净流量与原始投资额相等时所经历的时间，即原始投资额通过未来现金流量回收所需要的时间。

投资者希望投入的资本能以某种方式尽快地收回，收回的时间越长，所担风险就越大。因此，投资方案回收期的长短是投资者十分关心的问题，也是评价方案优劣的标准之一。用回收期指标评价方案时，回收期越短越好。

1. 静态回收期

静态回收期没有考虑货币时间价值。未来现金净流量累积到原始投资数额时所经历的时间为静态回收期。

（1）未来每年现金净流量相等时。

这种情况是一种年金形式，其计算公式为：

$$静态回收期=原始投资额÷每年现金净流量$$

【例5-2-7】华龙公司准备从甲、乙两种机床中选购一种。甲机床购价为250 000元，投入使用后，每年现金净流量为50 000元；乙机床购价为360 000元，投入使用后，每年现金净流量为80 000元。

要求：用回收期指标决策该厂应选购哪种机床。

甲机床回收期=250 000÷50 000=5（年）

乙机床回收期=360 000÷80 000=4.5（年）

计算结果表明，乙机床的回收期比甲机床短，该工厂应选购乙机床。

（2）未来每年现金净流量不相等时。

在这种情况下，应把未来每年的现金净流量逐年加总，根据累计现金流量来确定回收期。

可依据以下公式进行计算（设 M 是回收原始投资额的前一年）。

$$静态回收期=M+第 M 年尚未收回的投资额÷第（M+1）年的现金净流量$$

【例5-2-8】华龙公司有一个投资项目，需投资200 000元，使用年限为5年，每年的现金流量不相等，资本成本率为10%，有关资料如表5-2-8所示。

要求：计算该投资项目的回收期。

表5-2-8　　　　项目现金流量　　　　单位：元

年数	现金净流量	累计现金净流量	复利现值系数（10%）	现金净流量现值	累计现金净流量现值
1	60 000	60 000	0.909 1	54 546	54 546
2	65 000	125 000	0.826 4	53 716	108 262
3	80 000	205 000	0.751 3	60 104	168 366
4	70 000	275 000	0.683 0	47 810	216 176
5	65 000	340 000	0.620 9	40 358.5	256 534.5

从表5-2-8的累计现金净流量列中可知，该投资项目的回收期在第2年与第3年之间。为了计算较为准确的回收期，采用以下方法计算：

项目回收期=2+（200 000-125 000）÷80 000=2.94（年）

2. 动态回收期

动态回收期考虑了货币时间价值。将投资引起的未来现金净流量进行贴现，未来现金净流量的现值等于原始投资额现值时所经历的时间为动态回收期。

（1）未来每年现金净流量相等时。

在这种年金形式下，假定动态回收期为 n 年，则：

$$(P/A,i,n)=原始投资额现值÷每年现金净流量$$

计算出年金现值系数后，通过查年金现值系数表，利用插值法，即可推算出动态回收期 n。

在【例5-2-7】中，假定资本成本率为10%，查表得知当 i=10%时，第6年的年金现值系数为

4.355 3，第 7 年的年金现值系数为 4.868 4，第 8 年的年金现值系数为 5.334 9。这样，由于甲机床的年金现值系数为 5，乙机床的年金现值系数为 4.5，相应的回收期运用插值法计算：

$$\frac{n_\text{甲}-7}{8-7}=\frac{5-4.868\,4}{5.334\,9-4.868\,4}$$

$$\frac{n_\text{乙}-6}{7-6}=\frac{4.5-4.355\,3}{4.868\,4-4.355\,3}$$

$$n_\text{甲}=7.28$$

$$n_\text{乙}=6.28$$

得出：甲机床动态回收期 $n_\text{甲}$=7.28（年），乙机床动态回收期 $n_\text{乙}$=6.28（年）。

（2）未来每年现金净流量不相等时。

在这种情况下，应把每年的现金净流量逐一贴现并加总，根据累计现金流量现值来确定回收期。可依据以下公式进行计算（设 M 是回收原始投资额的前一年）。

动态回收期=M+第 M 年尚未收回投资额的现值÷第（M+1）年的现金净流量现值

在【例 5-2-8】中，华龙公司投资项目的动态回收期为：

项目回收期=3+（200 000-168 366）÷47 810

=3.66（年）

回收期法的优点是计算简便，易于理解。这种方法是以回收期的长短来衡量方案的优劣，收回投资所需的时间越短，所冒的风险就越小。可见，回收期法是一种较为保守的方法。

回收期法中静态回收期的不足之处是没有考虑货币时间价值。

静态回收期法和动态回收期法有一个共同局限，就是它们计算回收期时只考虑了未来现金净流量（或现值）总和中等于原始投资额（或现值）的部分，没有考虑超过原始投资额（或现值）的部分。显然，回收期长的项目，其超过原始投资额（或现值）的现金流量并不一定比回收期短的项目少。

三、项目投资评价的应用

项目投资，是指将资金直接投放于实体性资产，以形成生产能力，开展生产经营活动的投资。项目投资一般是企业的对内投资，也包括以实物性资产投资于其他企业的对外投资。

（一）独立投资方案的决策

独立投资方案，是指两个或两个以上项目互不依赖，可以并存，各方案的决策也是独立的。独立投资方案的决策属于筛分决策，评价各方案本身是否可行，即方案本身是否达到某种要求的可行性标准。进行独立投资方案比较时，决策要解决的问题是如何确定各种可行方案的投资顺序，即各独立方案之间的优先次序。排序分析时，以各独立方案的获利程度作为评价标准，一般采用内含收益率法进行比较决策。

（二）互斥投资方案的决策

互斥投资方案之间互相排斥，不能并存，因此决策的实质在于选择最优方案。互斥决策以方案的获利数额作为评价标准，因此一般采用净现值法和年金净流量法进行选优决策。但由于净现值指标受投资项目寿命期的影响，年金净流量法便成为互斥方案最恰当的决策方法。

1. 项目的寿命期相等

互斥方案的选优决策中，各方案本身都是可行的，均有正的净现值，即均收回了原始投资，并有超额报酬，此时应将方案的获利数额作为选优的评价标准。在项目的寿命期相等时，不论方案的原始投资额大小如何，能够获得更大的获利数额即净现值的，即为最优方案。所以，在互斥投资方案的选优决策中，原始投资额的大小并不影响决策的结论，无须考虑原始投资额的大小。

2. 项目的寿命期不相等

对两个寿命期不等的互斥投资项目进行比较，可采用以下方法。

方法一，共同年限法。按照持续经营假设，寿命期短的项目，收回的投资将重新进行投资。针对各项目寿命期不等的情况，可以找出各项目寿命期的最小公倍数，作为共同的有效寿命期。原理为：假设投资项目在终止时进行重置，通过重置使两个项目达到相等的年限，然后应用项目寿命期相等时的决策方法进行比较，即比较两者的净现值大小。

方法二，年金净流量法。用该方案的净现值除以对应的年金现值系数，当两个方案资本成本相同时，优先选取年金净流量较大者；当两个方案资本成本不同时，还需进一步计算永续净现值，即用年金净流量除以各自对应的资本成本。

互斥投资方案的选优决策中，年金净流量全面反映了各方案的获利数额，是可取的决策指标。净现值指标在寿命期不同的情况下，需要按各方案最小公倍数期限调整计算。因此，在互斥方案决策的方法选择上，项目寿命期相同时可采用净现值法，项目寿命期不同时主要采用年金净流量法。

 任务实施

任务资料和任务目标见本任务的"任务导入"，具体任务实施过程如下。

（1）华龙公司普通股资本成本率=5%+2×（8%-5%）=11%。

（2）华龙公司的加权平均资本成本率=11%×（500+5 500）÷10 000+8%×（1-25%）×4 000÷10 000=9%。

（3）A=-500；B=-15；C=500÷10=50；D=80×（1-25%）=60；E=60+50=110；F=110；G=15；H=110+15=125。

（4）① 静态投资回收期=300÷50=6（年）。

内含收益率是净现值为 0 时的折现率。经测算，当折现率为 6%时，该方案的净现值为 10.49 万元，当折现率为 8%时，该方案的净现值为-12.67 万元。

根据插值法：（内含收益率-6%）÷（8%-6%）=（0-10.49）÷（-12.67-10.49）

解得内含收益率=6.91%

② Y 方案的内含收益率（6.91%）小于华龙公司的加权平均资本成本率（9%），故 Y 方案不可行。

（5）I=197.27÷6.417 0=30.74（万元）；J=（180.50+420）÷420=1.43。

（6）华龙公司应当选择 Z 方案，因为 Y 方案不可行，而 Z 方案的年金净流量大于 X 方案的年金净流量。

任务三　证券投资管理

 学习目标

知识目标：掌握经营杠杆、财务杠杆和总杠杆的原理。

技能目标：能够运用经营杠杆、财务杠杆和总杠杆对企业的风险水平做出分析。

任务导入

任务资料：

华龙公司计划利用一笔长期资金投资购买股票。现有 M 公司股票、N 公司股票、L 公司股票可供选择，华龙公司只准备投资一家公司股票。已知 M 公司股票现行市价为每股 2.5 元，上年每股股利为 0.25 元，预计以后每年以 6%的增长率增长。N 公司股票现行市价为每股 7 元，上年每股股利为 0.6 元，股利分配政策将沿用固定股利政策。L 公司股票现行市价为每股 4 元，上年每股股利为 0.2 元，预计该公司未来三年股利第 1 年增长 14%、第 2 年增长 14%、第 3 年增长 5%，第 4 年及以后每年将保持 2%的固定增长率水平。

若无风险利率为 4%，股票市场平均收益率为 10%，M 公司股票的 β 系数为 2，N 公司股票的 β 系数为 1.5，L 公司股票的 β 系数为 1。

任务目标：

（1）利用股票估价模型，分别计算 M、N、L 公司股票价值。

（2）华龙公司应如何做出股票投资决策。

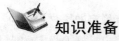
知识准备

证券资产是企业进行金融投资所形成的资产。证券投资的对象是金融资产，金融资产是一种以凭证、票据或者合同合约形式存在的权利性资产，如股票、债券及其衍生证券等。

一、证券投资基础

（一）证券投资的特点

1. 价值虚拟性

证券资产不能脱离实体资产而完全独立存在，但证券资产的价值不完全由实体资本的现实生产经营活动决定，而是取决于契约性权利所能带来的未来现金流量，是一种未来现金流量折现的资本化价值。证券资产的服务能力在于它能带来的未来现金流量，按未来现金流量折现（即资本化价值），是证券资产价值的统一表达。

2. 可分割性

证券资产可以分割为最小的投资单位，如一股股票、一份债券，这就决定了证券资产投资的现金流量比较单一，往往由原始投资、未来收益或资本利得、本金回收所构成。

3. 持有目的多元性

证券资产的持有目的是多元的，既可能是为未来积累现金，即为未来变现而持有，也可能是为谋取资本利得，即为销售而持有，还有可能是为取得对其他企业的控制权而持有。

4. 强流动性

证券资产具有很强的流动性，其流动性表现在以下两个方面。①变现能力强。证券资产往往都是上市证券，一般都有活跃的交易市场可供及时转让。②持有目的可以相互转换。当企业急需现金时，可以立即将为其他目的而持有的证券资产变现。证券资产本身的变现能力虽然较强，但其实际周转速度取决于企业持有证券资产的目的。作为长期投资的形式，企业持有的证券资产一般周转一次会经历一个以上会计年度。

5. 高风险性

证券资产是一种虚拟资产，决定了金融投资受企业风险和市场风险的双重影响，不仅发行证券资产的企业业绩影响着证券资产投资的收益率，资本市场的市场平均收益率变化也会给证券资产带来直接的市场风险。

（二）证券投资的目的

1. 分散资金投向，降低投资风险

投资分散化，即将资金投资于多个相关程度较低的项目，实行多元化经营，能够有效地分散投资风险。当某个项目经营不景气，面临利润下降甚至亏损时，其他项目可能会获取较高的收益。

2. 利用闲置资金，增加企业收益

企业在生产经营过程中，由于各种原因有时会出现现金结余较多的情况。这些闲置的资金可以投资于股票、债券等有价证券，谋取投资收益，如获取股利收入、债息收入、证券买卖差价等。

3. 稳定客户关系，保障生产经营

企业生产经营环节中，供应和销售是企业与市场相联系的重要通道。没有稳定的原材料供应来源，没有稳定的销售客户，都会使企业的生产经营中断。为了保持与供销客户良好而稳定的业务关系，可以对业务关系链的供销企业进行投资，购买其债券或股票，甚至能够通过债权或股权对关联企业的生产经营施加影响和控制，以保障本企业的生产经营顺利进行。

4. 提高资产流动性，增强企业偿债能力

资产流动性是影响企业财务安全性的主要因素。除现金等货币资产外，有价证券投资是企业流动性最强的资产，是企业速动资产的主要构成部分。在企业需要支付大量现金，而现有现金储备又不足时，可以通过变卖有价证券迅速取得大量现金，保证企业的及时支付。

（三）证券投资的风险

由于证券资产的市价波动频繁，证券投资的风险往往较大。获取投资收益是证券投资的主要目的，证券投资的风险是投资者无法获得预期投资收益的可能性。按风险性质划分，证券投资的风险分为系统性风险和非系统性风险两大类别。

1. 系统性风险

证券资产的系统性风险，也称为不可分散风险，是指由于外部经济环境因素变化引起整个资本市场不确定性加强，从而对所有证券都产生影响的共同性风险。系统性风险会影响资本市场上的所有证券，无法通过投资多元化的组合避免。

系统性风险波及所有证券资产，最终会反映在资本市场平均利率的提高上，所有的系统性风险几乎都可以归结为利率风险。利率风险是由于市场利率变动引起证券资产价值变化的可能性。

（1）价格风险

价格风险是指市场利率上升，使证券资产价格普遍下跌的可能性。价格风险来自资本市场买卖双方资本供求关系的不平衡。资本需求量增加，市场利率上升；资本供应量增加，市场利率下

降。当证券资产持有期间的市场利率上升，证券资产价格就会下跌，证券资产期限越长，投资者遭受的损失越大。

（2）再投资风险

再投资风险是市场利率下降，而造成的无法通过再投资实现预期收益的可能性。根据流动性偏好理论，长期证券资产的收益率应当高于短期证券资产，这是因为：①期限越长，不确定性就越强；②证券资产发行者一般喜欢发行长期证券资产，因为长期证券资产可以筹集到长期资金，而不必经常面临筹集不到资金的困境。因此，证券资产发行者愿意为长期证券资产支付较高的收益率。

（3）购买力风险

购买力风险是指通货膨胀使货币购买力下降的可能性。在持续而剧烈的物价波动环境下，货币性资产会产生购买力损益：当物价持续上涨时，货币性资产会遭受购买力损失；当物价持续下跌时，货币性资产会带来购买力收益。

证券资产是一种货币性资产，通货膨胀会使证券资产投资的本金和收益贬值，名义收益率不变而实际收益率降低。购买力风险对具有收款权利性质的资产影响很大，债券投资的购买力风险远大于股票投资。如果通货膨胀长期延续，投资人会把资本投向实体性资产以求保值，减少对证券资产的需求量，进而引起证券资产价格下跌。

2. 非系统性风险

证券资产的非系统性风险，也称为可分散风险，是指由特定经营环境或特定事件变化引起的不确定性，从而对个别证券资产产生影响的特有风险。非系统性风险可以通过持有证券资产的多元化来抵消。非系统性风险源于每个公司自身特有的营业活动和财务活动，与某个具体的证券资产相关联，同整个证券资产市场无关。

非系统性风险是公司特有风险，主要表现为公司经营风险和财务风险。市场投资者对公司的经营风险和财务风险的特征无法明确区分，此时，公司特有风险便表现为违约风险、变现风险、破产风险等形式。

（1）违约风险

违约风险，是指证券资产发行者无法按时兑付证券资产利息和偿还本金的可能性。有价证券资产本身就是一种契约性权利资产，经济合同的任何一方违约都会给另一方造成损失。违约风险是投资于收益固定型有价证券资产的投资者经常面临的，多发生于债券投资。违约风险产生的原因可能是证券发行公司产品经销不善，也可能是公司现金周转不灵等。

（2）变现风险

变现风险，是指证券资产持有者无法在市场上以正常的价格平仓出货的可能性。在同一证券资产市场上，各种有价证券资产的变现能力是不同的，交易越频繁的证券资产，其变现能力越强。

（3）破产风险

破产风险是指在证券资产发行者破产清算时投资者无法收回应得权益的可能性。当证券资产发行者出现由于经营管理不善而持续亏损、现金周转不畅而无力清偿债务或其他原因导致难以持续经营等情况时，可能会申请破产保护。破产保护会导致债务清偿的豁免、有限责任的退出，使得投资者无法取得应得的投资收益，甚至无法收回投资的本金。

二、债券投资

（一）债券要素

债券是依照法定程序发行的，约定在一定期限内还本付息的有价证券，它反映证券发行者与持有者之间的债权债务关系。债券一般包含以下几个基本要素。

1. 债券面值

债券面值，是指债券设定的票面金额，它代表发行人借入并且承诺于未来某一特定日期偿付债券持有人的金额，债券面值包括两方面内容。

（1）票面币种。即以何种货币作为债券的计量单位，一般而言，在国内发行的债券，发行的对象是国内有关经济主体，则选择本国货币；若在国外发行，则选择发行地国家或地区的货币或国际通用货币（如美元）作为债券的币种。

（2）票面金额。票面金额对债券的发行成本、发行数量和持有者的分布具有影响。票面金额小，有利于小额投资者购买，从而有利于债券发行，但发行费用可能增加；票面金额大，会降低发行成本，但可能减少发行量。

2. 债券票面利率

债券票面利率，是指债券发行者预计一年内向持有者支付的利息占票面金额的比率。债券的计息和付息方式有多种，可能使用单利或复利计算，利息可能半年支付一次、一年支付一次或到期一次还本付息，这使得票面利率可能与实际利率发生差异。

3. 债券到期日

债券到期日，是指偿还债券本金的日期。债券一般都规定有到期日，以便到期时归还本金。

（二）债券的价值

债券的价值，是将未来在债券投资上收取的利息和收回的本金折为的现值。债券的价值也称为债券的理论价格，只有债券价值大于其购买价格时，该债券才值得投资。影响债券价值的因素主要有债券的面值、期限、票面利率和所采用的贴现率等。

典型的债券类型，是有固定的票面利率、每期支付利息、到期归还本金的债券，基本模型是：

$$V_b = \sum_{t=1}^{n} \frac{I_t}{(1+R)^t} + \frac{M}{(1+R)^n}$$

式中，V_b 表示债券的价值，I 表示债券各期的利息，M 表示债券的面值，R 表示债券价值评估时所采用的贴现率，即所期望的最低投资收益率。一般来说，采用市场利率作为评估债券价值时所期望的最低投资收益率。

从债券价值基本计量模型中可以看出，债券面值、债券期限、票面利率、市场利率是影响债券价值的基本因素。

【例5-3-1】某债券面值为 1 000 元，期限为 5 年，每年支付一次利息，到期归还本金，以市场利率作为评估债券价值的贴现率，目前的市场利率为 10%，如果票面利率分别为 8%、10%和12%，有：

V_b=80×(P/A,10%,5)+1 000×(P/F,10%,5)=80×3.790 8+1 000×0.620 9=924.16（元）

V_b'=100×(P/A,10%,5)+1 000×(P/F,10%,5)=100×3.790 8+1 000×0.620 9=999.98（元）

V_b''=120×(P/A,10%,5)+1 000×(P/F,10%,5)=120×3.790 8+1 000×0.620 9=1 075.80（元）

综上可知，债券的票面利率可能小于、等于或大于市场利率，债券价值就可能小于、等于或大于债券票面价值，因此在债券实际发行时可能会折价、平价或溢价发行。折价发行是对投资者未来少获利息而给予的必要补偿；平价发行是因为票面利率与市场利率相等，此时票面价值和债券价值是一致的，所以不存在补偿问题；溢价发行是为了对债券发行者未来多付利息而给予的必要补偿。

（三）债券投资的收益率

债券投资的收益是投资于债券所获得的全部投资报酬，这些投资报酬主要来源于以下三个方面。

（1）名义利息收益。债券各期的名义利息收益是其面值与票面利率的乘积。

（2）利息再投资收益。评价债券投资时，有两个重要的假定：第一，债券本金是到期收回的，而债券利息是分期收取的；第二，将分期收到的利息重新投资于同一项目，并取得与本金同等的利息收益率。

（3）价差收益。价差收益指债券尚未到期时投资者中途转让债券，在卖价和买价之间的价差上所获得的收益，也称为资本利得收益。

【例 5-3-2】假定投资者目前以 1 050 元的价格购买一份面值为 1 000 元、每年付息一次、到期归还本金、票面利率为 10% 的 5 年期债券，投资者将该债券持有至到期日。则有：

$$1\ 050=100\times(P/A,R,5)+1\ 000\times(P/F,R,5)$$

$$100\times(P/A,9\%,5)+1\ 000\times(P/F,9\%,5)=100\times3.889\ 7+1\ 000\times0.649\ 9=1\ 038.87$$

$$100\times(P/A,8\%,5)+1\ 000\times(P/F,8\%,5)=100\times3.992\ 7+1\ 000\times0.680\ 6=1\ 079.87$$

利用插值法：$\dfrac{R-8\%}{9\%-8\%}=\dfrac{1\ 050-1\ 079.87}{1\ 038.87-1\ 079.87}$

$R=8.73\%$

用简便方法对债券投资收益率进行近似估算，其公式为：

$$R=\frac{I+(B-P)\div N}{(B+P)\div 2}\times 100\%$$

式中，P 表示债券的当前购买价格，B 表示债券面值，N 表示债券持有期限，分母是平均资金占用，分子是平均收益。将【例 5-3-2】的数据代入，可得：

$$R=\frac{100+(1\ 000-1\ 050)\div 5}{(1\ 000+1\ 050)\div 2}\times 100\%=8.78\%$$

三、股票投资

（一）股票的价值

投资于股票预期获得的未来现金流量的现值，即为股票的价值或内在价值、理论价格。股票是一种权利凭证，它的价值在于给持有者带来未来的收益，包括各期获得的股利、转让股票获得的价差收益、股份公司的清算收益等。价格小于内在价值的股票，是值得投资者购买的。股票给持有者带来的未来收益一般以股利形式出现，因此可以通过股利计算确定股票价值。

1. 股票估价基本模型

理论上，如果股东中途不转让股票，股票投资没有到期日，则投资于股票所得到的未来现金流量就是各期的股利。假定某股票未来各期股利为 D_t（t 为期数），R_s 为估价所采用的贴现率，即

05

所期望的最低收益率，股票价值的估价模型为：

$$V_s = \frac{D_t}{1+R_s} + \frac{D_t}{(1+R_s)^2} + \cdots + \frac{D_n}{(1+R_s)^n}$$

$$= \sum_{t=1}^{\infty} \frac{D_t}{(1+R_s)}$$

优先股是特殊的股票，优先股股东每期在固定的时点收到相等的股利。优先股没有到期日，未来的现金流量是一种永续年金，其价值计算为：

$$V_s = \frac{D_s}{R_s}$$

2. 常用的股票估价模式

持有期限、股利、贴现率是影响股票价值的重要因素。如果投资者准备永久持有股票，未来的贴现率也是固定不变的，那么未来各期不断变化的股利就成为评价股票价值的难题。假定未来的股利按一定的规律变化，则会形成几种常用的股票估价模式。

（1）固定增长模式

通常，公司并没有把每年的盈余全部作为股利分配出去，留存的收益扩大了公司的资本额，不断增长的资本会创造更多的盈余，进一步又引起下期股利的增长。如果公司本期的股利为 D_0，未来各期的股利按上期股利的 g 速度呈几何级数增长，根据股票估价基本模型，股票价值 V_s 为：

$$V_s = \sum_{t=1}^{\infty} \frac{D_0(1+g)^t}{(1+R_s)^t}$$

当 g 是一个固定的常数，并且 R_s 大于 g 时，上式可以化简为：

$$V_s = \frac{D_0(1+g)}{R_s - g}$$

【例5-3-3】假定某投资者准备购买 A 股票，并且准备长期持有，要求达到 10% 的收益率，该公司今年每股股利为 0.8 元，预计未来股利会以 5% 的速度增长。则 A 股票的价值为：

V_s=0.8×（1+5%）÷（10%-5%）=16.8（元）

如果 A 股票目前的购买价格低于 16.8 元，那么该股票是值得购买的。

（2）零增长模式

如果公司未来各期发放的股利都相等，并且投资者准备永久持有，那么这种股票与优先股类似。或者说，当固定增长模式中 g=0 时，有：

$$V_s = \frac{D_0}{R_s}$$

【例5-3-3】中，如果 g=0，则 A 股票的价值为：

V_s=0.8÷10%=8（元）

（3）阶段性增长模式

许多公司的股利在某一阶段有一个超常的增长率，这一期间的增长率 g 可能大于 R_s，而后阶段公司的股利固定不变或正常增长。对于阶段性增长的股票，需要分段计算，才能确定股票的价值。

【例5-3-4】假定某投资者准备购买 B 股票，并且打算长期持有，要求达到 10% 的收益率。B 公司今年每股股利为 0.5 元，预计未来 3 年股利以 10% 的速度增长，而后以 6% 的速度转入正常增长。则 B 股票的价值分两段计算。

首先，计算高速增长期股利的现值，如表 5-3-1 所示。

表 5-3-1　　　　　　　　　　　　　　B 股票高速增长期股利的现值　　　　　　　　　　金额单位：元

年数	股利	现值系数（10%）	股利现值
1	0.5×（1+10%）=0.55	0.909 1	0.50
2	0.55×（1+10%）=0.605	0.826 4	0.50
3	0.605×（1+10%）=0.665 5	0.751 3	0.50
合计			1.5

其次，计算正常增长期股利在第 3 年年末的现值。

$V_3 = D_4 \div (R_s - g) = 0.665\ 5 \times (1+6\%) \div (10\% - 6\%) = 17.64$（元）

最后，计算该股票的价值。

$V_s = 17.64 \times 0.751\ 3 + 1.5 = 14.75$（元）

（二）股票投资的收益率

1. 股票收益的来源

股票投资的收益由股利收益、股利再投资收益、转让价差收益三部分构成；并且，只要按货币时间价值的原理计算股票投资收益，就无须单独考虑再投资收益的因素。

2. 股票的内部收益率

股票的内部收益率，是使得股票未来现金流量贴现值等于目前的购买价格时的贴现率，也就是股票投资项目的内含收益率。股票的内部收益率高于投资者所要求的最低收益率时，投资者才愿意购买该股票。在固定增长股票估价模型中，用股票的购买价格 P_0 代替内在价值 V_s，有：

$$R = \frac{D_1}{P_0} + g$$

从上式可以看出，股票投资内部收益率由两部分构成：一部分是预期股利收益率 D_1/P_0；另一部分是股利增长率 g。

如果投资者不打算长期持有股票，而将股票转让出去，则股票投资的收益由股利收益和资本利得（转让价差收益）构成。这时，股票内部收益率 R 是使股票投资净现值为零时的贴现率，计算公式为：

$$NPV = \sum_{t=1}^{n} \frac{D_t}{(1+R)^t} + \frac{P_t}{(1+R)^n} - P_0 = 0$$

【例 5-3-5】华龙公司 20×1 年 6 月购入 A 公司股票 100 000 股，每股购价 5 元；A 公司 20×2 年、20×3 年分别分派现金股利 0.10 元/股、0.20 元/股；该投资者 20×3 年 6 月以每股 6 元的价格售出该股票，则 A 股票内部收益率的计算如下。

$NPV = 0.10 \div (1+R) + 0.20 \div (1+R)^2 + 6 \div (1+R)^2 - 5 = 0$

当 $R = 12\%$ 时，$NPV = 0.1 \times 0.892\ 9 + 0.20 \times 0.797\ 2 + 6 \times 0.797\ 2 - 5 = 0.031\ 9$

当 $R = 14\%$ 时，$NPV = 0.1 \times 0.877\ 2 + 0.20 \times 0.769\ 5 + 5 \times 0.769\ 5 - 5 = -0.910\ 9$

用插值法计算：

$$\frac{R - 12\%}{14\% - 12\%} = \frac{0 - 0.031\ 9}{-0.910\ 9 - 0.031\ 9}$$

$$= 12.07\%$$

四、基金投资

（一）投资基金的概念

投资基金是一种集合投资方式，投资者通过购买基金份额，将众多资金集中起来，由专业的投资者即基金管理人进行管理，通过投资组合的方式进行投资，实现利益共享、风险共担。

投资基金按照投资对象的不同可以分为证券投资基金和另类投资基金。证券投资基金主要投资于证券交易所或银行间市场上公开交易的有价证券，如股票、债券等；另类投资基金包括私募股权基金（Private Equity，PE）、风险投资基金（Venture Capital，VC）、对冲基金（Hedge Fund，HF）以及投资于实物资产，如房地产、大宗商品、基础设施等的基金。其中，私募股权基金与风险投资基金均聚焦于未上市企业的股权投资，私募股权基金偏好于成长期的未上市企业，风险投资基金更偏好于初创期的高新技术企业，两者很好地推动了我国创业企业的发展。目前，在我国较为活跃的 PE 或 VE 有红杉资本、高瓴资本、中信产业基金等。

本书主要介绍证券投资基金。证券投资基金以股票、债券等金融证券为投资对象，基金投资者通过购买基金份额的方式间接进行证券投资，由基金管理人进行专业化投资决策，由基金托管人对资金进行托管，基金托管人往往为商业银行或其他金融机构。如果说股票反映了所有权关系、债券反映了债权债务关系，那么基金则反映了一种信托关系，它是一种受益凭证，投资者购买基金份额则成为基金的受益人。证券投资基金的具体运作模式如图 5-3-1 所示。

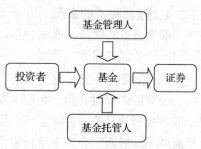

图 5-3-1　证券投资基金运作模式

（二）证券投资基金的特点

（1）集合理财，实现专业化管理。基金将投资者资金集合起来，通过基金管理人进行投资，实现了集合理财。基金管理人具有专业的投资技能与丰富的投资经验，将集中起来的资金交由基金管理人进行管理，对于中小投资者来说可以获得专业化的投资服务。

（2）通过组合投资实现分散风险的目的。资金量较小时无法通过购买多种证券实现分散投资风险的目的，而基于基金投资集合理财的特点可以同时购买多种证券，投资者可以通过购买基金份额从而用较少的资金购买"一揽子"证券，实现分散风险的目的。

（3）投资者利益共享且风险共担。基金投资者可以获取的收益等于基金投资收益减去基金应当承担的相关费用，各投资者依据所持有的份额比例进行分配，当收益上升或下降时，各基金投资者获取的收益也按照其持有比例上升或下降相应的金额。参与基金运作的基金管理人和基金托管人仅按照约定的比例收取管理费用和托管费用，无权参与基金收益的分配。

（4）权力隔离的运作机制。参与基金运作的主体包括基金投资者、托管人、管理人，基金管理人只负责基金的投资工作，而基金财产则交予基金托管人，基金操作权力与资金管理权力相互隔离，形成了互相监督、互相制约的机制，从而有效地保障基金投资者的利益。

（5）严格的监管制度。我国基金监管机构依据《证券投资基金法》及其他相关管理办法对基金行业进行严格监管，严厉打击侵害投资者利益的违法行为。我国的基金业监管采取法定监管机构与自律性组织相结合的监管模式。

（三）证券投资基金的分类

基金的分类方式较多，本书主要介绍 5 种分类方式。

1. 依据法律形式分类

依据法律形式的不同，基金分为契约型基金与公司型基金。契约型基金依据基金管理人、基金托管人之间签署的基金合同设立，合同规定了参与基金运作各方的权利与义务。基金投资者通过购买基金份额成为基金合同当事人，享受合同规定的权利，也需承担相应的义务。公司型基金则为独立法人，依据基金公司章程设立，基金投资者是基金公司的股东，按持有股份比例承担有限责任，分享投资收益。

2. 依据运作方式分类

依据运作方式的不同，可以将基金分为封闭式基金与开放式基金。封闭式基金的基金份额持有人不得在基金约定的运作期内赎回基金，即基金份额在合同期限内固定不变。开放式基金的基金份额持有人则可以在合同约定的时间和场所对基金进行申购或赎回，即基金份额不固定。封闭式基金适合资金可进行长期投资的投资者，开放式基金则更适合强调流动资金管理的投资者。

3. 依据投资对象分类

依据投资对象可以将基金分为股票基金、债券基金、货币市场基金和混合基金等。根据中国证监会对基金类别的分类标准：股票基金为基金资产 80%以上投资于股票的基金；债券基金为基金资产 80%以上投资于债券的基金；仅投资于货币市场工具的为货币市场基金；混合基金是指投资于股票、债券和货币市场工具，但股票投资和债券投资的比例不符合股票基金、债券基金规定的基金。依据投资对象对基金进行分类有助于投资者建立对基金风险与收益的初步认识。

4. 依据投资目标分类

依据投资目标可以将基金分为增长型基金、收入型基金和平衡型基金。增长型基金主要投资于具有较好增长潜力的股票，投资目标为获得资本增值，较少考虑当期收入。收入型基金则更加关注能否取得稳定的经常性收入，投资对象集中于风险较低的蓝筹股、公司及政府债券等。平衡型基金则集合了上述两种基金投资的目标，既关注是否能够获得资本增值，也关注收入问题。三者在风险与收益额关系上往往表现为：增长型基金风险>平衡型基金风险>收入型基金风险，增长型基金收益>平衡型基金收益>收入型基金收益。投资目标的差异引发了基金投向和策略的差异，投资者可以根据自身的投资目标选择适合的基金种类。

5. 依据募集方式分类

依据募集方式可以将基金分为私募基金和公募基金。私募基金采取非公开方式发售，面向特定的投资者，他们往往风险承受能力较高，单个投资者涉及的资金量较大。公募基金可以面向社会公众公开发售，募集对象不确定，投资金额较低，适合中小投资者。由于公募基金涉及的投资者数量较多，因此，受到更加严格的监管，并有更高的信息透明度要求。

（四）证券投资基金业绩评价

进行业绩评价时需要考虑以下因素。

1. 投资目标与范围

两种投资目标与范围不同的基金不具有可比性。因此，在进行业绩比较时，需考虑投资目标与范围的差异，从而为投资决策提供正确的依据。

2. 风险水平

根据财务学的基本理论，风险与收益之间存在正相关关系，风险增加时必然要求更高的收益进行补偿，所以单纯比较收益水平会导致业绩评价结果存在偏差，应当关注收益背后的风险水平。因此，在评价基金业绩时，应当以风险调整后的收益为评价指标，已有的调整模型包括夏普比率、特雷诺比率、詹森 α 等。

3. 基金规模

与产品生产的固定成本类似，基金也存在研究费用、信息获取费用等固定成本，随着基金规模的增加，基金的平均成本会下降。另外，非系统性风险也会随着基金规模的增加而降低。

4. 时间区间

在比较不同的基金业绩时需要注意其是否处在同样的业绩计算期，不同业绩计算期下基金业绩可能存在较大差异。为提高业绩比较结果的准确性，可以采用多个时间段的业绩进行比较，比如选择近一个月、近三个月或者近一年的数据等。

投资者在考虑上述业绩评价因素的基础上，可以运用以下系统的基金业绩评估指标对基金业绩进行评估。

（1）绝对收益。基金绝对收益指标不关注收益与业绩基准之间的差异，测量的是证券或投资组合的增值或贬值，即在一定时期内获得的回报情况，一般用百分比形式的收益率衡量。绝对收益的计算涉及以下指标。

① 持有期间收益率。基金持有期间所获得的收益通常来源于所投资证券的资产回报和收入两部分。资产回报是指股票、债券等资产价格的增加，收入回报为股票或债券的分红、利息等。计算公式如下。

$$持有期间收益率 = \frac{期末资产价格 - 期初资产价格 + 持有期间红利收入}{期初资产价格} \times 100\%$$

② 平均收益率。基金的平均收益率根据计算方法不同可分为算术平均收益率和几何平均收益率。其中算术平均收益率即各期收益率的算术平均值。算术平均收益率（R_A）的计算公式为：

$$R_A = \frac{\sum_{t=1}^{n} R_t}{n} \times 100\%$$

式中：R_t 表示 t 期收益率；n 表示期数。

几何平均收益率（R_G）的计算公式为：

$$R_G = [\sqrt[n]{\prod_{i=1}^{n}(1+R_i)} - 1] \times 100\%$$

式中：R_i 表示 i 期收益率；n 表示期数。

几何平均收益率相比算术平均收益率考虑了货币时间价值。一般来说，收益率波动越明显，算术平均收益率相比几何平均收益率越大。

【例 5-3-6】A 基金近三年的收益率分别为 6%、7%、8%，分别计算其三年的算术平均收益率与几何平均收益率。

算术平均收益率 $R_A = (6\% + 7\% + 8\%) / 3 \times 100\% = 7\%$

几何平均收益率 $R_G = [\sqrt[3]{(1+6\%)(1+7\%)(1+8\%)} - 1] \times 100\% = 6.9969\%$

（2）相对收益。基金的相对收益，是基金相对于一定业绩比较基准的收益。根据基金投资的目标选取对应的行业或市场指数，例如沪深 300 指数、上证 50 指数等，以此指数成分股股票收益率作为业绩比较基准，求解相对收益。例如，某基金以沪深 300 指数作为业绩比较基准，当沪深 300 指数收益率为 8%，该基金收益率为 6% 时，从绝对收益看确实盈利了，但其相对收益为-2%。这样的收益计算方式可以使投资者通过比较基金与比较基准的收益差异，从而对基金经营业绩有更深入的认识。该业绩比较基准也为基金经理提供了投资参考。

 ## 任务实施

任务资料和任务目标见本任务的"任务导入"，具体任务实施过程如下。

（1）甲企业对 M 公司股票要求的必要收益率=4%+2×（10%-4%）=16%。

V_M=0.25×（1+6%）÷（16%-6%）=2.65（元/股）。

甲企业对 N 公司股票要求的必要收益率=4%+1.5×（10%-4%）=13%。

V_N=0.6÷13%=4.62（元/股）。

甲企业对 L 公司股票要求的必要收益率=4%+1×（10%-4%）=10%。

L 公司预期第 1 年的股利=0.2×（1+14%）=0.23（元）。

L 公司预期第 2 年的股利=0.23×（1+14%）=0.26（元）。

L 公司预期第 3 年的股利=0.26×（1+5%）=0.27（元）。

V_L=0.23×(P/F,10%,1)+0.26×(P/F,10%,2)+0.27×(P/F,10%,3)+[0.27×(1+2%)÷(10%-2%)]×(P/F,10%,3)=3.21（元）。

（2）由于 M 公司股票价值（2.65 元）高于其市价（2.5 元），故 M 公司股票值得投资。N 公司股票价值（4.62 元）低于其市价（7 元），L 公司股票价值（3.21 元）低于其市价（4 元），故 N 公司和 L 公司的股票都不值得投资。

 ## 课程思政——爱国篇

爱国即对祖国的忠诚和热爱。爱国主义是中华民族精神的内核，是最伟大的情操和品德，是每个公民首先要确立的最核心和最基本的价值观。在社会主义核心价值观中，最深层、最根本、最永恒的是爱国主义。拥有家国情怀的作品，最能感召中华儿女团结奋斗。范仲淹的"先天下之忧而忧，后天下之乐而乐"，林则徐的"苟利国家生死以，岂因祸福避趋之"，方志敏的《可爱的中国》，等等，都以全部热情为祖国放歌抒怀。

选自沈壮海《兴国之魂：社会主义核心价值体系释讲》

 ## 课后练习

一、单项选择题

1. 将企业投资区分为直接投资和间接投资的分类标准是（　　　）。

    A. 投资活动与企业本身的生产经营活动的关系

    B. 投资活动对企业未来生产经营前景的影响

    C. 投资对象的存在形态和性质

D. 投资项目之间的相互关联关系

2. 某设备投产后，预计第一年年初的流动资产需要额为 20 万元，结算性流动负债额为 10 万元。第二年年初的流动资产需要额为 40 万元，结算性流动负债额为 15 万元。该设备投产第二年，需要垫支的营运资金投资额是（　　）万元。

    A. 10　　　　　　B. 15　　　　　　C. 20　　　　　　D. 25

3. 某投资项目某年的营业收入为 600 000 元，付现成本为 400 000 元，折旧额为 100 000 元，所得税税率为 25%，则该年营业现金净流量为（　　）元。

    A. 250 000　　　B. 175 000　　　C. 75 000　　　D. 100 000

4. 某公司预计 M 设备报废时的净残值为 3 500 元，税法规定净残值为 5 000 元，该公司适用的所得税税率为 25%，则该设备报废引起的预计现金净流量为（　　）元。

    A. 3 125　　　　B. 3 875　　　　C. 4 625　　　　D. 5 375

5. 已知某投资项目的原始投资额现值为 100 万元，净现值为 25 万元，则该项目的现值指数为（　　）。

    A. 0.25　　　　B. 0.75　　　　C. 1.05　　　　D. 1.25

6. 某投资项目各年现金净流量按 13% 折现时，净现值大于零；按 15% 折现时，净现值小于零。则该项目的内含收益率一定是（　　）。

    A. 大于 14%　　B. 小于 14%　　C. 小于 13%　　D. 小于 15%

7. 一般情况下，使某投资方案的净现值小于零的折现率（　　）。

    A. 一定小于该投资方案的内含收益率

    B. 一定大于该投资方案的内含收益率

    C. 一定等于该投资方案的内含收益率

    D. 可能大于也可能小于该投资方案的内含收益率

8. 下列各项因素，不会对投资项目内含收益率指标计算结果产生影响的是（　　）。

    A. 原始投资额　　B. 资本成本　　C. 项目计算期　　D. 现金净流量

9. 某公司计划投资建设一条新生产线，投资总额为 60 万元，预计新生产线投产后每年可为公司新增净利润 4 万元，生产线的年折旧额为 6 万元，则该投资的静态回收期为（　　）年。

    A. 5　　　　　　B. 6　　　　　　C. 10　　　　　　D. 15

10. 某投资项目需在开始时一次性投资 50 000 元，其中，固定资产投资为 45 000 元，营运资金垫资 5 000 元，没有建设期。各年营业现金净流量分别为 10 000 元、12 000 元、16 000 元、20 000 元、21 600 元、14 500 元。则该项目的静态投资回收期是（　　）年。

    A. 3.35　　　　B. 4.00　　　　C. 3.60　　　　D. 3.40

11. 下列各项中，不属于静态投资回收期优点的是（　　）。

    A. 计算简便　　　　　　　　　　B. 便于理解

    C. 直观反映返本期限　　　　　　D. 正确反映项目总回报

12. 一般认为，企业利用闲置资金进行债券投资的主要目的是（　　）。

    A. 控制被投资企业　　　　　　　B. 谋取投资收益

    C. 降低投资风险　　　　　　　　D. 增强资产流动性

13. 某种股票为固定增长股，当前的市场价格是 40 元，每股股利是 2 元，预期的股利增长率是 5%，则该股票的内部收益率为（　　）。

A. 5%　　　　　　B. 5.5%　　　　　　C. 10%　　　　　　D. 10.25%

14. 持续通货膨胀期间，投资人把资本投向实体性资产，减持证券资产，这种行为所体现的证券投资风险类别是（　　）。

A. 经营风险　　　B. 变现风险　　　C. 再投资风险　　　D. 购买力风险

15. 对债券持有人而言，债券发行人无法按期支付债券利息或偿付本金的风险是（　　）。

A. 流动性风险　　　B. 系统风险　　　C. 违约风险　　　D. 购买力风险

16. 市场利率和债券期限对债券价值都有较大的影响。下列相关表述中，不正确的是（　　）。

A. 市场利率上升会导致债券价值下降

B. 长期债券的价值对市场利率的敏感性小于短期债券

C. 债券期限越短，债券票面利率对债券价值的影响越小

D. 债券票面利率与市场利率不同时，债券面值与债券价值存在差异

17. 债券内部收益率的计算公式中不包含的因素是（　　）。

A. 票面利率　　　B. 债券面值　　　C. 市场利率　　　D. 债券期限

18. 某投资者购买 A 公司股票，并且准备长期持有，目前国债利率为 4%，A 公司股票的 β 系数为 2，股票市场的平均收益率为 7.5%，该公司本年的股利为 0.6 元/股，预计未来股利年增长率为 5%，则该股票的内在价值是（　　）元/股。

A. 10.0　　　　　B. 10.5　　　　　C. 11.5　　　　　D. 12

19. 某公司当期每股股利为 3.30 元，预计未来每年以 3% 的速度增长，假设投资者的必要收益率为 8%，则该公司每股股票的价值为（　　）元。

A. 41.25　　　　B. 67.98　　　　C. 66.00　　　　D. 110.00

20. 某投资者购买 A 公司股票，并且准备长期持有，目前国债利率为 4%，A 公司股票的 β 系数为 2，股票市场的平均收益率为 7.5%，该公司本年的股利为 0.6 元/股，预计未来股利年增长率为 0，则该股票的内在价值是（　　）元/股。

A. 5.0　　　　　B. 5.45　　　　C. 5.5　　　　D. 6

二、多项选择题

1. 按照企业投资的分类，下列各项中，属于发展性投资的有（　　）。

A. 企业间兼并合并的投资　　　　B. 更新替换旧设备的投资

C. 大幅度扩大生产规模的投资　　　D. 开发新产品的投资

2. 在考虑所得税影响的情况下，下列可用于计算营业现金净流量的算式中，正确的有（　　）。

A. 税后营业利润+非付现成本

B. 营业收入-付现成本-所得税

C. （营业收入-付现成本）×（1-所得税税率）

D. 营业收入×（1-所得税税率）+非付现成本×所得税税率

3. 下列可用来作为确定投资方案净现值的贴现率的有（　　）。

A. 市场利率

B. 投资者希望获得的预期最低投资收益率

C. 企业平均资本成本率

D. 政府债券利率

4. 采用净现值法评价投资项目可行性时，贴现率选择的依据通常有（　　）。

A. 市场利率　　　　　　　　　　B. 期望最低投资收益率

C. 企业平均资本成本率　　　　　D. 投资项目的内含收益率

5. 在其他因素不变的情况下，下列财务评价指标中，指标数值越大表明项目可行性越强的有（　　　）。

A. 净现值　　　B. 现值指数　　　C. 内含收益率　　　D. 动态回收期

6. 下列各项中，属于证券资产特点的有（　　　）。

A. 可分割性　　　B. 高风险性　　　C. 强流动性　　　D. 持有目的多元性

7. 下列风险中，属于证券投资系统性风险的有（　　　）。

A. 价格风险　　　B. 再投资风险　　　C. 违约风险　　　D. 变现风险

三、判断题

1. 企业的投资活动涉及企业的未来发展方向和经营规模等重大问题，投资管理属于企业的程序化管理。（　　　）

2. 某投资者进行间接投资，与其交易的筹资者是在进行直接筹资；某投资者进行直接投资，与其交易的筹资者是在进行间接筹资。（　　　）

3. 在投资项目可行性研究中，应首先进行财务可行性评价，再进行技术可行性分析，如果项目具备财务可行性和技术可行性，就可以做出该项目应当投资的决策。（　　　）

4. 净现值法不仅适宜于独立投资方案的比较决策，而且能够对寿命期不同的互斥投资方案进行直接决策。（　　　）

5. 如果项目的全部投资均于建设起点一次投入，且建设期为零，运营期每年现金净流量相等，则计算内含收益率所使用的年金现值系数等于该项目投资回收期期数。（　　　）

6. 证券资产不能脱离实体资产而独立存在，因此，证券资产的价值取决于实体资产的现实经营活动所带来的现金流量。（　　　）

7. 一种 10 年期的债券，票面利率为 10%；另一种 5 年期的债券，票面利率亦为 10%。两种债券的其他方面没有区别。在市场利息率急剧下降时，前一种债券价格上升得更多。（　　　）

8. 假设其他条件不变，市场利率变动，债券价格反方向变动，即市场利率上升，债券价格下降。（　　　）

四、计算题

1. A 公司找到一个投资机会，该项目投资建设期为 2 年，营业期为 5 年，预计该项目需固定资产投资 750 万元，分两年等额投入。会计部门估计每年固定成本（不含折旧）为 40 万元，变动成本为每件 180 元。固定资产折旧采用直线法，折旧年限为 5 年，估计净残值为 50 万元。营销部门估计各年销售量均为 40 000 件，单价为 250 元/件。生产部门估计需要 250 万元的净营运资本投资，在投产开始时一次投入。为简化计算，假设没有所得税。

要求：

计算各年的净现金流量。

2. 某公司在 20×1 年 1 月 1 日平价发行新债券，每张面值为 1 000 元，票面利率为 10%，5 年到期，每年 12 月 31 日付息。（计算过程中至少保留小数点后 4 位，计算结果保留两位小数）

要求：

（1）计算 20×1 年 1 月 1 日购买该债券并持有债券至到期日的内部收益率。

（2）假定 20×2 年 1 月 1 日的市场利率下降到 8%，计算此时债券的价值。

（3）假定 20×2 年 1 月 1 日的市价为 1 040 元，计算此时购买该债券并持有债券至到期日的内部收益率。

五、综合题

1. 甲公司现有生产线已满负荷运转，鉴于其产品在市场上供不应求，公司准备购置一条生产线，公司及生产线的相关资料如下。

资料一：甲公司生产线的购置有两个方案可供选择。A 方案：生产线的购买成本为 7 200 万元，预计使用 6 年，采用直线法计提折旧，预计净残值率为 10%。生产线投产时需要投入营运资金 1 200 万元，以满足日常经营活动需要，生产线运营期满时垫支的营运资金全部收回。生产线投入使用后，预计每年新增销售收入 11 880 万元，每年新增付现成本 8 800 万元。假定生产线购入后可立即投入使用。B 方案：生产线的购买成本为 200 万元，预计使用 8 年，当设定贴现率为 12% 时，净现值为 3 228.94 万元。

资料二：甲公司适用的企业所得税税率为 25%，不考虑其他相关税金，公司要求的最低投资收益率为 12%，部分货币时间价值系数如表 5-1 所示。

表 5-1　　　　　　　　　　　部分货币时间价值系数

年度（n）	1	2	3	4	5	6	7	8
（P/F,12%,n）	0.892 9	0.797 2	0.711 8	0.635 5	0.567 4	0.506 6	0.452 3	0.403 9
（P/A,12%,n）	0.892 9	1.690 1	2.401 8	3.037 3	3.604 8	4.111 4	4.563 8	4.967 6

资料三：甲公司目前资本结构（按市场价值计算）为：总资本 40 000 万元，其中，债务资本 16 000 万元（市场价值等于其账面价值，平均年利率为 8%），普通股股本 24 000 万元（市价为 6 元/股，4 000 万股），公司今年的每股股利（D_0）为 0.3 元，预计股利年增长率为 10%。且未来股利政策保持不变。

资料四：甲公司投资所需资金 7 200 万元需要从外部筹措，有两种方案可供选择。方案一为全部增发普通股，增发价格为 6 元/股。方案二为全部发行债券，债券年利率为 10%，按年支付利息，到期一次性归还本金。假设不考虑筹资过程中发生的筹资费。甲公司预期的年息税前利润为 4 500 万元。

要求：

（1）根据资料一和资料二，计算 A 方案的下列指标。

① 投资期现金净流量。

② 年折旧额。

③ 生产线投入使用后第 1～5 年每年的营业现金净流量。

④ 生产线投入使用后第 6 年的现金净流量。

⑤ 净现值。

（2）分别计算 A、B 方案的年金净流量，据以判断甲公司应选择哪个方案，并说明理由。

2. 乙公司为了扩大生产能力，拟购买一台新设备，该投资项目相关资料如下。

资料一：新设备的投资额为 1 800 万元，经济寿命期为 10 年。采用直接法计提折旧，预计期末净残值为 300 万元。假设设备购入即可投入生产，不需要垫支营运资金，该企业计提折旧的方法、年限、预计净残值等与税法规定一致。

资料二：新设备投资后第 1～6 年每年为企业增加营业现金净流量 400 万元，第 7～10 年每年为企业增加营业现金净流量 500 万元，项目终结时，预计设备净残值全部收回。

资料三：假设该投资项目的贴现率为 10%，相关货币时间价值系数如表 5-2 所示。

表 5-2   相关货币时间价值系数

期数（n）	4	6	10
(P/F,10%,n)	0.683 0	0.564 5	0.385 5
(P/A,10%,n)	3.169 9	4.355 3	6.144 6

要求：

（1）计算项目静态投资回收期。

（2）计算项目净现值。

（3）评价项目投资可行性，并说明理由。

项目六

营运资金管理

项目导读 ↓

营运资金管理

一、营运资金认知

营运资金，是指企业流动资产减去流动负债后的余额。营运资金的来源具有多样性、营运资金的数量具有波动性、营运资金的周转具有短期性、营运资金的实物形态具有变动性和易变现性。

营运资金管理应当遵循满足合理的资金需求、提高资金使用效率、节约资金使用成本、维持短期偿债能力的管理原则。

流动资产的投资策略和融资策略。

二、现金管理

现金管理中的现金包括库存现金、银行存款和其他货币资金等。持有现金的动机有交易性动机、预防性动机和投机性动机。

目标现金余额的确定方法有成本模型、存货模型和随机模型。

现金管理的模式主要有"收支两条线"的管理模式和集团企业资金集中管理模式。

现金收支日常管理需关注现金周转期、收款管理和付款管理三方面。

三、应收账款管理

应收账款管理主要是分析企业的赊销条件，使赊销带来的盈利增加大于应收账款投资产生的成本增加，最终使企业现金收入增加，提升企业价值。

应收账款的成本主要有机会成本、管理成本和坏账成本。

信用政策主要包括信用标准、信用条件和收账政策。

应收账款主要有应收账款周转天数、账龄分析表、应收账款账户余额模式和 ABC 分析法四种监控方法。

四、存货管理

存货是财务管理的一项重要内容。存货的成本主要包括取得成本、存储成本和缺货成本。

常用经济订货批量确定最优存货量。存货控制系统主要包括 ABC 控制系统和适时制库存控制系统。

五、流动负债管理

流动负债主要由短期借款和商业信用等组成。短期借款的信用条件包括信贷额度、周转信贷协定、补偿性余额、借款抵押、偿还条件和其他承诺等内容。短期借款的成本主要包括利息、手续费等。

短期借款利息的支付方式主要包括收款法、贴现法和加息法。

商业信用的形式主要包括应付账款、应付票据、预收账款和应计未付款。

商业信用筹资的优点：商业信用容易获得、灵活性较大、企业一般不用提供担保。商业信用筹资的缺点：筹资成本高、容易恶化企业的信用水平、受外部环境影响较大。

流动负债的优势：容易获得、具有灵活性、能够有效地满足企业季节性信贷需求。流动负债的劣势：企业需要持续地重新谈判或滚动安排负债。

任务一　营运资金认知

学习目标

知识目标：了解营运资金的特点、管理原则和管理策略。

技能目标：会应用营运资金的管理策略。

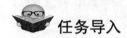

任务导入

任务资料：

华龙公司用长期融资方式满足非流动资产和部分永久性流动资产的需要，而用短期融资方式满足剩余部分永久性流动资产和全部波动性资产的需要。

任务目标：

判断华龙公司采用的是哪种流动资产融资策略，该融资策略的优点是什么？

知识准备

一、营运资金的概念

营运资金管理是企业对流动资产及流动负债的管理，是企业日常财务管理的重要组成部分。高效的营运资金管理可以最大限度地提高企业资金的使用效率和资产收益率，并最大限度地降低企业的经营风险和财务风险。营运资金管理主要包括现金、应收账款、存货和流动负债管理的相关内容。

1. 营运资金的内涵

营运资金（又称营运资本）是指企业投入日常经营活动（营运活动）的资金。营运资金有狭义和广义之分，狭义的营运资金是指企业流动资产减去流动负债后的余额；广义的营运资金是指企业生产经营过程中占用在流动资产上的资金，是企业流动资产的总额。经营中，营运资金通常指的是狭义的营运资金概念。其计算公式如下：

营运资金认知

$$营运资金=流动资产-流动负债$$

流动资产是指企业能够在 1 年以内或者超过 1 年的一个营业周期内实现或者运用的资产，流动资产具有周转快、易变现和企业占用周期短的特点。拥有较多流动资产的企业，比同类拥有较少流动资产的企业具有较低的财务风险。流动资产主要包括现金、交易性金融资产、应收及预付款项和存货等项目。

流动负债是指需要在 1 年以内或者超过 1 年的一个营业周期内偿还的债务。流动负债又称短期负债，具有低成本、偿还期短的特点，需要合理地进行规划管理；否则，会因资金链断裂，给企业带来较大的财务风险。流动负债主要包括短期借款、应付票据、应付账款、应付职工薪酬、应交税费等项目。

2. 营运资金的特点

（1）营运资金来源的多样性。企业筹集营运资金的方式较为灵活多样，通常有银行短期借款、商业信用、应交税费、应付职工薪酬、预收账款等。

（2）营运资金数量的波动性。企业流动资产或流动负债容易受到经营中内外部条件的影响，在经营周期中，营运资金数量的波动往往较大。

（3）营运资金的周转期较短。企业占用在流动资产上的资金通常会在 1 年或一个营业周期内收回，说明营运资金可以通过商业信用、银行短期借款等短期筹资方式获取。

（4）营运资金的实物形态具有变动性和易变现性。企业营运资金的实物形态按照现金、材料、在产品、产成品、应收账款、现金的顺序经常发生变化。并且，非现金形态的营运资金，如存货、应收账款、交易性金融资产等流动资产也具有较强的变现能力。

二、营运资金管理的原则

营运资金管理是企业财务管理工作的一项重要内容。企业进行营运资金管理，应遵循以下原则。

（1）满足合理的资金需求。企业应认真分析生产经营状况，合理确定营运资金的需求数量。企业营运资金的需求数量与企业生产经营活动有直接关系，企业财务人员应认真分析生产经营状况，采用一定的方法预测营运资金的需求数量。营运资金管理必须把满足正常、合理的资金需求作为首要任务。

（2）提高资金使用效率。营运资金的周转是指企业的营运资金从现金投入生产经营开始，到最终转化为现金的过程。加速资金周转是提高资金使用效率的主要手段之一。提高营运资金使用效率的关键是采取得力措施，缩短营业周期，加速变现过程，加快营运资金周转。

（3）节约资金使用成本。在营运资金管理中，必须正确处理保证生产经营需要和节约资金使用成本两者之间的关系。要在保证生产经营需要的前提下，尽力降低资金使用成本。

（4）维持短期偿债能力。偿债能力是体现企业财务风险的标志之一。合理安排流动资产与流动负债的比例关系，保持流动资产结构与流动负债结构的适配性，保证企业有足够的短期偿债能力是营运资金管理的重要原则。流动资产、流动负债以及两者之间的关系能较好地反映企业的短期偿债能力。

三、营运资金管理的策略

企业需要评估营运资金管理中的风险与收益，制定流动资产的投资策略和融资策略。财务管理人员在营运资金管理方面主要应确定企业需要拥有的流动资产以及如何为需要的流动资产融资。在企业的经营实践中，两项决策同时进行，相互影响。营运资金管理策略包括流动资产的投资策略和流动资产的融资策略。

（一）流动资产的投资策略

流动资产的投资策略有两种基本的类型。

1. 紧缩的流动资产投资策略

该策略下，企业维持低水平的流动资产与销售收入比率。这里的流动资产通常只包括生产经营过程中产生的存货、应收款项以及现金等生产性流动资产，而不包括股票、债券等金融性流动资产。

采用紧缩的流动资产投资策略可以节约流动资产的持有成本，同时可能伴随着更高风险。这些风险表现为更紧的应收账款信用政策和较低的存货占用水平，以及缺乏现金用于偿还应付账款等。但是，只要不可预见的事件没有损坏企业的流动性而导致严重的问题，紧缩的流动资产投资策略就会提高企业效益。

采用紧缩的流动资产投资策略，对企业的管理水平有较高的要求。一旦失控，流动资产的短缺，会对企业的经营活动产生重大影响。近几年，美国、日本等一些发达国家的流动资产与销售收入比率呈现越来越小的趋势。这并不意味着企业对资产流动性的要求越来越低，这主要是因为在流动资产管理方面，尤其是应收账款与存货管理方面，取得了一些重大进展。

2. 宽松的流动资产投资策略

该策略下，企业通常会维持高水平的流动资产与销售收入比率。企业将保持高水平的现金和有价证券、高水平的应收账款（通常给予客户宽松的付款条件）和高水平的存货（通常源于补给原材料或不愿意因为产成品存货不足而失去销售）。该策略下，由于资产具有较高的流动性，企业的财务与经营风险较小。但是，过多的流动资产投资，企业无疑会承担较大的流动资产持有成本，提高企业的资金成本，降低企业的收益水平。

制定流动资产投资策略时，首先，需要权衡资产的收益性与风险性。增加流动资产投资会增加流动资产的持有成本，降低资产的收益性，但会提高资产的流动性。反之，减少流动资产投资会降低流动资产的持有成本，增加资产的收益性，但资产的流动性会降低，短缺成本会增加。因此，从理论上来说，最优的流动资产投资应该是使流动资产的持有成本与短缺成本之和最小。

其次，制定流动资产投资策略时应充分考虑企业经营的内外部环境。通常，银行和其他借款人对企业流动性水平非常重视，因为资产流动性水平是金融机构确定信用额度和借款利率的主要依据之一。同时还考虑应收账款和存货的质量，尤其是当这些资产被用来当作一项贷款的抵押品时。

此外，企业的流动资产投资策略往往还受产业因素的影响。在销售边际毛利较高的产业，如果从额外销售中获得的利润超过额外应收账款所增加的成本，宽松的信用政策可能为企业带来更为可观的收益。流动资产占用具有明显的行业特征。

流动资产投资策略还受到企业经营决策者的影响。保守的决策者更倾向于宽松的流动资产投资策略，而风险承受能力较强的决策者则倾向于紧缩的流动资产投资策略。生产经理通常喜欢高水平的原材料，以便满足生产所需。销售经理喜欢高水平的产成品存货以便满足顾客的需要，而且喜欢宽松的信用政策以便刺激销售。相反，财务管理人员喜欢使存货和应收账款最小化，以便使流动资产融资的成本最低。

（二）流动资产的融资策略

企业对流动资产的需求数量，一般会随着产品销售情况的变化而变化。在经营状况不发生大的变化的情况下，流动资产最基本的需求具有一定的刚性和相对稳定性。相对稳定的流动资产称为永久性流动资产，它是指满足企业长期最低需求的流动资产，其占有量通常相对稳定；波动性流动资产或称临时性流动资产，主要指季节性或临时性的原因形成的流动资产，其占用量随需求而波动。流动资产的分类如图 6-1-1 所示。与流动资产的分类相对应，流动负债也可分为临时性流动负债和自发性流动负债。临时性流动负债，又称筹资性流动负债，是指为了满足临时性流动资金需要所发生的负债，如商业零售企业春节前为满足节日销售需要，超量购入货物而举借的短期银行借款。临时性负债一般只能供企业短期使用。自发性负债，又称经营性流动负债，是指直接产生于企业持续经营中的负债，如商业信用筹资和日常运营中产生的其他应付款，以及应付职工薪酬、应付利息、应交税费等。自发性负债可供企业长期使用。流动负债的分类如图 6-1-2 所示。

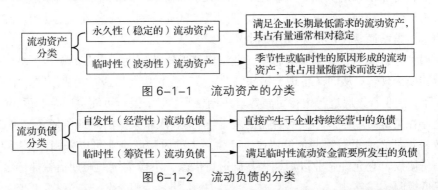

图 6-1-1　流动资产的分类

图 6-1-2　流动负债的分类

通常，永久性流动资产相对稳定，需要通过长期负债融通或权益性资金融通；而波动性资产的融资则相对灵活，最经济的办法是通过低成本的短期融资解决。融资决策主要取决于管理者的风险导向，此外，还受短期、中期、长期负债利率差异的影响。根据资产的期限结构与资金来源的期限结构的匹配程度差异，流动资产的融资策略可以划分为匹配融资策略、保守融资策略和激进融资策略三种基本类型，如图 6-1-3 所示。

图 6-1-3　流动资产的融资策略

1. 匹配融资策略

该策略下，永久性流动资产和非流动资产以长期融资方式融通，波动性流动资产用短期融资方式融通，企业的短期融资数量反映了当时的波动性流动资产的数量。

资金来源的有效期与资产的有效期的匹配，只是战略性的观念匹配，并不要求实际金额完全匹配。实际上，企业也做不到完全匹配。其原因是：①企业不可能为每项资产按其有效期配置单独的资金来源，只能按短期来源和长期来源两大类来统筹安排融资；②企业必须有所有者权益融资，它是无限期的资本来源，而资产总是有期限的，不可能完全匹配；③资产的实际有效期是不确定的，而还款期是确定的，必然会出现不匹配。

2. 保守融资策略

该策略下，长期融资方式适用于非流动资产、永久性流动资产和部分波动性流动资产。企业通常以长期融资方式为波动性流动资产的平均水平融资，短期融资方式仅用于融通剩余的波动性流动资产，融资风险较低。这种策略通常最小限度地使用短期融资，但长期负债成本高于短期负债成本，就会导致融资成本较高，收益较低。这是一种风险低、成本高的融资策略。

3. 激进融资策略

该策略下，企业以长期负债、自发性负债和股东权益为所有的非流动资产融资，仅对一部分永久性流动资产使用长期融资方式融资。短期融资方式支持剩下的永久性流动资产和所有的临时性流动资产。该策略通常使用更多的短期融资方式。

当企业遇到经济衰退、竞争环境恶化、业绩惨淡的经营年度，企业的销售下跌时，存货将不会那么快地转换为现金，从而产生现金短缺，无法按时支付应付账款，销售下降，企业利润降低。在这种情况下，企业希望通过与银行重新签订短期融资协议，银行可能会向企业索要更高的利率，从而导致企业在关键时刻难以筹集到急需的资金。当企业依靠大量的短期负债来解决资金困难时，会导致企业每年都必须更新短期负债协议，产生更大的风险。企业可以采用多年期（通常 3～5 年）滚动信贷协议，它允许企业以短期为基础进行借款，不像传统的短期借款那样会降低流动比率，进而降低风险。

任务实施

任务资料和任务目标见本任务的"任务导入"，具体任务实施过程如下。

华龙公司采用的是激进融资策略。在该策略下，公司以长期负债、自发性负债和股东权益为所有的非流动资产融资，仅对一部分永久性流动资产使用长期融资方式融资。短期融资方式支持剩下的永久性流动资产和所有的临时性流动资产。

任务二　现金管理

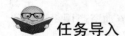

学习目标

知识目标：熟悉目标现金余额的确定方法，了解持有现金的动机，熟悉现金收支的管理。

技能目标：会根据模型确定目标现金余额。

任务导入

任务资料：

华龙公司使用存货模型确定最佳现金持有量。根据有关资料分析，20×1 年该公司全年现金需求量为 8 100 万元，每次现金转换的成本为 0.2 万元，持有现金的机会成本率为 10%。

任务目标：

（1）计算最佳现金持有量。

（2）计算最佳现金持有量下的现金转换次数。

（3）计算最佳现金持有量下的现金交易成本。

（4）计算最佳现金持有量下持有现金的机会成本。

（5）计算最佳现金持有量下的相关总成本。

知识准备

现金有广义、狭义之分。广义的现金是指在生产经营过程中以货币形态存在的资金，包括库存现金、银行存款和其他货币资金等。狭义的现金仅指库存现金。这里所讲的现金是指广义的现金。

保持合理的现金水平是企业现金管理的重要内容。现金是变现能力最强的资产，代表着企业直接的支付能力和应变能力，可以用来满足企业生产经营开支的各种需要，也是企业还本付息和履行纳税义务的保证。企业必须编制现金预算，以衡量企业在某段时间内的现金流入量与流出量，以便在保证企业正常经营活动所需现金的同时，尽量减少企业的现金数量，从暂时闲置的现金中获得最大的收益，提高资金收益率。

一、持有现金的动机

1．交易性动机

交易性动机，也称支付性动机，是指满足企业日常周转及正常商业活动所需而持有现金，如为支付职工工资、购买原材料、缴纳税款、支付股利、偿还到期债务等而持有现金。企业在日常经营活动中，每天发生的现金流入量与现金流出量在数量上通常都存在一定的差额，因此，企业必须持有一定数量的现金才能满足企业日常交易活动的正常运行。

2．预防性动机

预防性动机，是指出于应付突发事件而持有现金。企业应付突发事件，需要维持比日常正常运转所需更多的现金。预防性现金持有量的数额依据以下三个因素：①现金收支预测的准确程度；②企业承担风险的程度；③企业临时融资的能力。希望尽可能减少风险的企业倾向于保留大量的现金余额，以应付其交易性需求和大部分预防性资金需求。现金收支预测可靠性程度较高、信誉良好、与银行关系良好的企业，预防性现金持有量较低。

3．投机性动机

投机性动机，是指企业因需要抓住突然出现的获利机会而持有现金。投机性现金的持有量主要取决于企业对待投机的态度以及企业在市场上投机机会的多少。

企业的现金持有量一般小于三种需求下的现金持有量之和，为某一需求持有的现金还可以用于满足其他需求。

二、目标现金余额的确定

（一）成本模型

成本模型强调的是，持有现金是有成本的，最优的现金持有量是使得现金

目标现金余额

06

持有成本最小化的现金持有量。成本模型考虑的现金持有成本包括以下项目。

（1）机会成本。现金的机会成本是指企业因持有一定现金余额丧失的再投资收益。再投资收益是企业不能同时用该现金进行有价证券投资所产生的机会成本，这种成本在数额上等于资金成本。例如，某企业的资本成本率为 10%，年均持有现金 50 万元，则该企业每年持有现金的机会成本为 5（50×10%）万元。放弃的再投资收益即机会成本属于变动成本，它与现金持有量密切相关：现金持有量越大，机会成本越高；现金持有量越小，机会成本越低。

（2）管理成本。现金的管理成本是指企业因持有一定数量的现金而发生的管理费用。例如管理人员工资、安全措施费用等。通常认为这是一项固定成本，这种固定成本在一定范围内和现金持有量之间没有明显的比例关系。

（3）短缺成本。现金的短缺成本是指在现金持有量不足，又无法及时通过有价证券变现加以补充所给企业造成的损失，包括直接损失与间接损失。现金的短缺成本随现金持有量的增加而下降，随现金持有量的减少而上升，即与现金持有量负相关。

成本模型是根据现金相关成本，分析预测总成本最低时现金持有量的一种方法。其计算公式为：

最佳现金持有量下的现金相关成本=Min（管理成本+机会成本+短缺成本）

其中，管理成本是固定成本，机会成本是正相关成本，短缺成本是负相关成本。因此，成本模型是要找到机会成本、管理成本和短缺成本所组成的总成本曲线中最低点所对应的现金持有量，把它作为最佳现金持有量，可用图 6-2-1 表示。

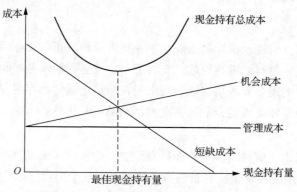

图 6-2-1　成本模型的现金持有总成本

在实际工作中运用成本模型确定最佳现金持有量的具体步骤如下。

（1）根据不同现金持有量测算并确定有关成本数值。

（2）按照不同现金持有量及其有关成本资料编制最佳现金持有量测算表。

（3）在测算表中找出总成本最低时的现金持有量，即最佳现金持有量。

【例 6-2-1】华龙公司现有甲、乙、丙、丁四种现金持有方案，有关成本资料如表 6-2-1 所示。

表 6-2-1　　　　　　　　　　　四种方案成本资料

方案	现金持有量/元	机会成本率	管理成本/元	短缺成本/元
甲	20 000	10%	5 000	5 500
乙	40 000	10%	5 000	2 500
丙	60 000	10%	5 000	1 000
丁	80 000	10%	5 000	0

四种方案下的总成本计算结果如表 6-2-2 所示。

表 6-2-2 　　　　　　　　　　　四种方案下的总成本计算结果　　　　　　　　　　　单位：元

方案	现金持有量	机会成本	管理成本	短缺成本	总成本
甲	20 000	2 000	5 000	5 500	12 500
乙	40 000	4 000	5 000	2 500	11 500
丙	60 000	6 000	5 000	1 000	12 000
丁	80 000	8 000	5 000	0	13 000

通过分析比较各方案的总成本可知，乙方案的总成本最低，因此 40 000 元是该企业的最佳现金持有量。

（二）存货模型

企业平时持有较多的现金，会降低现金的短缺成本，但也会增加现金占用的机会成本；平时持有较少的现金，则会增加现金的短缺成本，却能减少现金占用的机会成本。有价证券转换回现金所付出的代价（如支付手续费用），被称为现金的交易成本。现金的交易成本与现金转换次数、每次的转换量有关。假定现金每次的交易成本是固定的，在企业一定时期现金使用量确定的前提下，每次以有价证券转换回现金的金额越大，企业平时持有的现金量便越高，转换的次数便越少，现金的交易成本就越低；反之，每次转换回现金的金额越小，企业平时持有的现金量便越低，转换的次数会越多，现金的交易成本就越高。现金交易成本与现金持有量成反比，机会成本与现金持有量成正比。

因此，适当的现金与有价证券之间的转换，是企业提高资金使用效率的有效途径。当企业采用宽松的流动资产投资政策时，保留较多的现金则转换次数少。如果经常进行大量的有价证券与现金的转换，则会加大转换交易成本。

现金的交易成本与现金的机会成本所组成的相关总成本曲线，如图 6-2-2 所示。

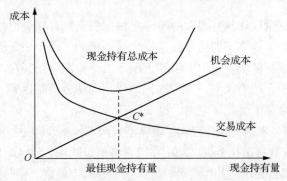

图 6-2-2　现金的交易成本与现金的机会成本所组成的相关总成本曲线

在图 6-2-2 中，现金的机会成本和交易成本是两条随现金持有量向不同方向发展的曲线，两条曲线交叉点对应的现金持有量，即相关总成本最低的现金持有量。

企业需要合理地确定现金持有量 C，以使现金的相关总成本最低。解决这一问题需要明确以下三点。

（1）一定期间的现金需求量，用 T 表示。

（2）每次出售有价证券以补充现金所需的交易成本，用 F 表示；一定时期内出售有价证券的总交易成本为：交易成本=$(T \div C) \times F$

（3）持有现金的机会成本率，用 K 表示；一定时期内持有现金的总机会成本表示为：

$$机会成本=(C \div 2) \times K$$

则：相关总成本=机会成本+交易成本=$(C \div 2) \times K + (T \div C) \times F$

从图 6-2-2 可知，最佳现金持有量 C^* 是机会成本线与交易成本线交叉点所对应的现金持有量，因此 C^* 应当满足：机会成本=交易成本，即$(C^* \div 2) \times K = (T \div C^*) \times F$，整理可得：

$$最佳现金持有量 C^* = \sqrt{(2TF) \div K}$$

$$有价证券的交易次数 N = \sqrt{(TK) \div 2F}$$

$$相关总成本 TC = \sqrt{2TFK}$$

有价证券交易间隔时间=$360 \div N$

【例 6-2-2】华龙公司现金收支平稳，预计全年（以 360 天计）需求量为 200 万元，现金与有价证券每实现一次转换发生费用 1 000 元，有价证券年收益率为 10%。要求利用存货模型确定最佳现金持有量、最低相关成本及有价证券交易周期。

（1）最佳现金持有量=$\sqrt{(2TF) \div K} = \sqrt{(2 \times 2\,000\,000 \times 1\,000) \div 10\%}$=200 000（元）

（2）最低相关成本=$\sqrt{2TFK} = \sqrt{2 \times 2\,000\,000 \times 1\,000 \times 10\%}$=20 000（元）

交易成本=$(T \div C) \times F$=（2 000 000÷200 000）×1 000=10 000（元）

机会成本=$(C \div 2) \times K$=（200 000÷2）×10%=100 000×10%=10 000（元）

交易次数=2 000 000÷200 000=10（次）

（3）交易周期=360÷10=36（天）

利用存货模型确定最佳现金持有量建立于未来期间现金流量稳定、均衡且呈周期性变化的基础之上。实际工作中，准确预测现金流量不易做到。通常，在预测值与实际发生值相差不是太大时，实际持有量可在利用上述公式确定的最佳现金持有量基础上，稍微再提高一些。

（三）随机模型

企业经营中的现金流量往往具有很大的不确定性。假定每日现金流量的分布接近正态分布，每日现金流量可能低于也可能高于期望值，其变化是随机的。由于现金流量波动是随机的，只能对现金持有量确定一个控制区域，定出上限和下限。当企业现金余额在上限和下限之间波动时，表明企业现金持有量处于合理的水平，无须进行调整。当现金余额达到上限时，则将部分现金转换为有价证券；当现金余额下降到下限时，则卖出部分证券。

图 6-2-3 为随机模型（米勒-奥尔模型），该模型有两条控制线和一条回归线。最低控制线 L 取决于模型之外的因素，其数额由现金管理部门在综合考虑短缺现金的风险程度、企业借款能力、企业日常周转所需资金、银行要求的补偿性余额等因素的基础上确定。回归线 R 可按下列公式计算：

$$R = \sqrt[3]{\frac{3b\delta^2}{4i}} + L$$

式中：b 表示证券转换为现金或现金转换为证券的成本；δ 表示企业每日现金流量变动的标准差；i 表示以日为基础计算的现金机会成本率。

最高控制线 H 的计算公式为：

$$H = 3R - 2L$$

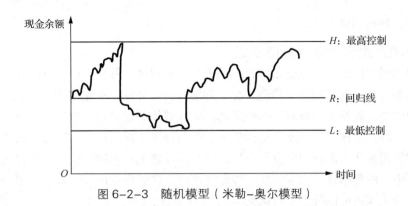

图 6-2-3 随机模型（米勒-奥尔模型）

📓 提示

随机模型中现金余额只有超过最高控制线或低于最低控制线的情况下，才调整至回归线，位于最高控制线和最低控制线之间时不做调整。

【例 6-2-3】华龙公司确定其持有现金最低值应为 50 000 元，预估计企业现金流量标准差 δ 为 1 000 元，持有现金的年机会成本率为 10%，转换为以日为基础计算的现金机会成本率为 0.003，证券转换现金的成本为 4 000 元。根据该模型，可求得：

$$R=\sqrt[3]{\frac{3b\delta^2}{4i}}+L=\sqrt[3]{\frac{3\times4\,000\times1\,000^2}{4\times0.003}}+50\,000=10\,000+50\,000=60\,000（元）$$

$$H=3R-2L=3\times60\,000-2\times50\,000=80\,000（元）$$

该企业目标现金余额为 60 000 元。若现金持有额达到 80 000 元，则买进 20 000 元的证券；若现金持有额降至 50 000 元，则卖出 10 000 元的证券。

运用随机模型求最佳现金持有量符合随机思想，即企业现金支出是随机的，流入是无法预知的，所以，该模型适用于所有企业最佳现金持有量的测算。另外，随机模型建立在企业的现金未来需求总量和收支不可预测的前提下，计算出来的现金持有量较保守。

三、现金管理模式

（一）"收支两条线"的管理模式

1. 企业实行收支两条线管理模式的目的

企业作为追求价值最大化的营利组织，实施"收支两条线"主要出于两个目的。第一，对企业的现金进行集中管理，减少现金持有成本，加速资金周转，提高资金使用效率；第二，以实施"收支两条线"为切入点，通过高效的价值化管理来提高企业效益。

现金管理模式

2. 收支两条线资金管理模式的构建

构建企业"收支两条线"资金管理模式，可从规范资金的流向、流量和流程三个方面入手。

"收支两条线"作为一种企业的内部资金管理模式，与企业的性质、战略、管理文化和组织架构都有很大的关系。因此，企业在构建"收支两条线"管理模式时，一定要注意与自己的实际相

06

结合，以管理有效性为导向。

（二）集团企业资金集中管理模式

企业集团下属机构多，地域分布广，如果子、分公司多头开户，资金存放分散，会大大降低资金的使用效率。通过资金的集中管理，统一筹集、合理分配、有序调度，能够降低融资成本，提高资金使用效率，确保集团战略目标的实现，实现整体利益的最大化。

资金集中管理，也称司库制度，是指集团企业借助商业银行网上银行功能及其他信息技术手段，将分散在集团各所属企业的资金集中到总部，由总部统一调度、统一管理和统一运用。它主要包括资金集中、内部结算、融资管理、外汇管理、支付管理等内容，资金集中是基础。现行的资金集中管理模式大致可以分为统收统支模式、拨付备用金模式、结算中心模式、内部银行模式、财务公司模式等。

1. 统收统支模式

统收统支模式下，企业的一切现金收入都集中在集团总部的财务部门，各分支机构或子企业不单独设立账号，一切现金支出都通过集团总部财务部门付出，现金收支的批准权高度集中。统收统支模式有利于企业集团实现全面收支平衡，提高资金的周转效率，减少资金沉淀，监控现金收支，降低资金成本。但是该模式不利于调动成员企业开源节流的积极性，影响成员企业经营的灵活性，以致降低整个集团经营活动和财务活动的效率；同时，该模式在制度的管理上欠缺一定的合理性，总部财务部门的工作量很大。该模式适用于规模比较小的企业。

2. 拨付备用金模式

拨付备用金模式下，集团按照一定的期限统拨给所有所属分支机构或子企业备其使用的一定数额的现金；各分支机构或子企业发生现金支出后，持有关凭证到集团财务部门报销以补足备用金。拨付备用金模式相比统收统支模式具有一定的灵活性，但这种模式也通常适用于经营规模比较小的企业。

3. 结算中心模式

结算中心通常是企业集团内部设立的，办理内部各成员现金收付和往来结算业务的专门机构。结算中心通常设于财务部门内，是一个独立运行的职能机构。结算中心是企业集团发展到一定阶段，应企业内部资金管理需求而生的一个内部资金管理机构，是根据集团财务管理和控制的需要在集团内部设立的，为成员企业办理资金融通和结算，以降低企业成本、提高资金使用效率的服务机构。结算中心帮助企业集中管理各分、子公司的现金收入和支出。分、子公司收到现金后就直接将其转账存入结算中心在银行开立的账户，当需要资金的时候，再进行统一拨付，有助于企业监控资金的流向。

4. 内部银行模式

内部银行是将社会银行的基本职能与管理方式引入企业内部管理机制而建立起来的一种内部资金管理机构，它将企业管理、金融信贷和财务管理三者融为一体。内部银行模式下，一般是将企业的自有资金和商业银行的信贷资金统筹运作，在内部银行统一调剂、融通运用。内部银行通常具有三大职能：结算、融资信贷和监督控制。内部银行一般适用于具有较多责任中心的企事业单位。

5. 财务公司模式

财务公司是一种经营部分银行业务的非银行金融机构，它一般是集团公司发展到一定水平后，经过人民银行审核批准设立的。其主要职责是开展集团内部资金集中结算，同时为集团成员企业提供包括存贷款、融资租赁、担保、信用鉴证、债券承销、财务顾问等在内的全方位金融服务。财务公司对集团各子公司进行专门约束，而且这种约束建立在各自具有独立的经济利益基础上。集团公司经营者（或最高决策机构）不再直接干预子公司的现金使用和取得。

四、现金收支日常管理

（一）现金周转期

企业的经营周期是指从取得存货开始到销售存货并收回现金为止的期间。其中，从收到原材料、加工原材料、形成产成品，到将产成品卖出的这一期间，称为存货周转期；产品卖出后到收到顾客支付的货款的这一时期，称为应收账款周转期或收账期。同时，企业购买原材料并不用立即付款，这一延迟的付款时间段就是应付账款周转期。现金周转期，是指介于企业支付现金与收到现金之间的时间段，它等于经营周期减去应付账款周转期。现金周转期的具体循环过程如图 6-2-4 所示。

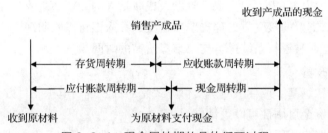

图 6-2-4 现金周转期的具体循环过程

周转期用公式表示：

$$经营周期＝存货周转期＋应收账款周转期$$

$$现金周转期＝经营周期－应付账款周转期$$

其中：

$$存货周转期＝存货平均余额÷每天的销售成本$$

$$应收账款周转期＝应收账款平均余额÷每天的销售收入$$

$$应付账款周转期＝应付账款平均余额÷每天的购货成本$$

现金周转期可以用来计算最佳现金持有量，主要步骤如下。

（1）确定现金周转期

$$现金周转期＝存货周转期＋应收账款周转期－应付账款周转期$$

（2）确定现金周转率

$$现金周转率＝360÷现金周转期$$

（3）确定最佳现金持有量

$$最佳现金持有量＝年现金总需求量÷现金周转率$$

如果要缩短现金周转期，可以加快制造与销售产成品以缩短存货周转期，加速应收账款的收回来缩短应收账款周转期，拖延付款以延长应付账款周转期。

【例 6-2-4】假设某公司预计全年需要资金 1 200 万元，预计存货周转期为 40 天，应收账款周转期为 50 天，应付账款周转期为 60 天。请确定该公司的现金持有量。

现金周转期＝40＋50－60＝30（天）

现金周转次数=360÷30=12（次）

最佳现金持有量=1 200÷12=100（万元）

（二）收款管理

1. 收款系统

一个高效率的收款系统能够使收款成本和收款浮动期达到最小，同时能够保证与客户汇款及其他现金流入来源相关的信息的质量。

（1）收款成本。收款成本包括浮动期成本、管理收款系统的相关费用（如银行手续费）及第三方处理费用或清算相关费用。在获得资金之前，应收款在途项目使企业无法利用这些资金，也会产生机会成本。其他与现金流入来源相关的信息包括收款方得到的付款人的姓名、付款的内容和付款时间。这类信息要及时、准确地送达收款方，以便收款人及时处理资金，做出发货的安排。

（2）收款浮动期。收款浮动期是指从支付开始到企业收到资金的时间间隔。收款浮动期主要是由纸基支付工具导致的，它有下列三种类型。

① 邮寄浮动期：从付款人寄出支票到收款人或收款人的处理系统收到支票的时间间隔。

② 处理浮动期：支票的接受方处理支票和将支票存入银行以收回现金所花的时间。

③ 结算浮动期：通过银行系统进行支票结算所需的时间。

2. 收款方式的改善

电子支付方式对比纸基（或称纸质）支付方式是一种改进。电子支付方式具备以下优点。

（1）结算时间和资金可用性可以预计。

（2）向任何一个账户或任何金融机构的支付具有灵活性，不受人工干扰。

（3）客户的汇款信息可与支付同时传送，更容易更新应收账款。

（4）客户的汇款从纸基方式转向电子方式，减少或消除了收款浮动期，降低了收款成本，收款过程更容易控制，并且提高了预测精度。

（三）付款管理

现金支出管理的主要任务和目标是：在合理合法的范围内，在不损害企业信誉的情况下，尽可能延缓现金的支出时间。付款管理的手段如下。

1. 使用现金浮游量

现金浮游量是指由于企业提高收款效率和延长付款时间所产生的企业账户上的现金余额和银行账户上的企业存款余额之间的差额。企业应合理预测现金浮游量，有效利用时间差，提高现金的使用效率。

2. 推迟应付款的支付

推迟应付款的支付，是指企业在不影响自己信誉的前提下，充分运用供货方所提供的信用优惠，尽可能地推迟应付款的支付期。

3. 商业汇票代替支票

商业汇票按承兑人的不同可分为商业承兑汇票和银行承兑汇票，商业汇票并不是见票即付，可以推迟企业应付款的支付时间。缺点是供应商并不喜欢商业汇票的付款方式，银行也不喜欢处理商业汇票，与支票相比，商业汇票通常会消耗更多的人力，银行会收取较高的手续费。

4．改进员工工资支付模式

企业为支付工资可以专门设立一个工资账户，通过银行直接向员工支付工资。为了尽可能地减少工资账户的存款余额，可按照工资支付的具体时间向该账户拨付款项。

5．争取现金流出与现金流入同步

企业应尽量使现金流出与流入同步，这样，就可以减少交易性现金余额，同时可以减少有价证券转换为现金的次数，提高现金的利用效率，节约转换成本。

6．使用零余额账户

使用零余额账户即企业与银行合作，保持一个主账户和一系列子账户。企业只在主账户保持一定的安全储备，而在一系列子账户不需要保持安全储备。当从某个子账户签发的支票需要现金时，可将所需要的资金立即从主账户划拨过来，从而使更多的资金可以用于其他方面。

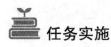 任务实施

任务资料和任务目标见本任务的"任务导入"，具体任务实施过程如下。

（1）最佳现金持有量 $=\sqrt{\dfrac{2\times 8\,100\times 0.2}{10\%}}=180$（万元）。

（2）现金转换次数 $=8\,100\div 180=45$（次）。

（3）现金交易成本 $=45\times 0.2=9$（万元）。

（4）最佳现金持有量下持有现金的机会成本 $=180\div 2\times 10\%=9$（万元）。

（5）最佳现金持有量下的相关总成本 $=9+9=18$（万元）。

或：最佳现金持有量下的相关总成本 $=\sqrt{2\times 8\,100\times 0.2\times 10\%}=18$（万元）。

06

任务三　应收账款管理

 学习目标

知识目标：掌握信用政策决策的相关知识、应收账款的监控方法。

技能目标：会应用信用政策进行决策。

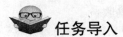 任务导入

任务资料：

华龙公司产品的生产和销售存在季节性，应收账款余额在各季度的波动幅度很大。其全年应收账款平均余额的计算公式为：应收账款平均余额=年初余额÷8+第一季度末余额÷4+第二季度末余额÷4+第三季度末余额÷4+年末余额÷8。公司 20×1 年各季度应收账款余额如表 6-3-1 所示。

表 6-3-1　　　　　　　　　　　　20×1 年各季度应收账款余额　　　　　　　　　　　　单位：万元

年初	第一季度末	第二季度末	第三季度末	年末
1 380	2 480	4 200	6 000	1 260

　　20×1 年度公司销售收入为 21 000 万元，销售成本为 8 400 万元，存货周转期为 70 天，应付账款周转期为 66 天，假设一年按 360 天计算。

　　任务目标：

　　计算华龙公司 20×1 年度下列指标。

　　（1）应收账款平均余额。

　　（2）应收账款周转期。

　　（3）经营周期。

　　（4）现金周转期。

知识准备

　　应收账款是指企业对外销售商品、提供劳务等所形成的应收未收的销售款，是企业流动资产的重要组成部分。企业通过提供商业信用，采取赊销、分期付款等方式扩大销售，增强竞争力，获取利润。应收账款作为企业扩大销售和盈利的一项投资，会发生一定的成本，企业在经营中需要在应收账款增加的盈利和所增加的成本之间做出权衡。应收账款管理主要是分析企业的赊销条件，使赊销带来的盈利增加大于应收账款投资产生的成本增加，最终使企业现金收入增加，提升企业价值。

一、应收账款的功能

1. 扩大销售

　　赊销是激烈市场竞争环境下的一种促销方式，开展赊销业务的企业，实际上是向顾客提供了两项交易：向顾客销售产品；在一定的时间内向顾客提供资金。赊销会带来企业销售收入和利润的增加，特别是在企业销售新产品、开拓新市场时，赊销对促进企业销售具有重要意义。

　　提供赊销一般不增加固定成本，赊销所增加的收益等于增加的销量与单位边际贡献的乘积，计算公式如下：

$$赊销所增加的收益=增加的销售量×单位边际贡献$$

2. 减少库存

　　企业持有一定产成品存货会相应地占用资金，如仓储费用、管理费用等，产生成本；而赊销可以避免这些成本的发生。因此，当企业产成品存货较多时，一般可以采用较为优惠的信用条件进行赊销，把存货转化为应收账款，减少产成品存货，节约相关的开支，提高收益。

二、应收账款的成本

　　应收账款具有扩大销售和减少库存的功能，同样，企业也要付出相应的成本。应收账款的成本主要包括机会成本、管理成本、坏账成本。

应收账款的成本

1. 机会成本

　　应收账款会占用企业一定量的资金，如果企业没有把这部分资金投放在应收账款上，就可以将其用于其他投资并可能获得收益，如投资债券获得利息收入。企业因把资金投放于应收账款而放弃其他投资机会带来的收益，即企业的机会成本。企业把资金投放在应收账款上而丧失了其他收入会产生机会成本，该成本的大小通常与企业维持赊销业务所需要的资金数量（应收账款投资额）、资金成本率有关。

$$应收账款平均余额=日销售额×平均收账期$$
$$应收账款占用资金=应收账款平均余额×变动成本率$$
$$应收账款机会成本（占用资金的应计利息）$$
$$=应收账款占用资金×资金成本率$$
$$=应收账款平均余额×变动成本率×资金成本率$$
$$=日销售额×平均收账期×变动成本率×资金成本率$$
$$=全年销售额÷360×平均收账期×变动成本率×资金成本率$$
$$=（全年销售额×变动成本率）÷360×平均收账期×资金成本率$$
$$=全年变动成本÷360×平均收账期×资金成本率$$

式中，平均收账期为各种收现期的加权平均数。

【例 6-3-1】华龙公司预测年度赊销额为 7 200 000 元，应收账款收账天数为 60 天，变动成本率为 80%，资金成本率为 10%。则该公司应收账款的机会成本计算如下。

应收账款平均余额=7 200 000÷360×60=1 200 000（元）

维持赊销业务所需资金量=1 200 000×80%=960 000（元）

应收账款的机会成本=960 000×10%=96 000（元）

2. 管理成本

管理成本是指企业对应收账款进行管理时所发生的费用支出。它主要包括对客户的资信调查费用、收集各种信息的费用、账簿记录费用、收账费用、数据处理成本、相关管理人员成本和从第三方购买信用信息的成本等。

3. 坏账成本

在企业的赊销业务中，债务人由于种种情况无力偿还债务，企业因应收账款无法收回而发生的损失，即坏账成本。该成本一般与应收账款的数量成正比。因此，为避免坏账发生给企业生产经营活动带来的不利影响，企业应提取合理的坏账准备，测算公式为：

$$应收账款的坏账成本=赊销额×预计坏账损失率$$

三、信用政策

信用政策包括信用标准、信用条件和收账政策。

（一）信用标准

信用标准是指信用申请人获得企业提供信用所必须达到的最低信用条件，通常以预期的坏账损失率作为判别的标准。比较常用的信用定性分析法是 5C 信用评价系统，即评估申请人信用品质的五个方面：品质、能力、资本、抵押和条件。

（1）品质（Character），指个人或企业申请人的诚实和正直表现，反映了申请人在过去还款中体现出的还款意图和愿望。

（2）能力（Capacity），指申请人的偿债能力。企业应着重了解申请人流动资产的数量、质量以及流动比率的高低，必要时还可实地考察申请人的日常运营状况。

（3）资本（Capital），指如果申请人当期的现金流不足以还债，申请人在短期和长期内可以使用的财务资源，反映申请人对负债的保障程度。若企业资本雄厚，说明其具有强大的物质基础和抗风险能力。

（4）抵押（Collateral），指当申请人不能满足还款条件时，可以用作债务担保的资产或其他担保物。

（5）条件（Condition），指可能影响申请人还款能力和意愿的各种外在因素。

进行商业信用的定量分析可以从考察信用申请人的财务报表开始。通常使用比率分析法评价申请人的财务状况。

（二）信用条件

信用条件是企业要求顾客支付赊销款项的条件，包括信用期限、折扣期限和现金折扣三个要素，折扣期限和现金折扣构成折扣条件。

1. 信用期限

信用期限是企业允许顾客从购货到付款之间的时间，或者说是企业给予顾客的付款期间。企业必须慎重研究，规定恰当的信用期。

信用期的确定，主要是分析改变现行信用期对收入和成本的影响。延长信用期，会使销售额增加，产生有利影响；与此同时应收账款的机会成本、管理成本和坏账成本增加，产生不利影响。当有利影响大于不利影响时，可以延长信用期，否则不宜延长。

【例 6-3-2】华龙公司应收账款采用 40 天内按发票金额付款的信用政策，公司拟将信用期放宽至 60 天，仍按发票付款，没有现金折扣。假如，其风险投资的最低报酬率为 9%，其他有关数据如表 6-3-2 所示。

表 6-3-2　　　　　　　　　　　　　华龙公司放宽信用期的有关资料

项目	信用期	
	40 天	60 天
销售量/件	200 000	220 000
销售额/元（单价为 6 元）	1 200 000	1 320 000
销售成本/元		
变动成本/元（每件为 4 元）	800 000	880 000
固定成本/元	100 000	110 000
毛利/元	300 000	330 000
可能发生的收账费用/元	3 000	6 000
可能发生的坏账损失/元	5 000	8 000

在分析时，先假设放宽信用期得到收益，然后计算增加的成本，最后根据两者的结果做出判断。

（1）计算增加的收益。

增加的收益=增加的边际贡献-增加的固定成本

$$=（220\,000-200\,000）×（6-4）-（110\,000-100\,000）=30\,000（元）$$

（2）计算增加的应收账款机会成本。

40 天信用期应计利息=1 200 000÷360×40×（4÷6）×9%=8 000（元）

60 天信用期应计利息=1 320 000÷360×60×（4÷6）×9%=13 200（元）

改变信用期限增加的机会成本=13 200-8 000=5 200（元）

（3）计算增加的收账费用和坏账损失。

增加的收账费用=6 000-3 000=3 000（元）

增加的坏账损失=8 000-5 000=3 000（元）

（4）计算增加的税前损益。

改变信用期增加的税前损益=增加的收益-增加的成本费用

$$=30 000-（5 200+3 000+3 000）=18 800（元）$$

由于放宽信用期增加的税前损益大于0，故应放宽信用期，应采用60天的信用期。

2. 折扣条件

折扣条件包括折扣期限和现金折扣两个方面。折扣期限是为顾客规定的可享受现金折扣的付款时间。现金折扣是在顾客提前付款时给予的优惠。如果企业给顾客提供现金折扣，那么顾客在折扣期付款时少付的金额所产生的"成本"将影响企业收益。当顾客利用了企业提供的现金折扣，而现金折扣又没有促使销售额增长时，企业的净收益则会下降。向顾客提供现金折扣的主要目的在于吸引顾客为享受优惠而提前付款，进而缩短企业的平均收款期。另外，现金折扣也能吸引一些视折扣为减价出售的顾客前来购货，从而扩大销售量。

现金折扣的表示常用如"5/10，3/20，N/30"这样的符号。这三个符号的含义为：5/10表示10天内付款，可享受5%的价格优惠，即只需支付原价的95%，如原价为10 000元，则只需支付9 500元；3/20表示20天内付款，可享受3%的价格优惠，即只需支付原价的97%，若原价为10 000元，则只需支付9 700元；N/30表示付款的最后期限为30天，此时付款无优惠。

企业采用什么形式的现金折扣，要与信用期限结合起来考虑。不论是信用期限还是现金折扣，都能给企业带来收益，但也会增加成本。当企业给予顾客某种现金折扣时，应当对折扣所能带来的收益与成本进行权衡，择优决策。

【例6-3-3】 沿用上述信用期决策的数据，和【例6-3-2】资料。假设该企业在放宽信用期的同时，为了吸引顾客尽早付款，提出了"1/30、N/60"的现金折扣条件，估计会有一半的顾客（按60天信用期所能实现的销售量计算）将享受现金折扣优惠。

（1）计算增加的收益。

增加的收益=增加的边际贡献-增加的固定成本

$$=（220 000-200 000）×（6-4）-（110 000-100 000）=30 000（元）$$

（2）计算增加的应收账款占用资金的应计利息。

40天信用期应计利息=1 200 000÷360×40×（4÷6）×9%=8 000（元）

提供现金折扣的平均收现期=30×50%+60×50%=45（天）

60天信用期应计利息=1 320 000÷360×45×（4÷6）×9%=9 900（元）

增加的应收账款占用资金的应计利息=9 900-8 000=1 900（元）

（3）计算增加的收账费用和坏账损失。

增加的收账费用=6 000-3 000=3 000（元）

增加的坏账损失=8 000-5 000=3 000（元）

（4）估计现金折扣成本的变化。

增加的现金折扣成本=新的销售水平×享受现金折扣的顾客比例×新的现金折扣率-

旧的销售水平×享受现金折扣的顾客比例×旧的现金折扣率

$$=1 320 000×50%×1%-1 200 000×0×0=6 600（元）$$

06

（5）计算增加的税前损益。

增加的税前损益=增加的收益-增加的成本费用

$$=30\ 000-（1\ 900+3\ 000+3\ 000+6\ 600）$$

$$=15\ 500（元）$$

由于增加的税前损益大于0，故应当放宽信用期并提供现金折扣。

（三）收账政策

收账政策是指信用条件被违反时，企业采取的收款政策。企业如果采取较积极的收账政策，可能会减少应收账款投资，减少坏账损失，但会增加收账成本。企业如果采取较消极的收账政策，则会增加应收账款投资和坏账损失，但会减少收账费用。实际工作中，企业可参照测算信用标准、信用条件的方法来制定收账政策。

四、应收账款的监控方法

应收账款的监控

实施信用政策时，企业需监督和控制每一笔应收账款和应收账款总额。例如，可以运用应收账款周转天数衡量企业需要多长时间收回应收账款，可以通过账龄分析表追踪每一笔应收账款，可以采用 ABC 分析法来确定重点监控的对象等。监控每一笔应收账款的理由是：第一，在开票或收款过程中可能会发生错误或延迟；第二，有些客户可能故意拖欠，到企业采取追款行动才付款；第三，客户财务状况的变化可能会改变其按时付款的能力，并且需要缩减该客户未来的赊销额度。

（一）利用应收账款周转天数监控

利用应收账款周转天数或平均收账期监控是衡量应收账款管理状况的一种方法。应收账款周转天数提供了一个简单的指标，将企业当前的应收账款周转天数与规定的信用期限、历史趋势以及行业正常水平进行比较，可以反映企业整体的收款效率。然而，应收账款周转天数可能会被销售量的变动趋势和明显的销售季节性破坏。

【例6-3-4】华龙公司20×1年3月底应收账款平均余额为241 800 元，信用条件为在50天内按全额付清货款。过去三个月的赊销情况如下。

1 月：100 000 元。

2 月：120 000 元。

3 月：131 000 元。

应收账款周转天数的计算：

平均日销售额=（100 000+120 000+131 000）÷90=3 900（元）

应收账款周转天数=应收账款平均余额÷平均日销售额=241 800÷3 900=62（天）

平均逾期天数的计算：

平均逾期天数=应收账款周转天数-信用期限=62-50=12（天）

（二）利用账龄分析表监控

账龄分析表将应收账款划分为未到信用期的应收账款和以 30 天为间隔的逾期应收账款。企业既可以按照应收账款总额进行账龄分析，也可以分顾客进行账龄分析。利用账龄分析表可以确定逾期应收账款，随着逾期时间的增加，收回应收账款的可能性变小。假定信用期限为 30 天，表 6-3-3 中的账龄分析表反映出 30% 的应收账款为逾期账款。

表 6-3-3　　　　　　　　　　　　　　　账龄分析表

账龄/天	应收账款余额/元	占应收账款总额的百分比/%
0～30	700 000	70
31～60	150 000	15
61～90	105 000	10.5
91（含）以上	45 000	4.5
合计	1 000 000	100

账龄分析表比应收账款周转天数更能揭示应收账款的变化趋势，因为账龄分析表给出了应收账款分布的情况。应收账款周转天数有可能与信用期限一致，但是有一些账款可能拖欠很严重。因此，应收账款周转天数不能明确地表现出账款拖欠情况。当各个月之间的销售额变化很大时，账龄分析表和应收账款周转天数都可能发出类似的错误信号。

（三）利用应收账款账户余额的模式监控

账龄分析表可以用于建立应收账款余额的模式，这是一项重要的现金流预测工具。应收账款账户余额的模式反映一定期间（如一个月）的赊销额，以及在发生赊销的当月月末及随后各月尚未偿还的应收账款的百分比。企业收款的历史决定了其正常的应收账款账户余额的模式，企业管理部门通过将当前的模式和过去的模式进行对比来评价应收账款账户余额模式的变化。企业还可以运用应收账款账户余额的模式监控应收账款金额水平，衡量应收账款的收账效率以及预测未来的现金流。

【例 6-3-5】华龙公司 1 月的销售在 3 月末尚未收回的应收账款为 100 000 元，各月销售及收款情况如表 6-3-4 所示。

表 6-3-4　　　　　　　　　　　　各月销售及收款情况　　　　　　　　　　　单位：元

1 月销售：		1 000 000
1 月收款（销售额的 10%）	0.1×1 000 000	100 000
2 月收款（销售额的 50%）	0.5×1 000 000	500 000
3 月收款（销售额的 30%）	0.3×1 000 000	300 000
收款合计：		900 000
1 月的销售尚未收回的应收账款	（1-0.1-0.5-0.3）×1 000 000	100 000

（四）利用 ABC 分析法监控

ABC 分析法是现代经济管理中广泛应用的一种"抓重点、照顾一般"的管理方法，又称重点管理法，类似于存货的 ABC 管理法。利用 ABC 分析法监控是指将企业的所有欠款客户按其应收账款逾期金额的多少进行分类，然后分别采用不同的收账策略的一种方法。它一方面能加快应收账款收回，另一方面能将收账费用与预期收益联系起来。它将所有客户按应收账款逾期金额的多少分类，并计算出逾期金额所占比重。

对 A、B、C 三类客户，企业应采取不同的收账策略。对于逾期金额较大、逾期时间较长的 A 类客户，可以发出措辞较为严厉的信件催收，或派专人催收，或委托收款代理机构处理，甚至可通过法律解决；对 B 类客户，则可以多发几封信函催收，或打电话催收；对于逾期金额较小、逾期时间较短的 C 类客户，只需要发出通知其付款的信函即可。

 任务实施

任务资料和任务目标见本任务的"任务导入"，具体任务实施过程如下。

（1）应收账款平均余额=1 380÷8+2 480÷4+4 200÷4+6 000÷4+1 260÷8=3 500（万元）

（2）应收账款周转期=应收账款平均余额÷日销售收入=3 500÷（21 000÷360）=60（天）

（3）经营周期=60+70=130（天）

（4）现金周转期=130-66=64（天）

任务四　存货管理

学习目标

知识目标：掌握最优存货量的确定方法，了解存货控制系统。

技能目标：会根据经济订货批量确定最优存货量。

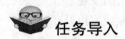 **任务导入**

任务资料：

华龙公司的下属公司东方公司是亚洲地区的玻璃套装门分销商，套装门在香港生产然后运至上海。管理当局预计套装门的年度需求量为 10 000 套。购进套装门的单价为 395 元（包括运费，单位是人民币，下同）。与订购和储存这些套装门相关的资料如下。

（1）去年订单共 22 份，总处理成本为 13 400 元，其中固定成本为 10 760 元，预计未来成本性态不变。

（2）虽然香港原产地商品进入内地已经免除关税，但是每一张订单都要经双方海关检查，其费用为 280 元。

（3）套装门从香港运抵上海后，接收部门要进行检查。为此雇佣一名检验人员，每月支付工资 3 000 元，每个订单检验工作需要 8 小时，变动费用为每小时 2.50 元。

（4）公司租借仓库来储存套装门，估计成本为每年 2 500 元，另外每套门加收 4 元。

（5）在储存过程中会出现破损，估计破损成本平均为每套门 28.50 元。

（6）占用资金利息等其他储存成本为每套门 20 元。

任务目标：

（1）计算经济订货基本模型中每次变动订货成本。

（2）计算经济订货基本模型中单位变动存货储存成本。

（3）计算经济订货批量。

（4）计算每年与批量相关的存货总成本。

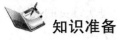 知识准备

一、存货管理目标

存货是指企业在生产经营过程中为销售或者耗用而储备的物资，包括材料、燃料、低值易耗品、在产品、半成品、产成品、协作件、商品等。

企业持有存货，一是为了保证生产或销售的经营需要；二是出于价格的考虑，零购物资的价格往往较高，而整批购买在价格上有优惠。但是，过多的存货要占用较多资金，并且会增加包括仓储费、保险费、维护费、管理人员工资在内的各项开支，因此，存货管理的目标，就是在保证生产或销售需要的前提下，最大限度地降低存货成本。存货管理目标具体包括以下几个方面。

1. 保证生产正常进行

生产过程中需要的原材料和在产品是生产的物质保证。为保障生产的正常进行，必须储备一定量的原材料，否则可能会造成生产中断、停工待料现象。尽管当前部分企业的存货管理已经实现计算机自动化管理，但要实现存货为零的目标实属不易。

2. 有利于销售

一定数量的存货储备能够增加企业在生产和销售方面的机动性和适应市场变化的能力。当企业市场需求量增加时，若产品储备不足就有可能失去销售良机。同时，顾客为节约采购成本和其他费用，一般可能成批采购；企业为了达到运输上的最优批量也会组织成批发运。所以，保持一定量的存货是有利于销售的。

3. 维持均衡生产，降低产品成本

对于季节性产品或者需求波动较大的产品，若根据需求状况组织生产，可能有时生产能力得不到充分利用，有时又超负荷生产，造成产品成本上升。为了降低生产成本，实现均衡生产，就要储备一定的产成品存货，从而达到均衡生产、降低成本。

4. 降低存货取得成本

企业大批量集中进货，可以减少订货次数，更容易享受价格折扣，降低购置成本和订货成本，使总的进货成本降低。

5. 防止意外事件的发生

企业在采购、运输、生产和销售过程中，可能发生意料之外的事情，保持必要的存货保险储备，可以避免和减少意外事件的损失。

二、存货的成本

存货成本与经济
订货模型

存货成本是指存货所耗费的总成本，是企业为存货所发生的相关支出。其主要包括取得成本、储存成本、缺货成本等部分。

（一）取得成本

取得成本包括订货成本和购置成本，是为取得某种存货而支出的成本，通常用 TC_a 来表示。

1. 订货成本

订货成本是取得订单的成本，如办公费、差旅费、邮资、电话费、运输费等支出。订货成本有一部分与订货次数无关，如常设采购机构的基本开支等，称为订货的固定成本，用 F_1 表示。另

一部分订货成本与订货次数有关，如差旅费、邮资等，称为订货的变动成本。每次订货的变动成本用 K 表示，订货次数等于年需求量 D 与每次进货量 Q 的商。相关计算公式为：

$$订货次数=D\div Q=年需求量\div每次进货量$$
$$订货成本=F_1+订货次数\times K=F_1+（D\div Q）\times K$$

2. 购置成本

购置成本指为购买货物本身所支付的成本，即存货本身的价值，经常用数量与单价的乘积来确定。年需求量用 D 表示，单价用 U 表示，于是购置成本为 $D\times U$。

存货的取得成本 TC_a 等于订货的固定成本、变动成本和购置成本的和。其公式可表达为：

$$取得成本=订货成本+购置成本=订货固定成本+订货变动成本+购置成本$$
$$TC_a=F_1+（D\div Q）\times K+D\times U$$

（二）储存成本

储存成本指为保持存货而发生的成本，包括存货占用资金所应计的利息、仓库费用、保险费用、存货破损和变质损失等，通常用 TC_c 来表示。

储存成本也分为固定成本和变动成本。固定储存成本与存货数量的多少无关，如仓库折旧、仓库职工的固定工资等，常用 F_2 表示。变动储存成本与存货的数量有关，如存货资金的应计利息、存货的破损和变质损失、存货的保险费用等，单位变动储存成本用 K_c 表示。假设储存单位存货的变动成本是固定的，则储存成本与订货批量同方向变化，而与订货次数反方向变化。储存成本的计算公式为：

$$储存成本=固定储存成本+变动储存成本$$
$$TC_c=F_2+K_c\times（Q\div 2）$$

（三）缺货成本

缺货成本，是指由于存货供应中断而给公司造成的损失，如由于原材料储备不足造成的停工损失、由于商品储备不足造成销售中断的损失等。缺货成本与存货的储备数量反方向变化。缺货成本一般按照管理人员的经验加以估计。

缺货成本用 TC_s 表示。

如果以 TC 来表示储备存货的总成本，它的计算公式为：

$$TC=TC_a+TC_c+TC_s=F_1+（D\div Q）\times K+D\times U+F_2+K_c\times（Q\div 2）+TC_s$$

三、最优存货量的确定

按照存货管理的目的，需要设置合理的进货批量和进货时间，使存货的总成本最低，这个批量就是经济订货批量，主要利用经济订货基本模型计算。

（一）经济订货基本模型

经济订货基本模型是建立在一系列严格假设基础上的。这些假设包括：①存货总需求量是已知常数；②不存在订货提前期，即可随时补充存货；③货物一次性入库；④单位货物成本为常数，无批量折扣；⑤库存储存成本与库存水平呈线性关系；⑥货物是一种独立需求的物品，不受其他货物影响；⑦不允许缺货，即无缺货成本，TC_s 为零。存货水平与订货如图 6-4-1 所示。

设立上述假设后，前述的总成本计算公式可以简化为：

$$TC=F_1+(D\div Q)\times K+D\times U+F_2+(Q\div 2)\times K_c$$

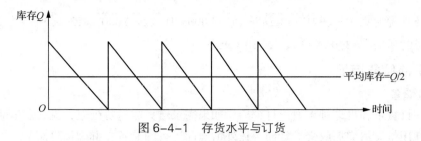

图 6-4-1 存货水平与订货

当 F_1、K、D、U、F_2、K_c 为常数时，TC 的大小取决于 Q，相关成本只有变动订货成本和变动储存成本。

$$\text{Min（存货相关总成本）=Min（变动订货成本+变动储存成本）}$$
$$\text{变动订货成本=年订货次数×每次订货成本}=(D÷Q)×K$$
$$\text{变动储存成本=年平均库存×单位储存成本}=(Q÷2)×K_c$$

上述相关成本与订货量的关系如图 6-4-2 所示。

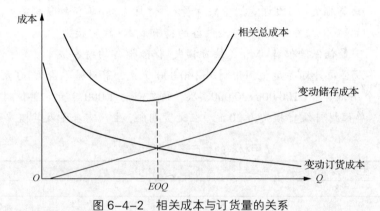

图 6-4-2 相关成本与订货量的关系

由于变动订货成本与订货量反方向变化，变动储存成本与订货量同方向变化，因此，令二者相等，即可得出经济订货批量的基本公式。

经济订货批量 $EOQ = \sqrt{(2KD)÷K_c}$

年度最佳订货次数=存货年需求总量÷经济订货批量：$N = \sqrt{(DK_c)÷2K}$

存货进货间隔期=360÷N

由于存货是陆续耗用的，所以：

经济订货批量平均占用资金=经济订货批量÷2×存货单价

与批量相关的存货总成本=变动订货成本+变动储存成本=$(D÷Q)×K+(Q÷2)×K_c$

把 $EOQ = \sqrt{(2KD)÷K_c}$ 代入，可得：

与经济订货批量相关的存货总成本 $TC(EOQ) = \sqrt{2KDK_c}$

在经济订货批量下，变动订货成本=变动储存成本=$\sqrt{2KDK_c}÷2$

【例 6-4-1】华龙公司每年需消耗甲材料 144 000 千克，该材料的单位采购成本为 20 元，单位储存成本为 4 元，平均每次进货费用为 2 000 元，则：

经济订货批量=$\sqrt{(2KD)÷K_c} = \sqrt{(2×144\,000×2\,000)÷4} = 12\,000$（千克）

最小存货总成本=$\sqrt{2KDK_c} = \sqrt{2×144\,000×2\,000×4} = 48\,000$（元）

年度最佳进货批次 $N = \sqrt{(DK_c) \div 2K} = \sqrt{(144\,000 \times 4) \div (2 \times 2\,000)} = 12$（次）

存货的进货间隔期 $= 360 \div N = 360 \div 12 = 30$（天）

（二）保险储备模型

1. 保险储备

按照某一订货量和再订货点发出订单后，如果需求增大或送货延迟，就会发生缺货或供货中断。为防止耗用量突然增加或交货延期等意外情况而进行的储备，称为保险储备。

2. 考虑保险储备的再订货点

$$R = 预计交货期内的需求 + 保险储备$$
$$= 交货时间 \times 平均日需求量 + 保险储备$$

3. 确定保险储备的方法

确定保险储备的方法为：使保险储备的持有成本与缺货损失之和最小。

$$保险储备的持有成本 = 保险储备 \times 单位持有成本$$

$$缺货损失 = 一次订货期望缺货量 \times 年订货次数 \times 单位缺货损失$$

$$相关总成本 = 保险储备的持有成本 + 缺货损失$$

$$最佳保险储备 = Min（缺货损失 + 保险储备的持有成本）$$

【例 6-4-2】华龙公司计划年度耗用甲材料 100 000 千克，甲材料单价为 60 元，经济订货批量为 20 000 千克，全年订货 5（100 000÷20 000）次，订货点为 1 000 千克。单位材料年储存成本为材料单价的 25%，单位材料缺货损失为 20 元。在交货期内，生产需求量及其概率如表 6-4-1 所示。

表 6-4-1　　　　　　　　　　甲材料的生产需求量和概率

生产需求量/千克	概率
800	0.1
900	0.2
1 000	0.4
1 100	0.2
1 200	0.1

该企业最佳保险储备的计算如表 6-4-2 所示。

表 6-4-2　　　　　　　　　　保险储备分析

保险储备量/千克	缺货量/千克	缺货概率	缺货损失/元	保险储备的储存成本/元	总成本/元
0	0	0.1	0		
	0	0.2	0		
	0	0.4	0		
	100	0.2	5×100×0.2×20=2 000		
	200	0.1	5×200×0.1×20=2 000		
	缺货损失期望值=4 000			0	4 000
100	0	0.1	0		
	0	0.2	0		
	0	0.4	0		
	0	0.2	0		
	100	0.1	5×100×0.1×20=1 000		
	缺货损失期望值=1 000			100×60×0.25=1 500	2 500

保险储备量/千克	缺货量/千克	缺货概率	缺货损失/元	保险储备的储存成本/元	总成本/元
200	0	0.1	0		
	0	0.2	0		
	0	0.4	0		
	0	0.2	0		
	0	0.1	0		
			缺货损失期望值=0	200×60×0.25=3 000	3 000

注：缺货损失期望值=每年订货次数×缺货数量×缺货概率×单位缺货损失。

从表 6-4-2 可以看出，当保险储备为 100 千克时，缺货损失与保险储备的储存成本之和最低。因此，该企业保险储备量为 100 千克比较合适。

四、存货控制系统

传统的存货控制系统有定量控制系统和定时控制系统两种。定量控制系统是指当存货下降到一定存货水平时即发出订货单，订货数量是固定的和事先决定的。定时控制系统是每隔一定的固定时期，无论现有存货水平多少，即发出订货申请。这两种系统都较简单和易于理解，但不够精确。现在许多大型企业已采用计算机存货控制系统。当将存货数据输入计算机后，计算机即对这批货物开始跟踪。此后，每当有该货物取出时，计算机就及时做出记录并修正库存余额。当存货下降到订货点时，计算机自动发出订单，并在收到订货时记下所有的库存量。计算机系统能对种类较多的存货进行有效管理，这也是大型企业愿意采用这种系统的原因之一。对于大型企业，其存货种类数以万计，要使用人力及传统方法来对如此多的库存进行有效管理，及时调整存货水平，避免出现缺货或浪费现象几乎是不可能的，但计算机系统能做出迅速、有效的反应。

伴随着业务流程重组的兴起以及计算机行业的发展，存货管理系统也得到了很大的发展。从物料需求计划（ Material Requirement Planning，MRP ）发展到制造资源计划（ Manufacturing Resource Planning ），再到企业资源计划（ Enterprise Resource Planning，ERP ），以及后来的柔性制造和供应链管理，甚至外包（ Outsourcing ）等管理方法的快速发展，都大大促进了企业存货管理方法的发展。这些新的生产方式把信息技术革命和管理进步融为一体，提高了企业的整体运作效率。ABC 控制系统和适时制库存控制系统是两个典型的存货控制系统。

（一）ABC 控制系统

ABC 控制系统是把企业种类繁多的存货，依据其重要程度、价值或者资金占用等标准分为 A、B、C 三大类。ABC 控制系统分类标准及其管理方法如表 6-4-3 所示。针对不同类别的存货分别采用不同的管理方法：A 类存货应作为管理的重点，实行重点控制、严格管理；而对 B 类和 C 类存货的重视程度则可依次降低，采取一般管理。

表 6-4-3　　　　　　　　　ABC 控制系统分类标准及其管理方法

存货种类	特征	分类标准		管理方法
		金额/%	品种数量/%	
A 类	高价值、品种数量少	50～70	10～15	分品种重点管理
B 类	中等价值、品种数量相对较多	15～20	20～25	分类别一般控制
C 类	低价值、品种数量繁多	10～35	60～70	按总额灵活管理

分类标准主要有两个：一是金额标准；二是品种数量标准。其中金额标准是最基本的，品种数量标准仅作为参考。

（二）适时制库存控制系统

适时制库存控制系统又称零库存管理系统、看板管理系统。它最早由丰田公司提出并将其应用于实践，是指制造企业事先与供应商和客户协调好：只有当制造企业在生产过程中需要原料或零件时，供应商才会将原料或零件送来；产品生产出来就被客户运走。这样，制造企业的存货持有水平就可以大大下降，企业的物资供应、生产和销售形成连续的同步运动过程。显然，适时制库存控制系统需要的是稳定而标准的生产程序以及诚信的供应商，否则，任何一环出现差错都将导致整个生产线停产。目前，已有越来越多的企业利用适时制库存控制系统减少甚至消除存货，即实行零库存管理，如沃尔玛、海尔等。适时制库存控制系统进一步被应用于企业整个生产管理过程中，集开发、生产、库存和分销于一体，大大提高了企业运营管理效率。

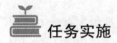 **任务实施**

任务资料和任务目标见本任务的"任务导入"，具体任务实施过程如下。

（1）经济订货基本模型中每次变动订货成本=（13 400-10 760）÷22+280+8×2.5=420（元）。

（2）经济订货基本模型中单位变动存货储存成本=4+28.5+20=52.5（元）。

（3）经济订货批量=$\sqrt{\dfrac{2\times10\,000\times420}{52.5}}$=400（套）。

（4）每年与批量相关的存货总成本=$\sqrt{2\times10\,000\times420\times52.5}$=21 000（元）。

任务五　流动负债管理

06

 **学习目标**

知识目标：熟悉流动负债管理，掌握短期借款成本和商业信用成本的计算方法。

技能目标：会计算短期借款成本和放弃现金折扣的信用成本。

 **任务导入**

任务资料：

华龙公司季节性采购一批商品，供应商报价为1 000万元。付款条件为"3/10,2.5/30，N/90"。目前华龙公司资金紧张，预计到第90天才有资金用于支付，若要在90天内付款只能通过借款解决，银行借款年利率为6%。假定一年按360天计算。应付账款折扣分析如表6-5-1所示。

表6-5-1　　　　　　　　　　应付账款折扣分析　　　　　　　　　　金额单位：万元

付款日	折扣率	付款额	折扣额	放弃折扣的信用成本率	银行借款利息	享受折扣的净收益
第10天	3%	*	30	*	（A）	（B）

续表

付款日	折扣率	付款额	折扣额	放弃折扣的信用成本率	银行借款利息	享受折扣的净收益
第30天	2.5%	*	(C)	(D)	*	15.25
第90天	0	1 000	0	0	0	0

注：表中"*"表示省略的数据。

任务目标：

（1）确定表中字母代表的数值。

（2）确定华龙公司应选择何种付款方式，并说明理由。

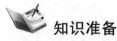

知识准备

流动负债管理部分主要介绍短期借款和商业信用的管理。

一、短期借款

短期借款

短期借款是指企业向银行或其他金融机构借入的期限在 1 年以下（含 1 年）的各种借款。

短期借款按偿还方式不同，分为一次性偿还借款和分期偿还借款；按利息支付方式不同，分为收款法借款、贴现法借款和加息法借款；按有无担保，分为抵押借款和信用借款。

（一）短期借款的信用条件

银行等金融机构对企业贷款时，通常会附带一定的信用条件。短期借款所附带的一些信用条件主要有以下几种。

1. 信贷额度

信贷额度，是借款企业与银行在协议中规定的借款最高限额，信贷额度的有效期限通常为 1 年。一般情况下，在信贷额度内，企业可以随时按需要使用借款。但是，银行并不承担必须贷款的义务。如果企业信誉恶化，即使在信贷额度内，企业也可能借不到款项。此时，银行不会承担法律责任。

2. 周转信贷协定

周转信贷协定是银行具有法律义务地承诺不超过某一最高限额向企业贷款的协定。在协定的有效期内，只要企业借款总额未超过规定的借款最高限额，银行必须满足企业任何时候提出的借款要求。企业要享用周转信贷协定，通常要就贷款限额的未使用部分付给银行一笔承诺费。

【例6-5-1】某企业与银行商定的周转信贷额度为 8 000 万元，年度内实际使用了 5 000 万元，承诺费率为 0.5%，企业应向银行支付的承诺费为多少？

信贷承诺费＝（8 000-5 000）×0.5%=15（万元）。

周转信贷协定的有效期常超过 1 年，但实际上贷款每几个月发放一次，所以这种信贷具有短期和长期借款的双重特点。

3. 补偿性余额

补偿性余额是银行要求借款企业在银行中保持按贷款限额或实际借款额的一定比例（通常为

06

10%～20%）计算的最低存款余额。对于银行来说，补偿性余额有助于降低贷款风险，补偿其可能遭受的风险。同时，补偿性余额提高了企业借款的实际利率，加重了企业的负担。

【例6-5-2】华龙公司向银行借款1 200万元，年利率为10%，银行要求保留10%的补偿性余额，则企业实际可动用的贷款为1 080万元。该借款的实际利率为多少？

借款实际利率＝（1 200×10%）÷1 080＝10%÷（1-10%）＝11.11%

4. 借款抵押

为了降低风险，银行发放贷款时往往需要企业有抵押品担保。短期借款的抵押品主要有应收账款、存货、应收票据、债券等。银行将根据抵押品面值的30%～90%发放贷款，具体比例取决于抵押品的变现能力和银行对风险的态度。

5. 偿还条件

贷款的偿还有到期一次偿还和在贷款期内定期（每月、季）等额偿还两种方式。一般来讲，企业不希望采用后一种偿还方式，因为这会提高借款的实际年利率；而银行不希望采用前一种偿还方式，因为这会增加企业的拒付风险，同时会降低实际贷款利率。

6. 其他承诺

银行有时还要求企业为取得贷款做出其他承诺，如及时提供财务报表、保持适当的财务水平（如特定的流动比率）等。如企业违背所做出的承诺，银行可要求企业立即偿还全部贷款。

（二）短期借款的成本

短期借款的成本主要包括利息、手续费等。短期借款成本的高低主要取决于贷款利率的高低和利息的支付方式。短期借款利息的支付方式有收款法、贴现法和加息法三种，付息方式不同，短期借款成本计算也有所不同。

1. 收款法

收款法是在借款到期时向银行支付利息的方法。银行向企业贷款一般都采用这种方法收取利息。采用收款法时，短期借款的实际利率就是名义利率。

2. 贴现法

银行借款利息的支付方式一般为利随本清法，又称收款法，即在借款到期时向银行支付利息。但有时银行要求采用贴现法支付利息，即银行向企业发放贷款时，先从本金中扣除利息，而到期时借款企业再偿还全部本金。采用该种方法，企业可利用的贷款额只有本金扣除利息的差额部分，从而提高了借款的实际利率。

【例6-5-3】华龙公司从银行取得借款100万元，期限为1年，年利率为9%，利息为10万元。按贴现法付息，企业实际可动用的贷款为91万元，该借款的实际年利率＝100×9%÷91＝9÷91＝9.89%。

3. 加息法

加息法是银行发放分期等额偿还贷款时采用的利息收取方法。在分期等额偿还贷款情况下，银行将根据名义利率计算的利息加到贷款本金上，计算出贷款的本息和，要求企业在贷款期内分期偿还本息之和的金额。由于贷款本金分期均衡偿还，借款企业实际上只平均使用了贷款本金的一半，却支付了全额利息。这样企业所负担的实际利率便要高于名义利率大约1倍。

【例6-5-4】华龙公司借入名义年利率为8%的贷款200 000元，分12个月等额偿还本息。该项借款的实际年利率＝200 000×8%÷（200 000÷2）＝16%。

二、商业信用

商业信用

商业信用是指企业在进行商品或者劳务交易中，以延期付款或预收货款方式进行购销活动而形成的借贷关系。商业信用是企业之间的直接信用行为，也是企业获得短期资金的重要来源。商业信用产生于企业生产经营的商品、劳务的交易中，是一种自发性筹资。

（一）商业信用的形式

1. 应付账款

应付账款是供应商给企业提供的一种商业信用。当企业需要扩大生产规模时，如果能够延长进货和应付账款的付款时间，则企业就能够利用商业信用融通企业发展所需的部分资金。

商业信用条件主要包括信用期和现金折扣。一般供应商在一定的信用条件下规定现金折扣时，目的主要是加速资金的回收。企业在决定是否采取现金折扣时，应仔细考虑。通常，现金折扣的资金成本非常高。

（1）放弃现金折扣的信用成本。企业在供应商规定的折扣期内付款，可以获得免费信用，但企业无法享受现金折扣的优惠，从而付出代价。

【例 6-5-5】华龙公司按"1/20，N/40"的付款条件购入价值 30 万元的货物。如果在 20 天内付款，就可以获得 0.3（30×1%）万元的现金折扣，信用额为 29.7（30-0.3）万元。放弃现金折扣的信用成本率为：

$$华龙公司放弃折扣的信用成本率 = \frac{折扣率}{1-折扣率} \times \frac{360}{付款期-折扣期}$$
$$= 1\% \div (1-1\%) \times 360 \div (40-20)$$
$$= 18.18\%$$

上述计算表明，放弃现金折扣的信用成本率与折扣率、折扣期和付款期有关，与贷款额和折扣额没有关系。在企业放弃现金折扣的情况下，推迟付款的时间越长，其信用成本越小；但是不按照信用期限付款会导致企业信誉恶化，信用度严重下降，有可能给企业购买货物带来更严格的付款条件。

（2）放弃现金折扣的信用决策。当企业暂时缺乏资金或者存在比享受现金折扣所带来的更好的短期投资机会时，企业就会放弃现金折扣。

【例 6-5-6】华龙公司购买一批原材料，形成的应付账款为 40 万元，供应商的信用条件为"2/10，1/20，N/30"。公司用于支付账款的资金要在 30 天时才能周转回来，若要在 30 天内付款，只能通过短期融资解决。如果短期融通资金的资本成本率为 12%，试确定公司原材料采购款的付款时间和价格。

$$公司10天内付款的信用成本率为 = \frac{折扣率}{1-折扣率} \times \frac{360}{付款期-折扣期}$$
$$= 2\% \div (1-2\%) \times 360 \div (30-10)$$
$$= 36.73\%$$

$$公司20天内付款的信用成本率为 = \frac{折扣率}{1-折扣率} \times \frac{360}{付款期-折扣期}$$
$$= 1\% \div (1-1\%) \times 360 \div (30-20)$$
$$= 36.36\%$$

由于公司 10 天内和 20 天内付款的信用成本率都高于短期资金融通的资本成本率（12%），所以初步判定公司应当取得现金折扣，借入银行借款以偿还货款。

10 天内付款，折扣为 8 000 元，用资 392 000 元；借款 20 天，利息为 2 613.33 元，净收益为 5 386.67 元。20 天内付款，折扣为 4 000 元，用资 396 000 元，借款 10 天，利息为 1 320 元，净收益为 2 680 元。

结论：在第 10 天付款是最佳方案，其净收益最大。

2. 应付票据

应付票据是指企业在商品购销活动中和对工程价款进行结算时，因采用商业汇票结算方式而产生的商业信用。商业汇票包括商业承兑汇票和银行承兑汇票。应付票据按是否带息分为带息应付票据和不带息应付票据两种。

3. 预收账款

预收账款，是企业按照销售合同或者协议的规定，在发出货物之前向购货单位预先收取部分或全部货款的信用行为。购买单位对于紧俏商品和生产周期长、造价较高的商品，往往采用预收货款的方式销货。

4. 应计未付款

应计未付款是企业在生产经营和利润分配过程中已经计提但尚未以货币支付的款项，主要包括应付职工薪酬、应交税费、应付利润或应付股利等。这些应付项目，在已经计提而没有支付这段时间，形成企业的应计未付款。企业的应计未付款随着企业规模的扩大而增加，使用这些企业经营过程中自然形成的资金，企业无须付出任何代价。当然，对于这些款项，企业必须保证在一定时间内进行支付。

（二）商业信用筹资的优缺点

1. 商业信用筹资的优点

（1）容易获取。商业信用是因企业的购销行为产生的，企业经营中，总会存在有供需关系并且又相互信任的基础供应商或客户。对于绝大多数企业，应付账款和预收账款都是自然的、持续的信贷形式。

（2）具有较大灵活性。企业能够根据需要，选择决定筹资的金额大小和期限长短，此方式同样要比银行借款等其他方式灵活得多。如果企业在规定的期限内实在难以付款或交货，一般还可以与供应商或客户协商延长付款或交货时限。

（3）一般不需要提供担保。企业通过商业信用筹得的资金不需要第三方提供担保，也不要求筹资企业用资产进行担保。

2. 商业信用筹资的缺点

（1）筹资成本高。尽管商业信用的筹资成本仅是一种机会成本，但由于属于临时性筹资，其筹资成本比银行信用要高。

（2）容易恶化企业的信用水平。商业信用的期限短，企业还款压力大，对企业现金流量管理的要求很高。如果长期和经常性地拖欠账款，会造成企业的信誉恶化。

（3）受外部环境影响较大。商业信用筹资受外部环境影响较大，稳定性较差，即使不考虑机会成本，也是不能无限制利用的。当商品供大于求时，卖方可能会终止提供商业信用；当市场资金供应紧张或有更好的投资方向时，利用商业信用筹资有可能会遇到障碍。

三、流动负债的优势和劣势

1. 流动负债的优势

流动负债容易获得，具有灵活性，能有效地满足企业季节性信贷需求，实现了融资需求和获得融资之间的同步性。此外，短期借款一般比长期借款具有更少的约束性条款。流动负债是为流动资产中临时性、季节性的增长进行融资的主要工具。

2. 流动负债的劣势

流动负债的流动性，造成其会经常发生变化，所以企业需要进行持续的重新谈判或滚动安排负债。贷款人由于企业财务状况的变化，或整体经济环境的变化，可能在到期日不愿滚动贷款，或重新设定贷款额度。实践表明，使用短期贷款为永久性流动资产融资存在很大风险。

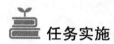

任务实施

任务资料和任务目标见本任务的"任务导入"，具体任务实施过程如下。

（1）$A=1\ 000×（1-3\%）×6\%÷360×（90-10）=12.93$（万元）。

$B=1\ 000×3\%-12.93=17.07$（万元）。

$C=1\ 000×2.5\%=25$（万元）。

$D=[2.5\%÷（1-2.5\%）]×[360÷（90-30）]=15.38\%$。

（2）应当选择在第 10 天付款。

理由：在第 10 天付款，净收益为 17.07 万元，在第 30 天付款，净收益为 15.25 万元，在第 90 天付款，净收益为 0，所以应当选择净收益最大的第 10 天付款。

课程思政——敬业篇

敬业就是专心致力于自己的事业。孔子所说的"执事敬""事思敬"，讲的就是做事认真、敬重的态度。朱熹说："敬业者，专心致志，以事其业也。"可见，敬业的基本含义就是热爱自己的事业、专注于自己的业务，全身心地投入自己的本职工作。敬业是做好本职工作的前提。常言道："业精于勤荒于嬉，行成于思毁于随。""三百六十行，行行出状元。"只要我们肯勤奋学习，刻苦实践，做到勤业、精业、乐业，就能在平凡的岗位上，创造出不平凡的业绩。敬业是实现人生价值的路径。"天下难事，必作于易；天下大事，必作于细。""不积跬步，无以至千里；不积小流，无以成江海。"人生的崇高理想和远大抱负都必须落实在自己的职业理想之中，并通过职业理想来实现。而要在自己的工作中取得辉煌的业绩，就要废寝忘食，专心致志，在敬业、爱业中把自己的专业做到极致，从而在平凡中创造不平凡、在细小中成就伟业。

选自沈壮海《兴国之魂：社会主义核心价值体系释讲》

课后练习

一、单项选择题

1. 某公司资产总额为 9 000 万元，其中永久性流动资产为 2 400 万元，波动性流动资产为 1 600

万元。该公司通过长期融资方式取得资金 8 100 万元，不考虑其他情形，可以判断该公司的融资策略属于（　　）。

  A. 期限匹配融资策略   B. 保守融资策略

  C. 激进融资策略   D. 风险匹配融资策略

2. 下列流动资产融资策略中，收益和风险均较低的是（　　）。

  A. 产权匹配融资策略   B. 期限匹配融资策略

  C. 保守融资策略   D. 激进融资策略

3. 运用成本模型计算最佳现金持有量时，下列公式中，正确的是（　　）。

  A. 最佳现金持有量=Min（管理成本+机会成本+转换成本）

  B. 最佳现金持有量=Min（管理成本+机会成本+短缺成本）

  C. 最佳现金持有量=Min（机会成本+经营成本+转换成本）

  D. 最佳现金持有量=Min（机会成本+经营成本+短缺成本）

4. 某公司根据存货模型确定的最佳现金持有量为 100 000 元，有价证券的年利率为 10%。在最佳现金持有量下，该公司与现金持有量相关的现金使用总成本为（　　）元。

  A. 5 000   B. 10 000   C. 15 000   D. 20 000

5. 某上市公司利用随机模型确定最佳现金持有量，已知现金余额下限为 200 万元，目标现金余额为 360 万元，则现金余额上限为（　　）万元。

  A. 480   B. 560   C. 960   D. 680

6. 某企业根据随机模型进行现金管理，已知最低现金持有量为 15 万元，现金余额回归线为 80 万元。如果公司现有现金 220 万元，此时应当投资于有价证券的金额是（　　）万元。

  A. 65   B. 205   C. 140   D. 95

7. 某公司持有有价证券的平均年利率为 5%，公司的最低现金持有量为 1 500 元，现金余额的回归线为 8 000 元。如果公司现有现金 20 000 元，根据现金持有量随机模型，此时应当投资于有价证券的金额是（　　）元。

  A. 0   B. 6 500   C. 12 000   D. 18 500

8. 下列关于现金回归线的表述中，正确的是（　　）。

  A. 现金回归线的确定与企业可接受的最低现金持有量无关

  B. 有价证券利息率增加，会导致现金回归线上升

  C. 有价证券的每次固定转换成本上升，会导致现金回归线上升

  D. 当现金持有量高于或低于现金回归线时，应立即购入或出售有价证券

9. 某公司存货周转期为 160 天，应收账款周转期为 90 天，应付账款周转期为 100 天，则该公司现金周转期为（　　）天。

  A. 30   B. 60   C. 150   D. 260

10. 下列各项中，不属于现金支出管理措施的是（　　）。

  A. 推迟支付应付款   B. 提高信用标准   C. 以汇票代替支票   D. 争取现金收支同步

11. 企业在进行现金管理时，可利用的现金浮游量是指（　　）。

  A. 企业账户所记存款余额

  B. 银行账户所记企业存款余额

  C. 企业账户与银行账户所记存款余额之差

  D. 企业实际现金余额超过最佳现金持有量之差

12. 企业将资金投放于应收账款而放弃其他投资项目，就会丧失这些投资项目可能带来的收益，则该收益是（　　　）。

  A. 应收账款的管理成本　　　　　　　　B. 应收账款的机会成本

  C. 应收账款的坏账成本　　　　　　　　D. 应收账款的短缺成本

13. 某企业预计下年度销售净额为 1 800 万元，应收账款周转天数为 90 天（一年按 360 天计算），变动成本率为 60%，资本成本率为 10%，则应收账款的机会成本是（　　　）万元。

  A. 27　　　　　　　B. 45　　　　　　　C. 108　　　　　　　D. 180

14. 5C 信用评价系统中，调查了解企业资本规模和负债比率，反映企业资产或资本对负债的保障程度是评估顾客信用品质的（　　　）。

  A. 能力方面　　　　B. 资本方面　　　　C. 抵押方面　　　　D. 条件方面

15. 按照 ABC 分析法，下列可作为重点催款对象的是（　　　）。

  A. 应收账款逾期金额占应收账款逾期金额总额比重大的客户

  B. 应收账款账龄长的客户

  C. 应收账款数额占全部应收账款数额比重大的客户

  D. 应收账款比重小的客户

16. 下列各项中，不属于存货储存成本的是（　　　）。

  A. 存货仓储费用　　　　　　　　　　　B. 存货破损和变质损失

  C. 存货储备不足而造成的损失　　　　　D. 存货占用资金的应计利息

17. 下列关于存货保险储备的表述中，正确的是（　　　）。

  A. 较低的保险储备可降低存货缺货成本

  B. 保险储备的多少取决于经济订货批量的大小

  C. 最佳保险储备能使缺货损失和保险储备的储存成本之和达到最低

  D. 较高的保险储备可降低存货储存成本

18. 在交货期内，如果存货需求量增加或供应商交货时间延迟，就可能发生缺货。为此，企业应保持的最佳保险储备量是（　　　）。

  A. 使保险储备的订货成本与储存成本之和最低的存货量

  B. 使缺货损失和保险储备的储存成本之和最低的存货量

  C. 使保险储备的持有成本最低的存货量

  D. 使缺货损失最低的存货量

19. 采用 ABC 控制法进行存货管理时，应该重点控制的存货类别是（　　　）。

  A. 品种较多的存货　　　　　　　　　　B. 数量较多的存货

  C. 库存时间较长的存货　　　　　　　　D. 单位价值较大的存货

20. 某企业从银行获得附有承诺的周转信贷额度为 1 000 万元，承诺费率为 0.5%，年初借入 800 万元，年底偿还，年利率为 5%。则该企业负担的承诺费是（　　　）。

  A. 1 万元　　　　　　B. 4 万元　　　　　C. 5 万元　　　　　D. 9 万元

21. 20×1 年 1 月 1 日，某企业取得银行为期一年的周转信贷协定，金额为 100 万元，1 月 1 日企业借入 50 万元，8 月 1 日企业又借入 30 万元，年末企业偿还所有的借款本金。假设利率为每年 12%，年承诺费率为 0.5%，则年终企业应支付利息和承诺费共为（　　　）万元。

06

  A. 7.5   B. 7.687 5   C. 7.6   D. 6.332 5

22. 下列会使信贷具有短期和长期借款双重特点的信用条件是（ ）。

  A. 信贷额度   B. 周转信贷协定   C. 补偿性余额   D. 分期等额还款

23. 某公司向银行借款 100 万元，年利率为 8%，银行要求保留 12%的补偿性余额，则该借款的实际年利率为（ ）。

  A. 6.67%   B. 7.14%   C. 9.09%   D. 11.04%

24. 某企业按年利率 10%向银行借款 1 000 万元，银行要求保留 15%的补偿性余额，存款年利率为 2%，则这项借款的实际年利率约为（ ）。

  A. 10%   B. 10.81%   C. 11.41%   D. 11.76%

25. 某企业需要借入资金 60 万元，由于贷款银行要求将贷款金额的 20%作为补偿性余额，故企业需要向银行申请的贷款数额为（ ）万元。

  A. 75   B. 72   C. 60   D. 50

26. 某企业年初从银行贷款 100 万元，期限为 1 年，年利率为 10%，按照贴现法付息，则年末应偿还的金额为（ ）万元。

  A. 70   B. 90   C. 100   D. 110

27. 某公司拟使用短期借款进行筹资。下列借款条件中，不会导致实际利率高于名义利率的是（ ）。

  A. 按贷款一定比例在银行保持补偿性余额   B. 按贴现法支付银行利息

  C. 按收款法支付银行利息   D. 按加息法支付银行利息

二、多项选择题

1. 下列关于营运资金管理的表述中，正确的有（ ）。

  A. 加速营运资金周转，有助于降低资金使用成本

  B. 销售变数较大而难以预测时，通常要维持较低的流动资产与销售收入比率

  C. 管理者偏好高风险高收益时，通常会保持较低的流动资产投资水平

  D. 销售稳定并可预测时，投资于流动资产的资金可以相对少一些

2. 企业在持续经营过程中，会自发地、直接地产生一些资金来源，部分地满足企业经营需要的自然性流动负债，如（ ）。

  A. 预收账款   B. 应付职工薪酬

  C. 应付票据   D. 根据周转信贷协定取得的限额内借款

3. 下列各项中，影响预防性现金需求数额的因素有（ ）。

  A. 企业临时融资的能力   B. 企业预测现金收支的可靠性

  C. 金融市场上的投资机会   D. 企业愿意承担短缺风险的程度

4. 企业采用成本模型管理现金，在最佳现金持有量下，下列各项中正确的有（ ）。

  A. 机会成本等于短缺成本   B. 机会成本与管理成本之和最小

  C. 机会成本等于管理成本   D. 机会成本与短缺成本之和最小

5. 运用成本模型确定企业最佳现金持有量时，现金持有量与持有成本之间的关系表现为（ ）。

  A. 现金持有量越小，总成本越大   B. 现金持有量越大，机会成本越大

  C. 现金持有量越小，短缺成本越大   D. 现金持有量越大，管理总成本越大

6. 下列管理措施中，可以缩短现金周转期的有（　　　）。

    A. 提前偿还短期融资券　　　　　　　　B. 利用商业信用延期付款

    C. 加大应收账款催收力度　　　　　　　D. 加快制造和销售产品

7. 赊销在企业生产经营中所发挥的作用有（　　　）。

    A. 增加现金　　　B. 减少存货　　　C. 促进销售　　　D. 减少借款

8. 为了确保公司能一致性地运用信用和保证公平性，公司必须保持恰当的信用政策，信用政策必须明确地规定（　　　）。

    A. 信用标准　　　B. 信用条件　　　C. 收账政策　　　D. 商业折扣

9. 利用应收账款账户余额的模式进行应收账款管理可以发挥的作用有（　　　）。

    A. 预测公司的现金流量　　　　　　　　B. 预计应收账款的水平

    C. 反映应付账款的周转速度　　　　　　D. 评价应收账款的收账效率

10. 存货在企业生产经营过程中所具有的作用主要有（　　　）。

    A. 有利于销售　　　B. 维持连续生产　　　C. 降低储存成本　　　D. 维持均衡生产

11. 根据经济订货批量的基本模型，下列各项中，可能导致经济订货批量提高的有（　　　）。

    A. 每期提高存货的总需求　　　　　　　B. 每次提高变动订货费用

    C. 每期提高单位变动存货储存成本　　　D. 提高存货的采购单价

12. 企业如果采取适时制库存控制系统，则下列表述中正确的有（　　　）。

    A. 库存成本较低

    B. 制造企业必须事先与供应商和客户协调好

    C. 需要的是稳定而标准的生产程序以及诚信的供应商

    D. 供应商必须提前将企业生产所需要的原料或零件送达，避免企业缺货

13. 下列各项中，属于商业信用筹资方式的有（　　　）。

    A. 发行短期融资券　　　B. 应付账款　　　C. 应计未付款　　　D. 融资租赁

14. 一般而言，与短期筹资和短期借款相比，商业信用融资的优点有（　　　）。

    A. 融资数额较大　　　B. 融资条件宽松　　　C. 具有较大灵活性　　　D. 不需提供担保

三、判断题

1. 营运资金具有多样性、波动性、短期性、变动性和不易变现性等特点。（　　　）

2. 在随机模型下，当现金余额在最高控制线和最低控制线之间波动时，表明企业现金持有量处于合理区域，无须调整。（　　　）

3. 企业内部银行是一种经营部分银行业务的非银行金融机构，需要经过中国人民银行审核批准才能设立。（　　　）

4. 存货管理的目标是保证生产或销售经营需要，增加存货储备。（　　　）

5. 某公司推行适时制库存控制系统，该系统对公司管理水平提出了更高的要求，因此该公司应采用宽松的流动资产投资策略。（　　　）

四、计算题

1. 某企业有四种现金持有方案，它们各自的现金持有量、管理成本、短缺成本如表 6-1 所示。假设现金的机会成本率为 12%。

要求：确定最佳现金持有量。

06

项目	甲	乙	丙	丁
平均现金持有量	25 000	50 000	75 000	100 000
机会成本	3 000	6 000	9 000	12 000
管理成本	20 000	20 000	20 000	20 000
短缺成本	12 000	6 750	2 500	0

表6-1   现金持有方案   单位：元

2. 某企业预测20×1年度销售收入净额为3 600万元，应收账款平均收账天数为60天，变动成本率为50%，企业的资金成本率为10%。一年按360天计算。

要求：

（1）计算20×1年度应收账款的平均余额。

（2）计算20×1年度应收账款占用资金额。

（3）计算20×1年度应收账款的机会成本额。

（4）若20×1年应收账款平均余额需要控制在400万元，在其他因素不变的条件下，计算应收账款平均收账天数。

3. B公司是一家制造类企业，产品的变动成本率为60%，一直采用赊销方式销售产品，信用条件为N/60。如果继续采用N/60的信用条件，预计20×1年赊销收入净额为1 000万元，坏账损失为20万元，收账费用为12万元。

为了扩大产品的销售量，B公司拟将信用条件变更为2/40，N/140。在其他条件不变的情况下，预计20×1年赊销收入净额为1 100万元，坏账损失预计为赊销额的3%，收账费用预计为赊销额的2%。

假定风险投资最低报酬率为10%，一年按360天计算，估计有50%的客户享受折扣，其余客户预计均于信用期满付款。

要求：

（1）计算信用条件改变后B公司收益的增加额。

（2）计算信用条件改变后B公司应收账款成本增加额。

（3）为B公司做出是否应改变信用条件的决策，并说明理由。

4. 某企业1月份实现销售250 000元，企业收款模式为：

（1）销售的当月收回销售额的5%；

（2）销售后的第一个月收回销售额的40%；

（3）销售后的第二个月收回销售额的35%；

（4）销售后的第三个月收回销售额的20%。

要求：计算1月份的销售额在3月末仍未收回的应收账款。

5. 假设没有坏账费用，企业收款模式如下（具体见表6-2）：

（1）销售的当月收回销售额的5%；

（2）销售后的第一个月收回销售额的40%；

（3）销售后的第二个月收回销售额的35%；

（4）销售后的第三个月收回销售额的20%。

表6-2 　　　　　　　　　　企业收款模式资料

月份	销售额/元	月销售中于3月底未收回的金额/元	月销售中于3月底未收回的百分比/%
1	250 000	50 000	20
2	300 000	165 000	55
3	400 000	380 000	95
4	500 000		

要求：

（1）计算3月末应收账款余额合计。

（2）预计4月现金流入。

6. 假设某公司每年需外购零件3 600千克，该零件单价为10元，单位变动储存成本为20元，一次订货成本为25元，单位缺货成本为100元，公司目前建立的保险储备量是30千克。在交货期内的零件需求量及其概率如表6-3所示。

表6-3 　　　　　　　　　　在交货期内的零件需求量及其概率

需求量/千克	概率
50	0.10
60	0.20
70	0.40
80	0.20
90	0.10

要求：计算以下各项，结果保留整数。

（1）计算经济订货批量、年最优订货次数。

（2）按企业目前的保险储备标准，计算存货量为多少时应补充订货。

（3）判断企业目前的保险储备标准是否恰当。

（4）按合理保险储备标准，计算企业的再订货点。

06

项目七

利润管理

项目导读 ↓

利润管理

一、利润管理认知

利润管理应遵循依法分配、分配与积累并重、兼顾各方利益、投资与分配对等的原则。

利润分配按照弥补以前年度亏损、提取法定盈余公积、提取任意盈余公积和向股东（投资者）分配股利（利润）的顺序展开。

二、利润分配管理

股利政策，是指在法律允许的范围内，企业是否发放股利、发放多少股利以及何时发放股利的方针及对策。股利政策的最终目标是使公司价值最大化。

企业的利润分配涉及企业相关各方的切身利益，受众多不确定因素的影响。确定利润分配政策时，应当考虑各种相关因素的影响，主要包括法律、公司、股东及其他因素。

股利支付形式包括现金股利、财产股利、负债股利、股票股利。

股利支付程序为：董事会提出分配方案；股东大会决议通过分配预案；向股东宣布股利分配方案，并确定股权登记日、除息日和股利支付日。

股利分配理论主要有股利无关理论和股利相关理论两大主流观点。股利相关论主要包括"手中鸟"理论、信号传递理论、所得税差异理论、代理理论。

主要的股利政策有剩余股利政策、固定或稳定增长的股利政策、固定股利支付率政策和低正常股利加额外股利政策。

股票分割，又称拆股，即将一股股票拆分成多股股票的行为。股票分割一般只会增加发行在外的股票总数，但不会对公司的资本结构产生任何影响。

股票回购是指上市公司将其发行在外的普通股以一定价格购买回来予以注销或作为库存股的一种资本运作方式。

任务一　利润管理认知

 学习目标

知识目标：了解利润分配的原则，掌握利润分配的顺序。

技能目标：会按照利润分配的顺序开展利润分配。

 **任务导入**

任务资料：

华龙公司 20×1 年实现了 3 000 万元的利润总额，公司董事会讨论今年利润的分配情况。

任务目标：

讨论根据《公司法》，华龙公司 20×1 年实现的利润应按照什么样的顺序进行分配。

 知识准备

利润管理是指公司对利润分配相关工作及有关的财务关系的组织和协调活动，是把公司一定会计期间创造的经营成果合理地在公司内外部利益相关者之间进行有效分配的管理活动。

一、利润分配的原则

利润分配作为公司财务管理中的重要活动，应当遵循以下原则。

1. 依法分配原则

公司的利润分配活动必须依法进行。为了规范公司的利润分配行为，维护各利益相关者的合法权益，国家制定了相应的法律法规，对公司利润分配的基本要求、业务程序和分配比例等方面做出了具体规定。

2. 分配与积累并重原则

公司在利润分配中要坚持积累与分配并重的原则。公司获取的利润，首先保证公司经营活动简单再生产的持续进行，同时又要为公司积累扩大再生产储备资金。公司合理地处理分配与积累的关系，既可以增强公司抵抗风险的能力，又可以提高公司经营的稳定性和安全性。

3. 兼顾各方利益原则

公司在利润分配中必须兼顾各方利益。公司的利润分配涉及国家、股东、债权人和职工等多方面的利益。公司在分配利润时，要统筹兼顾，正确处理各方之间的关系，促进公司可持续发展。

4. 投资与分配对等原则

公司在进行利润分配时充分体现"谁投资，谁受益"的原则，是正确处理投资者与利润分配关系的关键。公司在向投资者分配利润时，在公平一致的原则下，按照投资者投资额的比例进行分配，实现利润分配的公开、公平和公正，保护投资者的合法权益。但是，公司章程或协议明确规定出资比例与利润分配不一致的除外。

二、利润分配的顺序

利润是公司收入弥补成本费用后的余额。本项目所讲的利润分配是指对净利润的分配。根据《公司法》及相关法律法规的规定，公司净利润的分配应按照下列顺序进行。

1. 弥补以前年度亏损

公司在进行利润分配前，首先应当弥补以前年度亏损。《公司法》规定公司的年度亏损可以用下一年度的税前利润弥补，下一年度不足弥补的，可以在五年之内用税前利润连续弥补，连续五年未弥补的亏损则需用税后利润弥补。其中，税后利润弥补亏损可以用当年实现的净利润，也可以使用盈余公积。

2. 提取法定盈余公积

按照《公司法》规定，公司法定盈余公积的提取比例应当按照当年税后利润（弥补亏损后）的 10%提取。当法定盈余公积的累积额达到注册资本的 50%时，可以不再提取。法定盈余公积根据公司的需要，可以用于弥补亏损或转增资本。但是，公司用法定盈余公积转增资本的，法定盈余公积余额不得低于转增前公司注册资本的 25%。法定盈余公积主要用于企业内部积累和扩大再生产。

3. 提取任意盈余公积

按照《公司法》规定，公司从税后利润中提取法定盈余公积后，经股东会或股东大会决议，还可以用税后利润提取任意盈余公积。

4. 向股东（投资者）分配股利（利润）

按照《公司法》规定，公司在弥补亏损、提取盈余公积后的税后利润，可以向股东（投资者）分配股利（利润）。其中，有限责任公司股东按照实缴的出资比例分取红利，全体股东约定不按照出资比例分取红利的除外；股份有限公司按照股东持有的股份比例分配，但股份有限公司章程规定不按照持股比例分配的除外。

 任务实施

任务资料和任务目标见本任务的"任务导入"，具体任务实施过程如下。

华龙公司的利润分配顺序为：弥补以前年度亏损、提取法定盈余公积、提取任意盈余公积、向股东（投资者）分配股利（利润）。

任务二　利润分配管理

 学习目标

知识目标：掌握利润分配的影响因素、股利政策、股利支付的形式，了解股利分配理论、股票分割和回购。

技能目标：会运用公司的股利分配政策。

 任务导入

任务资料：

华龙公司 20×1 年年末的资产总额为 60 000 万元，权益资本占资产总额的 60%，当年净利润为 7 200 万元。公司认为其股票价格过高，不利于股票流通，于 20×1 年年末按照 1∶2 的比例进行股票分割，股票分割前该公司发行在外的普通股股数为 2 000 万股。

根据 20×2 年的投资计划，该公司需要追加投资 9 000 万元，基于公司目标资本结构，要求追加的投资中权益资本占 60%。

任务目标：

（1）计算华龙公司股票分割后的下列指标：①每股净资产；②净资产收益率。

（2）如果华龙公司针对 20×1 年度净利润采取固定股利支付率政策分配股利，股利支付率为40%，计算应支付的股利总和。

（3）如果华龙公司针对 20×1 年度净利润采取剩余股利政策分配股利，请计算下列指标：①20×2 年追加投资所需要的权益资本额；②可发放的股利总额。

知识准备

一、利润分配的影响因素

公司的利润分配活动涉及各利益相关者的切身利益，受到很多因素的影响，在确定公司利润分配政策时，应当综合考虑法律、公司、股东以及其他因素的影响。

1. 法律因素

为了保护债权人和股东的利益，相关法律对公司的利润分配活动做出以下规定。

（1）资本保全约束。公司不得用资本（实收资本、股本、资本公积）发放股利，目的是维持公司资本的完整性，防止提高公司的资产负债率，保护公司完整的产权基础，保障债权人的合法权益。

（2）资本积累约束。《公司法》规定公司必须按照确定的比例和基数提取盈余公积，股利只能从可供分配的利润中支付。可供分配的利润包含公司当期的净利润按照规定提取盈余公积后的余额和以前年度累积的未分配利润。当公司出现年度亏损时，一般不进行利润分配。

（3）超额累积利润约束。相关法律对资本利得和股利收入税率的要求不一致，假如公司为了避税而保留大量的盈余从而使其远远超过了公司投资需要，将会被加征额外的税款。

（4）偿债能力约束。公司在进行股利分配时，要考虑现金股利的分配对公司偿债能力的影响，需要确保股利分配完毕之后，公司仍能够保持较强的偿债能力，维持公司的信誉，保证公司资金链的正常运转。

2. 公司因素

公司基于日常经营和长期发展需要的考虑，在确定利润分配政策时，需要重点关注以下因素。

（1）现金流量。由于选择的会计核算方法不同，公司的净利润与现金流量难以实现完全同步，净利润的增加不一定意味着可供分配现金流量的增加。公司在进行利润分配时，首先要保证正常经营活动对现金的需求，维持公司资金链的正常运转。

（2）资产的流动性。公司在进行利润分配时，支付现金股利会减少其现金持有量，降低资产的流动性，然而保持一定的资产流动性是公司正常运转的必备条件。

（3）盈余的稳定性。通常，公司的盈余越稳定，其股利支付水平相对就越高。盈余不稳定的公司可以采取低股利政策。

（4）投资机会。当公司的投资机会比较多时，对资金的需求量相对较大，公司就很可能会采取低股利支付水平的分配政策。反之，当公司的投资机会较少时，对资金的需求量较小，公司倾向于采用较高的股利支付水平的分配政策。此外，当公司留存利润的报酬低于投资者投资于其他投资机会所得的收益时，公司就应该多发股利，从而有利于股东价值的最大化。

07

（5）筹资因素。当公司的筹资能力比较强时，就具有较强的股利支付能力。利用留存利润是公司内部筹集资金的重要方式，这种筹资方式不会发生任何的筹资费用，还能增加公司权益资本的比重，降低公司的财务风险，有利于促使公司以低成本获取债务资本。

（6）其他因素。由于股利存在信号传递作用，保持一定的连续性和稳定性，有利于树立公司良好的形象，使公司获得一个合理的市场估值。另外，利润分配政策还会受到其他因素的影响，处于不同发展阶段和不同行业的公司，其股利支付比例会有一定的差异，公司在进行股利分配政策选择时要考虑公司的发展阶段和所在行业状况的影响。

3. 股东因素

股东在控制权、收入和税收筹划等方面也会对公司的利润分配政策产生影响。

（1）控制权。股东通常将股利政策作为维持其控制地位的工具。公司支付较高的股利往往导致留存收益减少。当公司为具有较高盈利预期的投资机会筹集资金时，发行新股的可能性增大。但是，新股东的加入会稀释现有股东的控制权。此时，股东会希望采用较低的股利支付水平，便于从内部的留存利润中获取发展所需资金。

（2）稳定的收入。如果投资者通过现金股利维持生活，此时往往要求公司能够支付稳定的股利，而反对过多的留存收益。

（3）税收筹划。由于股利收入的个人所得税税率要高于资本利得的税率，所以从高股利收入和税收筹划的角度考虑，公司往往倾向于选择较低的股利支付水平。

4. 其他因素

（1）债务契约。通常公司的股利支付水平越高，留存的利润也就越少，用于保障债权人利益的权益资本也就越少，公司破产的风险越大。因此，债权人为了保障自身利益不受侵害，通常会在债务契约、租赁合同中加入股利支付政策的限制条款。

（2）通货膨胀。通货膨胀会带来货币购买力水平下降，导致公司进行固定资产重置时资金不足。为此，公司通常会考虑留存一定的利润，来弥补资金购买力下降带来的固定资产重置的资金缺口。因此，在通货膨胀时期，公司往往偏好于采取偏紧的利润分配政策。

二、股利支付形式

股利支付形式主要分为以下四种。

1. 现金股利

现金股利是以现金支付的股利，是股利支付最常见的形式。只有当公司有足够的留存利润和现金时，才可以选择发放现金股利。

2. 财产股利

财产股利是以现金以外的其他资产支付的股利。财产股利主要是将公司所拥有的其他公司的股票和债券等有价证券，作为股利支付给股东。

3. 负债股利

负债股利是以负债方式支付的股利，通常以公司的应付票据或发行公司债券的方式向股东支付股利。财产股利和负债股利实际上是对现金股利的一种替代，在我国实务中很少使用。

4. 股票股利

股票股利是公司通过增发股票的方式支付股利。发放股票股利对公司来说，并没有现金流出

股利分配形式和程序

公司，也不会导致公司财产减少，只是将公司的留存利润转化为股本和资本公积。但是，股票权利会增加公司流通在外的股票数量，降低股票的每股价值，不会改变公司股东权益的总额，但会影响股东权益的构成。

【例 7-2-1】华龙公司在 20×1 年发放股票股利前，其资产负债表上的股东权益情况如表 7-2-1 所示。

表 7-2-1　　　　　　　　华龙公司资产负债表上的股东权益情况　　　　　　　单位：万元

普通股（面值 1 元，发行在外 10 000 万股）	10 000
资本公积	10 000
盈余公积	2 000
未分配利润	8 000
股东权益合计	30 000

假设该公司宣布发放 10% 的股票股利，即现有股东每持有 10 股，可获赠 1 股普通股。若该股票当时市价为 4 元/股，那么随着股票股利的发放，需从"未分配利润"项目划转出的资金为：

10 000×10%×4＝4 000（万元）

由于股票面值 1 元不变，发放 1 000 万股股利，"普通股"项目只应增加 1 000 万元，其余的 3 000（4 000-1 000）万元应作为股票溢价转至"资本公积"项目，而公司的股东权益总额并未发生改变，仍是 30 000 万元。华龙公司发放股票股利后资产负债表上的股东权益情况如表 7-2-2 所示。

表 7-2-2　　　　　　华龙公司发放股票股利后资产负债表上的股东权益情况　　　　　单位：万元

普通股（面值 1 元，发行在外 11 000 万股）	11 000
资本公积	13 000
盈余公积	2 000
未分配利润	4 000
股东权益合计	30 000

假设某股东在公司派发股票股利之前持有公司 200 万股普通股，那么，他所拥有的股权比例为：

200÷10 000×100%=2%

派发股利之后，他所拥有的股票数量和股权比例分别为：

200×（1+10%）=220（万股）

220÷11 000×100%=2%

公司发放股票股利不会对公司股东权益总额产生影响，派发股票股利前后每一位股东的持股比例也不会发生变化，但会引起各股东权益项目资金的再分配。公司发放股票股利虽不能直接增加股东的财富，也不会增加公司的价值，但对股东和公司都有特殊意义。

对股东，股票股利的优点主要如下。

（1）派发股票股利后，理论上每股市价应按照比例下降，但实际情况并非如此。在公司发放股票股利时，市场和投资者会普遍认为公司会有较大的发展和成长。该种信号传递作用会稳定股价或使股价下降比例减少甚至不降反升，从而使股东获得股票价值相对上升的好处。

（2）由于税法对股利收入和资本利得税率规定的差异，股东出售股票，可以带来资本利得纳税上的好处。

对公司，股票股利的优点主要如下。

（1）公司发放股票股利不需要向股东支付现金，在再投资机会较多的情况下，公司可以通过留存盈利为公司提供低成本的资金，从而有助于公司的发展。

（2）公司发放股票股利可以降低公司股票的市场价格，有利于促进股票的交易和流通，从而吸引更多的投资者成为公司股东，使公司的股权分散化，有效防止公司被恶意控制。

（3）发放股票股利可以向外界传递公司未来发展前景良好的信号，从而增强投资者的信心，在一定程度上稳定股票价格。

三、股利支付程序

股利支付程序为：董事会提出分配预案；股东大会决议通过分配预案；向股东宣布股利分配方案，并确定股权登记日、除息日和股利支付日。

（1）股利宣告日，即股东大会决议通过并由董事会将股利支付情况予以公告的日期。公告中将宣布每股应支付的股利、股权登记日、除息日以及股利支付日。

（2）股权登记日，即有权领取本期股利的股东资格登记的截止日期。凡是在此指定日期收盘之前取得该公司股票的股东，皆可享受公司本期分派的股利。

（3）除息日，即股利所有权与股票本身分离的日期。在除息日之前购买股票的股东才能领取本次股利。除息日是股权登记的下一个交易日。

（4）股利支付日，即公司按照公布的分红方案向股权登记日在册的股东实际支付股利的日期。

【例 7-2-2】华龙公司于 20×1 年 3 月 10 日公布 20×0 年度的分红方案，其公告如下："20×1 年 3 月 9 日在北京召开的股东大会，通过了董事会关于每 10 股可派发现金股息 1 元的 20×0 年股息分配方案。股权登记日为 3 月 20 日，除息日为 3 月 21 日，股息发放日为 4 月 5 日。特此公告。"

该公司的股利支付程序如图 7-2-1 所示。

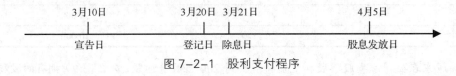

图 7-2-1　股利支付程序

四、股利分配理论

股利分配理论是指人们对股利分配的客观规律的科学认识与总结，其核心问题是股利政策与公司价值的关系问题。公司的股利分配方案取决于公司的股利政策和公司决策者对股利分配的理解与认识。股利分配要服务于公司的财务管理目标。有关股利分配和财务管理目标之间的关系有两种主要的观点。

股利理论

1. 股利无关理论

股利无关理论认为，在完全资本市场理论下，市场具有强式效率，不存在任何公司或个人所得税和筹资费用，公司的投资决策与股利决策彼此独立；在股东对股利收入和资本增值没有偏好的情况下，公司股利政策不会对公司的价值或股票的价格产生任何影响，投资者不会关心公司股利的分配。公司市场价值的高低，是由公司投资决策的获利能力和风险组合所决定的，与公司的利润分配政策无关。

公司对投资者的分配是盈利减去投资后的差额，公司分红主要采取现金和股份回购等方式。因此，在完全资本市场下，股利政策的变化仅能够引起利润在现金股利和资本利得之间分配的变化。假设投资者都是理性的经济人，分配的变化不会影响公司的市场价值和股东的财富。

2. 股利相关理论

股利相关理论认为，公司的股利政策会影响股票价格和公司价值。其主要观点有以下几种。

（1）"手中鸟"理论。该理论认为，公司用留存收益继续投资获取利润具有很大的不确定性，并且投资的风险随着时间的推移会进一步加大。风险厌恶型投资者相对偏好确定的股利，而不愿将利润留存在公司内部过多地承担公司未来投资的风险。该理论认为公司的股利政策与公司价值是密切相关的，当公司采取较高的股利支付率时，股票价格会随之上升，公司价值也将提高。

（2）信号传递理论。该理论认为，在信息不对称的情况下，公司可以通过股利政策向市场传递有关公司未来获利能力的信息，从而影响公司股价。通常，公司预期未来获利能力较强时，愿意通过较高的股利支付率吸引更多的投资者，股利政策的差异成为反映公司预期获利能力的有价值的信号。如果公司能够连续保持较为稳定的股利支付水平，投资者就会对公司未来的盈利能力和现金流量水平持有较为乐观的预期。如果公司的股利支付水平突然波动，投资者将会把这种现象看作公司管理当局要改变公司未来收益率的信号，股票市场也会对波动做出及时的反映。

（3）所得税差异理论。该理论认为，由于公司税率和纳税时间的差异，资本利得收益比股利收入更有助于实现收益最大化的目标，公司应当采用低股利政策。通常，资本利得收益的税率要低于股利收益的税率。此外，即使二者没有税率上的差异，而投资者对资本利得收益纳税时间具有更多的灵活性，投资者仍然可以享受通过延迟纳税带来的利润差异。

（4）代理理论。该理论认为，股利政策有助于减少管理者与股东之间的代理冲突，即股利政策是协调股东与管理者之间代理关系的一种约束机制，股利的支付能够有效地降低管理者的代理成本。股利支付减少了管理者对自由现金流量的支配权，在一定程度上可以抑制公司管理者过度投资或在职消费行为，从而保护投资者的利益；另外，较多地采取现金股利，减少了公司的内部融资，迫使公司通过资本市场寻求外部融资，公司将接受资本市场上更全面的严格监督，投资者通过资本市场对公司的监督，降低公司的代理成本。因此，高水平的股利支付率可以有效降低公司的代理成本，但同时增加了公司外部融资的成本，最佳股利政策应使此两种成本之和最小。

五、股利政策

公司需按照国家法律法规的规定，根据公司的价值目标和经营发展策略制定股利政策。常用的股利政策通常有以下几种。

股利政策

1. 剩余股利政策

剩余股利政策下，公司根据其投资资金需求，按照目标资本结构，确定公司投资所需的权益资本金额，优先从企业盈余中留存资金，剩余部分的盈余才用来进行股利分配。剩余股利政策依据股利无关理论，在完全理想状态下的资本市场中，公司的股利政策与普通股每股市价无关。因此，公司只需根据自身的投融资策略制定股利政策。公司在采用剩余股利政策时，要点如下。

（1）在公司设定的目标资本结构下，使公司加权平均资本达到最优。

（2）根据公司目标资本结构，预计资金需求需增加的权益资本数额。

（3）最大限度地使用留存利润来满足资金需求中所需增加的权益资本需求。

（4）留存收益在满足了公司权益资本增加的需求之后，如果还有剩余再用来发放现金股利。

剩余股利政策的优缺点如图 7-2-2 所示。剩余股利政策主要适用于初创阶段的公司。

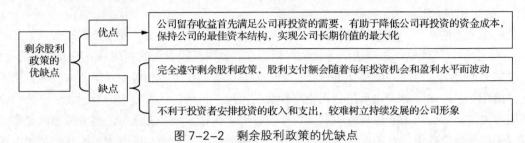

图 7-2-2　剩余股利政策的优缺点

【例 7-2-3】华龙公司 20×0 年税后净利润为 2 000 万元，20×1 年的投资计划需要资金 1 800 万元，公司的目标资本结构为权益资本占 60%，债务资本占 40%。

按照目标资本结构的要求，公司投资方案所需的权益资本数额为：

1 800×60%=1 080（万元）

公司当年全部可用于分派的盈利为 2 000 万元，除了满足上述投资方案所需的权益资本数额外，还有剩余可用于发放股利。20×0 年，公司可以发放的股利额为：

2 000-1 080 = 920（万元）

假设该公司当年流通在外的普通股为 500 万股，那么，每股股利为：

920÷500=1.84（元）

2. 固定或稳定增长的股利政策

固定或稳定增长的股利政策下，公司将每年派发的股利支付额固定在某一特定水平或维持在某一固定比率逐年稳定增长。公司只有在预期盈利不会发生逆转时才会选用固定或稳定增长的股利政策。该政策下，公司要先确定股利支付额，并且确保股利支付额一般不会随资金需求的波动而波动。

固定或稳定增长的股利政策的优缺点如图 7-2-3 所示。

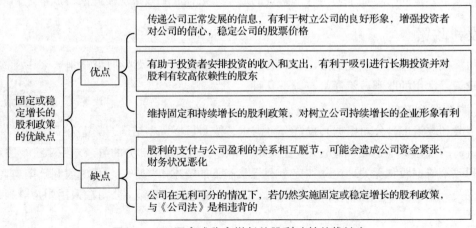

图 7-2-3　固定或稳定增长的股利政策的优缺点

公司采用固定或稳定增长的股利政策，对公司未来的盈利和支付能力的准确判断提出很高的要求。通常，公司确定的固定股利数额不宜太高，以免使公司陷入无力支付的被动局面。固定或稳定增长的股利政策主要适用于经营比较稳定或正处于成长期的公司，且很难被长期采用。

3. 固定股利支付率政策

固定股利支付率政策下，公司将按净利润的一定固定百分比计算的股利分派给投资者。该固定比率称为股利支付率，比率一经确定，一般不得随意变更。

固定股利支付率政策的优缺点如图 7-2-4 所示。

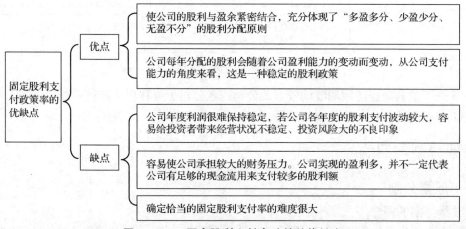

图 7-2-4　固定股利支付率政策的优缺点

公司各年度面临的投资机会和筹资渠道会有很大的不同，这些都是影响公司股利分配的重要因素，固定股利支付率政策主要适用于处于稳定发展且财务状况也较稳定的公司，实际并不多见。

【例 7-2-4】华龙公司长期采取固定股利支付率政策进行股利分配，确定的股利支付率为 10%。公司 20×1 年税后净利润为 1 000 万元，如果公司继续执行固定股利支付率政策，本年度需要支付的股利为：

1 000×10%=100（万元）

假如公司本年度有较大的投资需求，计划采用剩余股利政策。公司下一年度的投资预算为 1 400 万元，公司的目标资本结构为权益资本占 50%。按照目标资本结构的要求，公司需要的权益资本金为：

1 400×50%=700（万元）

公司 20×1 年度可以发放的股利为：

1 000−700=300（万元）

4. 低正常股利加额外股利政策

低正常股利加额外股利政策下，公司首先设定一个较低的正常股利额，每年除了按正常股利向股东发放股利外，在公司盈余较多、资金较为充裕的年份向股东发放额外的股利。但是，额外股利并不固定，因此并不意味着公司永久地提高了股利支付率。

可以采用以下公式表示支付的股利：

$$Y=a+bX$$

式中：Y 代表每股股利；X 代表每股利润；a 代表低正常股利；b 代表额外股利支付比率。

低正常股利加额外股利政策的优缺点如图 7-2-5 所示。

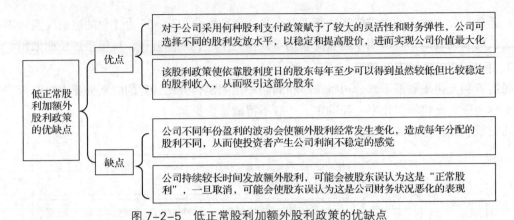

图 7-2-5　低正常股利加额外股利政策的优缺点

通常，对于盈利随经济周期波动较大的公司或者公司盈利和现金流量不很稳定的时候，低正常股利加额外股利政策是一种不错的选择。

六、股票分割与回购

（一）股票分割

1. 股票分割的概念

股票分割又称拆股，是将一股股票拆分为多股股票的行为。股票分割只会增加公司发行在外的股票的总数，不会对公司的资本结构产生影响。股票分割类似于股票股利，都是在不增加股东权益的情况下增加公司股份的数量。但是，股票分割后股东权益总额和内部结构都不会发生变化，只是股票面值降低；发放股票股利后仅能保持股东权益总额不变，股东权益的内部结构有可能发生变化。

2. 股票分割的作用

① 降低股票价格。股票分割能够使每股市价降低，买卖该股票所需的资金金额减少，可以促进股票的流通和交易。流通性的提高和股东数量的增加，能够在一定程度上加大对公司股票恶意收购的难度。此外，股票价格降低，可以吸引更多的投资者，吸引面对公司高股价难以进行投资的投资者。

② 可以向市场和投资者传递公司发展前景良好的信号，提高投资者对公司的信心。

3. 股票合并

当公司认为其股票价格过低，难以建立市场声誉、不利于企业未来的再筹资，为提高股票的价格，可以采取股票合并的措施。股票合并与股票分割相对应，会降低股票的流通性，增加公司股票投资的门槛，向市场传递公司发展不利的信息，股票合并鲜有公司采用。

【例 7-2-5】华龙公司 20×1 年年末资产负债表上的股东权益情况如表 7-2-3 所示。

表 7-2-3　　　　华龙公司 20×1 年年末资产负债表上的股东权益情况　　　　　　单位：万元

普通股（面值 2 元，发行在外 10 000 万股）	20 000
资本公积	20 000
盈余公积	8 000
未分配利润	12 000
股东权益合计	60 000

（1）假设股票市价为每股 10 元，该公司宣布发放 10%的股票股利，即现有股东每持有 10 股，可获赠 1 股普通股。发放股票股利后，股东权益有何变化？每股净资产是多少？

（2）假设该公司按照 1∶2 的比例进行股票分割。股票分割后，股东权益有何变化？每股净资产是多少？

相关计算如下。

（1）华龙公司发放股票股利后股东权益情况如表 7-2-4 所示。

表 7-2-4　　　　　　　　　华龙公司发放股票股利后股东权益情况　　　　　　　　　单位：万元

普通股（面值 2 元，发行在外 11 000 万股）	22 000
资本公积	28 000
盈余公积	8 000
未分配利润	2 000
股东权益合计	60 000

每股净资产为：60 000÷（10 000+1 000）=5.45（元）

（2）华龙公司股票分割后股东权益情况如表 7-2-5 所示。

表 7-2-5　　　　　　　　　华龙公司股票分割后股东权益情况　　　　　　　　　单位：万元

普通股（面值 1 元，发行在外 20 000 万股）	20 000
资本公积	20 000
盈余公积	8 000
未分配利润	12 000
股东权益合计	60 000

每股净资产为：60 000÷20 000=3（元）

（二）股票回购

1. 股票回购的含义

股票回购是上市公司将其发行在外的普通股以一定价格购买回来予以注销或作为库存股的一种资本运作方式。公司不得随意回购本公司的股份，只有当满足相关法律规定的情形时才可以进行股票回购。

2. 股票回购的动机

（1）现金股利的替代。公司采用现金股利政策会产生未来派现压力，实施股票回购会使现金流出公司。当公司现金流量比较充裕时，可以通过回购股东所持有的股票将现金分配给股东，股东可自行选择继续持有股票或出售股票获取现金。

（2）改变公司的资本结构。公司无论是采用现金回购还是举债回购股票，都会提高公司的财务杠杆水平，改变公司的资本结构。当公司认为权益资本在资本结构中所占比例较大时，为了调整资本结构而进行股票回购，可以在一定程度上降低整体资金成本。

（3）传递公司信息。由于信息不对称和预期差异，公司的股票价格可能会被低估，股票价格过低会对公司的市场估值产生负面的影响。投资者通常会认为，股票回购是对公司股票价值低估而采取的应对措施。

（4）巩固控制权。控股股东为了保持其控制权，通常会通过直接或间接回购股票，来巩固其对公司的控制权。此外，股票回购使公司流通在外的股份减少，股价上升，可以有效防止恶意收购。

3. 股票回购的影响

（1）公司选择在适当时机回购本公司股票，可以提升公司调整股权结构和管理风险的能力，提高公司投资价值。

（2）因实施持股计划和股权激励的股票回购，形成资本所有者和劳动者的利益共同体，有助于提高公司对投资者的回报能力；实施将股份用于转换上市公司发行的可转换为股票的公司债券的股票回购，有助于拓展公司融资渠道，改善公司资本结构。

（3）当公司股价严重低于股票内在价值时，适时进行股票回购，减少股票供应量，有助于稳定股价，增强投资者的信心。

（4）回购股票若用大量资金支付回购成本，一方面，容易造成资金紧张，降低资金流动性，影响公司的后续发展；另一方面，在公司没有合适的投资项目又持有大量现金的情况下，回购股票，能更好地发挥货币资金的作用。

（5）上市公司通过履行信息披露义务和公开的集中交易方式进行股票回购，有利于防止操纵市场、内幕交易等利益输送行为。

任务实施

任务资料和任务目标见本任务的"任务导入"，具体任务实施过程如下。

（1）① 股票分割后普通股股数=2 000×2=4 000（万股）。

股东权益总额=60 000×60%=36 000（万元）。

股票分割后的每股净资产=36 000÷4 000=9（元）。

② 分割后净资产收益率=7 200÷36 000×100%=20%。

（2）应支付的股利总和=7 200×40%=2 880（万元）。

（3）① 追加投资所需要的权益资本额=9 000×60%=5 400（万元）。

② 可发放的股利总额=7 200-5 400=1 800（万元）。

课程思政——诚信篇

诚信就是指诚实无欺、讲求信用。人是社会的存在物，人只有在社会中才能获得生存和发展。社会不过是人们交往关系的产物。要使这种交往关系能够正常运行，社会就必须确立一些基本的规范来调节人与人、人与社会的关系，其中一个最基本的规范就是诚信。诚信是社会和谐之基。社会和谐包括天和、人和与己和。天和是指自然界自身的和谐以及人与自然的和谐。人和是指人与人、人与社会的和谐。己和是指人的身心、形神之间的和谐。此三者之间的和谐都离不开诚信之道。诚信是立身处世之本。孔子说："人而无信，不知其可也。"孟子说："车无辕而不行，人无信则不立。"做人必须坚守诚信，无诚不立，无信不行，诚信胜于生命。

选自沈壮海《兴国之魂：社会主义核心价值体系释讲》

课后练习

一、单项选择题

1. 下列净利润分配事项中，根据相关法律法规和制度，应当最后进行的是（　　）。

    A. 向股东分配股利   B. 提取任意盈余公积

    C. 提取法定盈余公积   D. 弥补以前年度亏损

2. 下列各项中，正确反映公司净利润分配顺序的是（　　）。

    A. 提取法定盈余公积、提取任意盈余公积、弥补以前年度亏损、向投资者分配股利

    B. 向投资者分配股利、弥补以前年度亏损、提取法定盈余公积、提取任意盈余公积

    C. 弥补以前年度亏损、向投资者分配股利、提取法定盈余公积、提取任意盈余公积

    D. 弥补以前年度亏损、提取法定盈余公积、提取任意盈余公积、向投资者分配股利

3. 下列关于提取任意盈余公积的表述中，不正确的是（　　）。

    A. 应从税后利润中提取   B. 应经股东大会决议

    C. 满足公司经营管理的需要   D. 达到注册资本的50%时不再计提

4. 下列股利理论中，支持"低现金股利有助于实现股东利益最大化目标"观点的是（　　）。

    A. 信号传递理论   B. 所得税差异理论   C. "手中鸟"理论   D. 代理理论

5. 厌恶风险的投资者偏好确定的股利收益，而不愿将收益存在公司内部去承担未来的投资风险，因此公司采用高现金股利政策有利于提升公司价值。这种观点的理论依据是（　　）。

    A. 代理理论   B. 所得税差异理论   C. 信号传递理论   D. "手中鸟"理论

6. 股利的支付可减少管理层可支配的自由现金流量，在一定程度上抑制管理层的过度投资或在职消费行为。这种观点体现的股利理论是（　　）。

    A. 股利无关理论   B. 信号传递理论   C. "手中鸟"理论   D. 代理理论

7. 下列股利政策中，根据股利无关理论制定的是（　　）。

    A. 剩余股利政策   B. 固定股利支付率政策

    C. 稳定增长的股利政策   D. 低正常股利加额外股利政策

8. 处于初创阶段的公司，一般适合采用的股利分配政策是（　　）。

    A. 固定股利政策   B. 剩余股利政策

    C. 固定股利支付率政策   D. 稳定增长股利政策

9. 公司采用固定股利政策发放股利的好处主要表现为（　　）。

    A. 降低资金成本   B. 维持股价稳定   C. 提高支付能力   D. 实现资本保全

10. 下列各项中，属于固定股利支付率政策优点的是（　　）。

    A. 股利与公司盈余紧密配合   B. 有利于树立公司的良好形象

    C. 股利分配有较大灵活性   D. 有利于稳定公司的股价

11. 下列股利政策中，具有较大财务弹性，且可使股东得到相对稳定股利收入的是（　　）。

    A. 剩余股利政策   B. 固定或稳定增长的股利政策

    C. 固定股利支付率政策   D. 低正常股利加额外股利政策

12. 在确定企业的收益分配政策时，应当考虑相关因素的影响，其中"资本保全约束"属于（　　）。

A. 股东因素   B. 公司因素   C. 法律因素   D. 债务契约因素

13. 下列关于股利分配政策的表述中，正确的是（   ）。

    A. 公司盈余的稳定程度与股利支付水平负相关

    B. 偿债能力弱的公司一般不应采用高现金股利政策

    C. 基于控制权的考虑，股东会倾向于较高的股利支付水平

    D. 债权人不会影响公司的股利分配政策

14. 如果上市公司以其所拥有的其他公司的股票作为股利支付给股东，则这种股利支付形式称为（   ）。

    A. 现金股利   B. 股票股利   C. 财产股利   D. 负债股利

15. 下列各项股利支付形式中，不会改变企业资本结构的是（   ）。

    A. 股票股利   B. 财产股利   C. 负债股利   D. 现金股利

16. 要获得收取股利的权利，投资者购买股票的最迟日期是（   ）。

    A. 股利宣告日   B. 股利发放日   C. 除息日   D. 股权登记日

17. 下列各项中，受企业股票分割影响的是（   ）。

    A. 每股股票价值   B. 股东权益总额   C. 企业资本结构   D. 股东持股比例

18. 股票回购对上市公司的影响是（   ）。

    A. 有利于保护债权人利益   B. 分散控股股东的控制权

    C. 有利于降低公司财务风险   D. 降低资产流动性

二、多项选择题

1. 企业的利润分配应当遵循的原则包括（   ）。

    A. 投资与利润对等   B. 投资机会优先   C. 兼顾各方面利益   D. 积累发展优先

2. 下列各项中，属于剩余股利政策优点的有（   ）。

    A. 保持目标资本结构   B. 降低再投资资本成本

    C. 使股利与企业盈余紧密结合   D. 实现企业价值的长期最大化

3. 下列各项股利政策中，股利水平与当期盈利直接关联的有（   ）。

    A. 固定股利政策   B. 稳定增长的股利政策

    C. 固定股利支付率政策   D. 低正常股利加额外股利政策

4. 按照资本保全约束的要求，企业发放股利所需资金的来源包括（   ）。

    A. 当期利润   B. 留存收益   C. 资本公积   D. 股本

5. 下列关于发放股票股利的表述中，正确的有（   ）。

    A. 不会导致公司现金流出   B. 会增加公司流通在外的股票数量

    C. 会改变公司股东权益的内部结构   D. 会对公司股东权益总额产生影响

6. 对公司而言，发放股票股利的优点有（   ）。

    A. 减轻公司现金支付压力

    B. 使股权更为集中

    C. 可以向市场传递公司未来发展前景良好的信息

    D. 有利于股票交易和流通

7. 公司发放股票股利的优点有（   ）。

    A. 节约公司现金   B. 有利于促进股票的交易和流通

  C. 给股东带来纳税上的好处　　　　D. 有利于减少负债比重

8. 下列属于股票回购缺点的有（　　　）。

  A. 股票回购易造成公司资金紧缺，资产流动性变差

  B. 股票回购可能使公司的发起人忽视公司长远的发展

  C. 股票回购容易导致公司操纵股价

  D. 股票回购会使股价下跌

9. 下列各项中，能够增加普通股股票发行在外股数，但不改变公司资本结构的有（　　　）。

  A. 发行股票股利　　B. 增发普通股　　C. 股票分割　　　D. 股票回购

三、判断题

1. 在股利支付程序中，除息日是指领取股利的权利与股票分离的日期，在除息日购买股票的股东有权参与当次股利的分配。（　　　）

2. 在除息日之前，股利权利从属于股票；从除息日开始，新购入股票的投资者不能分享本次已宣告发放的股利。（　　　）

3. 由于信息不对称和预期差异，投资人会把股票回购当作公司认为其股票价格被高估的信号。（　　　）

4. 根据"无利不分"原则，当企业出现年度亏损时，一般不进行利润分配。（　　　）

5. 处于衰退期的企业在制定收益分配政策时，应当优先考虑企业积累。（　　　）

6. 企业发放股票股利会引起每股利润的下降，从而导致每股市价有可能下跌，因而每位股东所持股票的市场价值总额也将随之下降。（　　　）

四、计算题

1. 某公司成立于20×0年1月1日，20×0年度实现的净利润为1 000万元，分配现金股利550万元，提取盈余公积450万元（所提盈余公积均已指定用途）。20×1年实现的净利润为900万元（不考虑计提法定盈余公积的因素）。20×2年该公司计划增加投资，所需资金为700万元。假定公司目标资本结构为自有资金占60%，借入资金占40%。

要求：

（1）在保持目标资本结构的前提下，计算20×2年该投资方案所需的自有资金额和需要从外部借入的资金额。

（2）在保持目标资本结构的前提下，如果公司执行剩余股利政策，计算20×1年度应分配的现金股利。

（3）在不考虑目标资本结构的前提下，如果公司执行固定股利政策，计算20×1年度应分配的现金股利、可用于20×2年投资的留存收益和需要额外筹集的资金额。

（4）在不考虑目标资本结构的前提下，如果公司执行固定股利支付率政策，计算该公司的股利支付率和20×1年度应分配的现金股利。

（5）假定公司20×2年面临着从外部筹资的困难，只能从内部筹资，不考虑目标资本结构，计算在此情况下20×1年度应分配的现金股利。

2. 甲公司是一家以软件研发为主要业务的上市公司，其股票于20×3年在我国深圳证券交易所创业板上市交易。甲公司有关资料如下。

20×5年甲公司实现的净利润为500万元，20×5年12月31日甲公司股票每股市价为10元。甲公司20×5年年末资产负债表相关数据如表7-1所示。

07

表 7-1 　　　　　　　　　甲公司资产负债表相关数据　　　　　　　　　单位：万元

项目	金额
资产总计	10 000
负债总计	6 000
股本（面值 1 元，发行在外 1 000 万股）	1 000
资本公积	500
盈余公积	1 000
未分配利润	1 500
所有者权益合计	4 000

甲公司 20×6 年拟筹资 1 000 万元以满足投资的需要，20×5 年年末的资本结构即为目标资本结构。

甲公司制定的 20×5 年度利润分配方案如下。

（1）鉴于法定盈余公积的累计额已达注册资本的 50%，不再计提盈余公积。

（2）每 10 股发放现金股利 1 元。

（3）每 10 股发放股票股利 1 股。发放股利时甲公司的股价为 10 元/股。

要求：

（1）在剩余股利政策下，计算下列数据。

①权益筹资数额；②每股现金股利。

（2）计算发放股利后的下列指标。

①未分配利润；②股本；③资本公积。

项目八

预算管理

预算管理

一、预算管理认知

预算具有两个特征：一是预算与企业的战略目标保持一致；二是预算是数量化的并具有可执行性，数量化和可执行性是预算最主要的特征。

预算的作用主要表现在：一是预算通过规划、控制和引导经济活动，使企业经营达到预期目标；二是预算可以协调企业内部各个部门之间的工作；三是预算是业绩考核的重要依据。

根据预算内容不同，企业预算分为经营预算、专门决策预算和财务预算；按预算指标覆盖的时间长短，企业预算分为短期预算和长期预算。

各种预算是一个有机联系的整体。一般将由经营预算、专门决策预算和财务预算组成的预算体系，称为全面预算体系。

企业进行预算管理应遵循以下原则：战略导向原则、过程控制原则、融合性原则、平衡管理原则、权变性原则。

企业编制预算，一般应按照"上下结合、分级编制、逐级汇总"的程序进行。

预算编制完成后，应按照相关法律法规及企业章程的规定报经企业预算管理决策机构审议批准，以正式文件形式下达执行。预算审批包括预算内审批、超预算审批、预算外审批等。预算内审批事项，应简化流程，提高效率；超预算审批事项，应执行额外的审批流程；预算外审批事项，应严格控制，防范风险。

预算执行一般按照预算控制、预算调整等程序进行。

二、预算编制方法

常见的预算编制方法主要有增量预算法与零基预算法、固定预算法与弹性预算法、定期预算法与滚动预算法。

三、预算编制实务

企业应建立和完善预算编制的工作制度，明确预算编制依据、编制内容、编制程序和编制方法，确保预算编制依据合理、内容全面、程序规范、方法科学，确保形成各层级广泛接受的、符合业务假设的、可实现的预算目标。

经营预算的编制主要包括销售预算、生产预算、直接材料预算、直接人工预算、制造费用预算、产品成本预算、销售及管理费用预算。

财务预算的编制主要包括资金预算、预计利润表的编制和预计资产负债表的编制。

任务一　预算管理认知

学习目标

知识目标：了解预算的特征、作用、分类，熟悉预算的执行与考核。
技能目标：会组织和开展预算工作。

任务导入

任务资料：

华龙公司前期的预算编制工作不是非常规范，难以发挥预算对财务工作的指导作用。公司办公会讨论进一步规范预算编制的流程。

任务目标：

制订华龙公司编制预算的程序。

知识准备

预算管理是指企业以战略目标为导向，通过对未来一定期间内的经营活动和相应的财务结果进行全面预测和筹划，科学、合理配置企业各项财务和非财务资源，并对执行过程进行监督和分析，对执行结果进行评价和反馈，对经营活动进行改善和调整，进而推动实现企业战略目标的管理活动。

企业进行预算管理，一般应遵循的原则如图 8-1-1 所示。

战略导向原则	预算管理应围绕企业的战略目标和业务计划有序开展，引导各预算责任主体聚焦战略、专注执行、达成绩效
过程控制原则	预算管理应通过及时监控、分析等把握预算目标的实现进度并实施有效评价，以对企业经营决策提供有效支撑
融合性原则	预算管理应以业务为先导、以财务为协同，将预算管理嵌入企业经营管理活动的各个领域、层次和环节
平衡管理原则	预算管理应平衡长期目标与短期目标、整体利益与局部利益、收入与支出、结果与动因等关系，促进企业可持续发展
权变性原则	预算管理应刚性与柔性相结合，强调预算的刚性，又可根据内外环境的重大变化调整预算，并针对例外事项进行特殊处理

图 8-1-1　预算管理的原则

一、预算的特征与作用

（一）预算的特征

预算是企业在预测、决策的基础上，用数量和金额以表格的形式反映企业未来一定时期内经营、投资、筹资等活动的具体计划，是为实现企业目标面对各种资源和企业活动所做的详细安排。预算是一种可据以执行和控制经济活动的、具体的计划，是目标的具体化，是实现企业战略导向预定目标的有力工具。

预算具有两个特征：一是预算与企业的战略目标保持一致；二是预算是数量化的并具有可执行性，数量化和可执行性是预算最主要的特征。

（二）预算的作用

企业预算的作用主要表现在以下三个方面。

（1）预算通过规划、控制和引导经济活动，使企业经营达到预期目标。

企业通过预算指标可以控制实际活动过程，随时发现问题，采取必要措施，纠正不良偏差，避免经营活动漫无目的，进而实现预期目标。

（2）预算可以协调企业内部各个部门之间的工作。

各部门预算的综合平衡，能促使各部门管理人员清楚地了解本部门在全局中的地位和作用，尽可能地做好部门之间的协调工作。全面预算经过综合平衡后可以提供解决各部门冲突的最佳办法，可以使各部门的工作在此基础上协调地进行。

（3）预算是业绩考核的重要依据。

预算作为企业财务活动的行为标准，使各项活动的执行有章可循。各部门进行考核必须以预算为基础。企业可将经过分解落实的预算规划目标与部门、责任人的业绩考评结合起来作为奖勤罚懒、评估优劣的重要依据。

二、预算的分类

（1）根据预算内容不同，企业预算可以分为经营预算、专门决策预算和财务预算。

经营预算是指与企业日常业务直接相关的一系列预算，包括销售预算、生产预算、直接材料预算、直接人工预算、制造费用预算、生产成本预算、销售及管理费用预算等。

专门决策预算是指企业重大的或不经常发生的、需要根据特定决策编制的预算，包括投融资决策预算等。专门决策预算直接反映相关决策的结果。

财务预算是指与企业资金收支、财务状况或经营成果等有关的预算，包括资金预算、预计资产负债表、预计利润表等。财务预算作为全面预算体系的最后环节，它从价值方面总括地反映企业经营预算与专门决策预算的结果，亦称为总预算，其他预算则相应称为辅助预算或分预算。

（2）按预算指标覆盖的时间长短，企业预算可分为短期预算和长期预算。

通常将预算期在 1 年以内（含 1 年）的预算称为短期预算，预算期在 1 年以上的预算称为长期预算。预算的编制时间可以视预算的内容和实际需要而定，可以是 1 周、1 月、1 季、1 年或若干年等。在预算编制过程中，应结合各项预算的特点，将长期预算和短期预算结合使用。一般情况下，企业的经营预算和财务预算多为 1 年期的短期预算，年内再按季或月细分，而且预算期间往往与会计期间保持一致。

（3）预算体系。

各种预算是一个有机联系的整体。一般将由经营预算、专门决策预算和财务预算组成的预算体系，称为全面预算体系。全面预算体系的结构框架如图 8-1-2 所示。

08

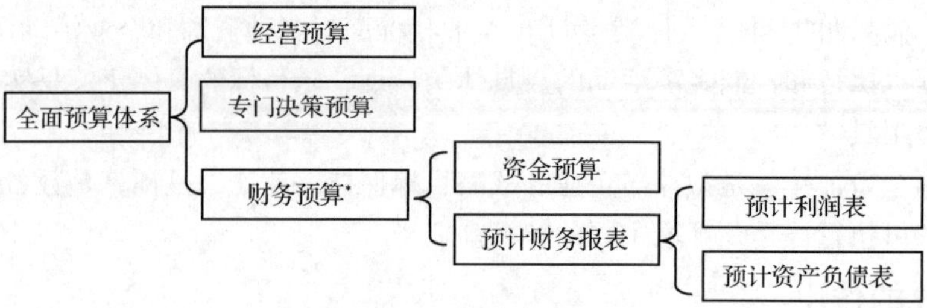

图 8-1-2　全面预算体系

注：*表示此处财务预算是狭义的财务预算，又称总预算。

三、预算的工作组织与编制程序

（一）预算的工作组织

企业实施预算管理应当设立相应的机构，配备相应的人员，建立必要的制度。预算管理的机构设置、职责权限和工作程序应与企业的组织架构和管理体制互相协调，保障预算管理各环节职能衔接、流程顺畅。

企业应建立健全预算管理制度、会计核算制度、定额标准制度、内部控制制度、内部审计制度、绩效考核和激励制度等内部管理制度，夯实预算管理的制度基础。企业应充分利用现代信息技术，规范预算管理流程，提高预算管理效率。

我国《公司法》规定：公司的年度财务预算方案、决算方案由公司董事会制订，经股东会审议批准后方可执行。预算工作的组织包括决策层、管理层、执行层和考核层，具体如下。

（1）企业董事会或类似机构应当对企业预算的管理工作负总责。企业董事会或者经理办公会可以根据情况设立预算管理委员会或指定财务管理部门负责预算管理事宜，并对企业法定代表人负责。

（2）预算管理委员会审批公司预算管理制度、政策，审议年度预算草案或预算调整草案并报董事会等机构审批，监控、考核本单位的预算执行情况并向董事会报告，协调预算编制、预算调整及预算执行中的有关问题等。

（3）企业财务管理部门具体负责企业预算的跟踪管理，监督预算的执行情况，分析预算与实际执行的差异及原因，提出改进管理的意见与建议。

（4）企业内部生产、投资、物资、人力资源、市场营销等职能部门具体负责本部门业务涉及的预算编制、执行、分析等工作，并配合预算管理委员会或财务管理部门做好企业总预算的综合平衡、协调、分析、控制与考核等工作。其主要负责人参与企业预算管理委员会的工作，并对本部门预算执行结果承担责任。

（5）企业所属基层单位是企业预算的基本单位，在企业财务管理部门的指导下负责本单位现金流量、经营成果和各项成本费用预算的编制、控制、分析工作，接受企业的检查、考核。其主要负责人对本单位财务预算的执行结果承担责任。

（二）预算的编制程序

企业编制预算，一般应按照"上下结合、分级编制、逐级汇总"的程序进行。预算的编制程序如图 8-1-3 所示。

08

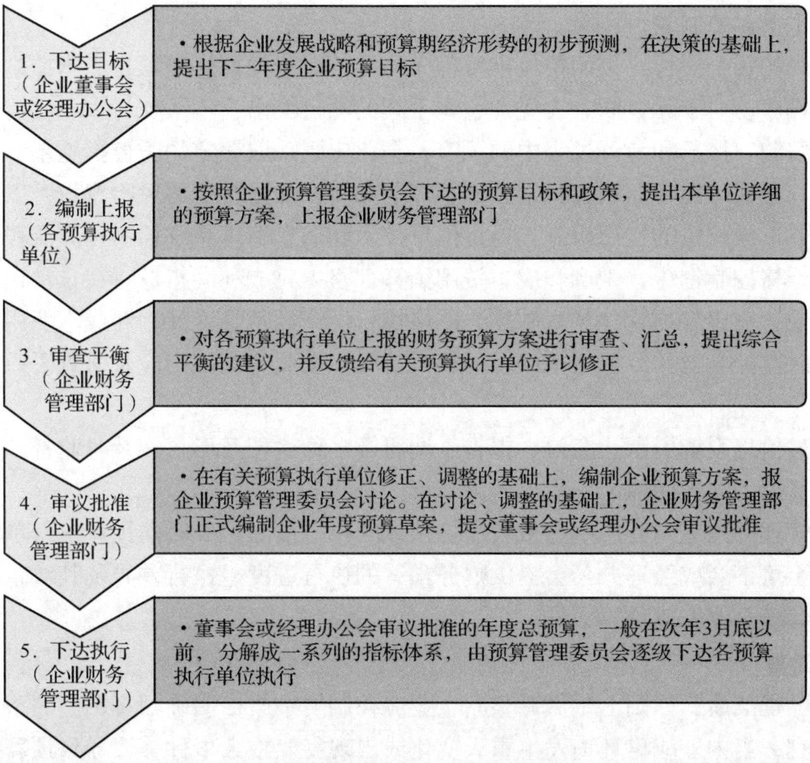

1．下达目标（企业董事会或经理办公会）	・根据企业发展战略和预算期经济形势的初步预测，在决策的基础上，提出下一年度企业预算目标
2．编制上报（各预算执行单位）	・按照企业预算管理委员会下达的预算目标和政策，提出本单位详细的预算方案，上报企业财务管理部门
3．审查平衡（企业财务管理部门）	・对各预算执行单位上报的财务预算方案进行审查、汇总，提出综合平衡的建议，并反馈给有关预算执行单位予以修正
4．审议批准（企业财务管理部门）	・在有关预算执行单位修正、调整的基础上，编制企业预算方案，报企业预算管理委员会讨论。在讨论、调整的基础上，企业财务管理部门正式编制企业年度预算草案，提交董事会或经理办公会审议批准
5．下达执行（企业财务管理部门）	・董事会或经理办公会审议批准的年度总预算，一般在次年3月底以前，分解成一系列的指标体系，由预算管理委员会逐级下达各预算执行单位执行

图 8-1-3　预算的编制程序

四、预算的执行与考核

预算编制完成后，应按照相关法律法规及企业章程的规定报经企业预算管理决策机构审议批准，以正式文件形式下达执行。预算审批包括预算内审批、超预算审批、预算外审批等。预算内审批事项，应简化流程，提高效率；超预算审批事项，应执行额外的审批流程；预算外审批事项，应严格控制，防范风险。

（一）预算的执行

企业预算一经批复下达，各预算执行单位就必须认真组织实施，将预算指标层层分解，从横向到纵向落实到内部各部门、各单位、各环节和各岗位，形成全方位的预算执行责任体系。

预算执行一般按照预算控制、预算调整等程序进行。

1．预算控制

预算控制，是指企业以预算为标准，通过预算分解、过程监督、差异分析等促使日常经营不偏离预算标准的管理活动。

企业应建立预算授权控制制度，强化预算责任，严格控制预算。企业应建立预算执行的监督、分析制度，提高预算管理对业务的控制能力。企业应将预算目标层层分解至各预算责任中心。预算分解应按各责任中心权、责、利相匹配的原则进行，既公平合理，又有利于企业实现预算目标。

企业应当将预算作为预算期内组织、协调各项经营活动的基本依据，将年度预算细分为月度预算和季度预算，以便分期实施预算控制，确保年度预算目标的实现。

企业应当强化现金流量的预算管理，按时组织预算资金的收入，严格控制预算资金的支付，调节资金收付平衡，控制支付风险。

对于预算内的资金拨付，按照授权审批程序执行；对于预算外的项目支出，应当按预算管理制度规范支付程序；对于无合同、无凭证、无手续的项目支出，不予支付。

对于预算编制、执行和考评过程中的风险，企业应当采取一定的防控措施来对风险进行有效管理。必要时，企业可以建立负责日常预算管理的部门，加强员工的风险意识，以个人为预算风险审查对象，并形成相应的奖惩机制，通过信息技术和信息管理系统控制预算流程中的风险。

企业应当严格控制销售、生产和成本费用预算，努力完成利润指标。在日常控制中，企业应当完善凭证记录，完善各项管理规章制度，严格执行生产经营月度计划和成本费用的定额、定率标准，加强适时监控。对预算执行中出现的异常情况，企业有关部门应及时查明原因，提出解决办法。

企业应通过信息系统展示、会议、报告、调研等多种途径及形式，及时监督、分析预算执行情况，分析预算执行差异的原因，提出对策建议。

企业财务管理部门应当利用财务报表监控预算的执行情况，及时向预算执行单位、企业预算管理委员会以至董事会或经理办公会提供财务预算的执行进度、执行差异及其对企业预算目标的影响等信息，促进企业完成预算目标。

2. 预算调整

年度预算经批准后，原则上不做调整。企业应在制度中严格明确预算调整的条件、主体、权限和程序等事宜，当内外战略环境发生重大变化或出现突发重大事件等，导致预算编制的基本假设发生重大变化时，可进行预算调整。

企业应当建立内部弹性预算机制，对于不影响预算目标的经营预算、资本预算、筹资预算之间的调整，企业可以按照内部授权批准制度执行，鼓励预算执行单位及时采取有效的经营管理对策，保证预算目标的实现。

企业调整预算，应当由预算执行单位逐级向企业预算管理委员会提出书面报告，阐述预算执行的具体情况、客观因素变化情况及其对预算执行造成的影响程度，提出预算指标的调整幅度。

企业财务管理部门应当对预算执行单位的预算调整报告进行审核分析，集中编制企业年度预算调整方案，提交预算管理委员会以至企业董事会或经理办公会审议批准，然后下达执行。

对于预算执行单位提出的预算调整事项，企业进行决策时，一般应当遵循以下要求。

（1）预算调整事项不能偏离企业发展战略。

（2）预算调整方案应当在经济上能够实现最优化。

（3）预算调整重点应当放在预算执行中出现的重要的、非正常的、不符合常规的关键性差异方面。

（二）预算的分析与考核

企业应当建立预算分析制度，由预算管理委员会定期召开预算执行分析会议，全面掌握预算的执行情况，研究、解决预算执行中存在的问题，纠正预算的执行偏差。

开展预算执行分析，企业管理部门及各预算执行单位应当充分收集有关财务、业务、市场、技术、政策、法律等方面的资料，根据不同情况分别采用比率分析、比较分析、因素分析、平衡分析等方法，从定量与定性两个层面充分反映预算执行单位的预算执行情况。

针对预算的执行偏差，企业财务管理部门及各预算执行单位应当充分、客观地分析产生偏差的原因，提出相应的解决措施或建议，提交董事会或经理办公会研究决定。

企业预算管理委员会应当定期组织预算审计，纠正预算执行中存在的问题，充分发挥内部审计的监督作用，维护预算管理的严肃性。

预算审计可以采用全面审计或者抽样审计的方法。在特殊情况下，企业也可组织不定期的专项审计。审计工作结束后，企业内部审计机构应当形成审计报告，并将其提交预算管理委员会以至董事会或经理办公会，作为调整预算、改进内部经营管理和财务考核的一项重要参考。

预算年度终了，预算管理委员会应当向董事会或者经理办公会报告预算执行情况，并依据预算完成情况和预算审计情况对预算执行单位进行考核。

预算考核主要针对定量指标进行考核，是企业绩效考核的重要组成部分。企业应建立健全预算考核制度，并将预算考核结果纳入绩效考核体系，切实做到有奖有惩、奖惩分明。预算考核主体和考核对象的界定应坚持上级考核下级、逐级考核、预算执行与预算考核职务相分离的原则。

企业内部预算执行单位上报的预算执行报告，应经本部门、本单位负责人按照内部议事规范审议通过，作为企业进行财务考核的基本依据。企业预算按调整后的预算执行，预算完成情况以企业年度财务会计报告为准。

预算考核以预算完成情况为考核核心，通过预算执行情况与预算目标的比较，确定差异并查明产生差异的原因，进而据以评价各责任中心的工作业绩，并通过将考核结果与相应的激励制度挂钩，促进企业完成预算目标。

任务实施

任务资料和任务目标见本任务的"任务导入"，具体任务实施过程如下。

华龙公司编制预算，一般应按照"上下结合、分级编制、逐级汇总"的程序进行。

（一）下达目标

企业董事会或经理办公会根据企业发展战略和预算期经济形势的初步预测，在决策的基础上，提出下一年度企业预算目标，并确定预算编制的政策，由预算管理委员会下达各预算执行单位。

（二）编制上报

各预算执行单位按照企业预算管理委员会下达的预算目标和政策，结合自身特点以及预算的执行条件，提出详细的本单位预算方案，上报企业财务管理部门。

（三）审查平衡

企业财务管理部门对各预算执行单位上报的财务预算方案进行审查、汇总，提出综合平衡的建议。

（四）审议批准

企业财务管理部门在有关预算执行单位修正、调整的基础上，编制企业预算方案，报企业预算管理委员会讨论。

（五）下达执行

企业财务管理部门对董事会或经理办公会审议批准的年度总预算，一般在次年3月底以前，分解成系列的指标体系，由预算管理委员会逐级下达各预算执行单位执行。

任务二　预算编制方法

学习目标

知识目标：熟悉预算的各种编制方法。

技能目标：会用各种预算编制方法编制预算。

任务导入

任务资料：

华龙公司采用逐季滚动预算和零基预算相结合的方法编制制造费用预算，相关资料如下。

资料一：20×0 年分季度的制造费用预算如表 8-2-1 所示。

表 8-2-1　　　　　　　　　　　　20×0 年制造费用预算　　　　　　　　　　　金额单位：元

项目	第一季度	第二季度	第三季度	第四季度	合计
直接人工预算总工时（小时）	11 400	12 060	12 360	12 600	48 420
变动制造费用	91 200	×	×	×	387 360
其中：间接人工费用	50 160	53 064	54 384	55 440	213 048
固定制造费用	56 000	56 000	56 000	56 000	224 000
其中：设备租金	48 500	48 500	48 500	48 500	194 000
生产准备费与车间管理费	×	×	×	×	×

注：表中"×"表示省略的数据。

资料二：20×0 年第二季度至 20×1 年第一季度滚动预算期间，将发生以下变动：

（1）直接人工预算总工时为 50 000 小时；

（2）间接人工费用预算工时分配率将提高 10%；

（3）20×0 年第一季度末重新签订设备租赁合同，新租赁合同中设备年租金将降低 20%。

资料三：20×0 年第二季度至 20×1 年第一季度，公司管理层决定将固定制造费用总额控制在 185 200 元以内，固定制造费用由设备租金、生产准备费和车间管理费组成。其中设备租金属于约束性固定成本，生产准备费和车间管理费属于酌量性固定成本，根据历史资料分析，生产准备费的成本效益远高于车间管理费。为满足生产经营需要，车间管理费总预算额为 12 000 元至 15 000 元。

要求：

（1）根据资料一和资料二，计算 20×0 年第二季度至 20×1 年第一季度滚动期间的下列指标：①间接人工费用预算工时分配率；②间接人工费用总预算额；③设备租金总预算额。

（2）根据资料二和资料三，在综合平衡基础上根据成本效益分析原则，完成 20×0 年第二季度至 20×1 年第一季度滚动期间的下列事项：

① 确定车间管理费用总预算额；

② 计算生产准备费总预算额。

知识准备

预算编制流程与编制方法的选择应与企业现有管理模式相适应。常见的预算编制方法主要有增量预算法与零基预算法、固定预算法与弹性预算法、定期预算法与滚动预算法。

一、增量预算法与零基预算法

按照出发点的不同，预算的编制方法可以分为增量预算法与零基预算法。

（一）增量预算法

增量预算法是指以历史期实际经济活动及其预算为基础，结合预算期经济活动及相关影响因素的变动情况，通过调整历史期经济活动项目金额形成预算的预算编制方法。增量预算法以过去的费用发生水平为基础，认为现有业务活动是合理的，开支水平也是合理的，以现有业务活动和各项活动的开支水平，确定预算期各项活动的预算数。

【例8-2-1】华龙公司上年的财务费用为20 000元，考虑到本年生产任务增大20%，按增量预算法编制计划年度的财务费用，相关计算如下。

计划年度财务费用预算=20 000×（1+20%）=24 000（元）

增量预算法的缺陷是可能导致无效费用开支项目无法得到有效控制，形成不必要开支，造成预算上的浪费。

（二）零基预算法

零基预算法是指企业不以历史期经济活动及其预算为基础，以零为起点，从实际需要出发分析预算期经济活动的合理性，经综合平衡，形成预算的预算编制方法。零基预算法适用于企业各项预算的编制，特别是不经常发生的预算项目或预算编制基础变化较大的预算项目。零基预算法的编制程序如图8-2-1所示。

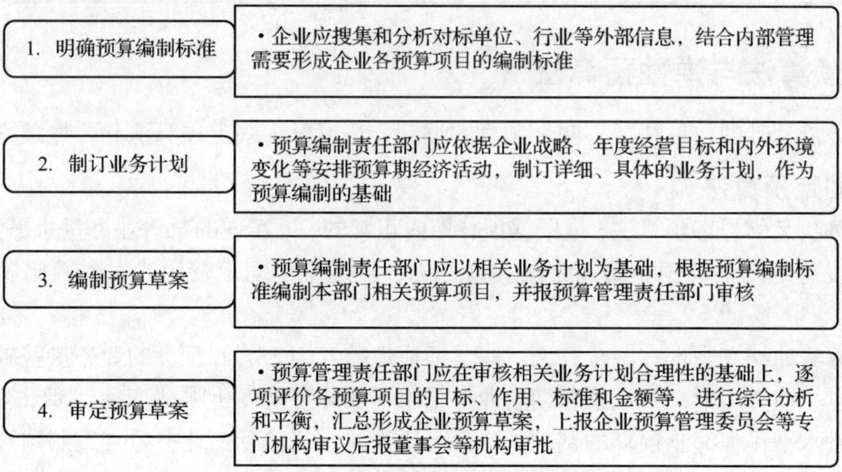

1. 明确预算编制标准	·企业应搜集和分析对标单位、行业等外部信息，结合内部管理需要形成企业各预算项目的编制标准
2. 制订业务计划	·预算编制责任部门应依据企业战略、年度经营目标和内外环境变化等安排预算期经济活动，制订详细、具体的业务计划，作为预算编制的基础
3. 编制预算草案	·预算编制责任部门应以相关业务计划为基础，根据预算编制标准编制本部门相关预算项目，并报预算管理责任部门审核
4. 审定预算草案	·预算管理责任部门应在审核相关业务计划合理性的基础上，逐项评价各预算项目的目标、作用、标准和金额等，进行综合分析和平衡，汇总形成企业预算草案，上报企业预算管理委员会等专门机构审议后报董事会等机构审批

图8-2-1　零基预算法的编制程序

零基预算法的优缺点如图8-2-2所示。

08

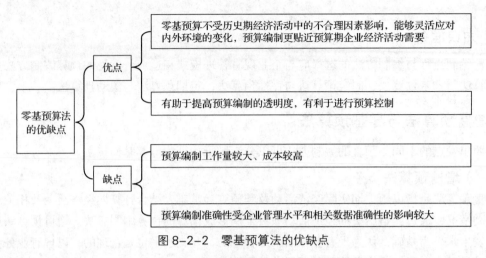

图 8-2-2 零基预算法的优缺点

【例 8-2-2】华龙公司对管理费用预算的编制采用零基预算法。经多次讨论，预算编制人员确定的预计费用项目及预算金额如表 8-2-2 所示。

表 8-2-2　　　　　　　　　　　　　预计费用项目及预算金额　　　　　　　　　　　　　单位：万元

费用项目	预算金额
办公费	10
职工福利费	200
维修费	10
保险费	20
业务招待费	50
其他	10
合计	300

二、固定预算法与弹性预算法

按照业务量基础的数量特征不同，预算的编制方法可分为固定预算法和弹性预算法。

（一）固定预算法

固定预算法又称静态预算法，是根据预算期内正常的、可实现的某一业务量水平为固定基础，不考虑可能发生的变动的预算编制方法。该方法一般适用于固定费用或者数额比较稳定的预算项目。

固定预算法的缺点表现在两个方面。一是适应性差。因为编制预算的业务量基础是事先假定的某个业务量，该方法下，不论预算期内业务量水平实际可能发生哪些变动，都只按事先确定的某一个业务量水平作为编制预算的基础。二是可比性差。当实际的业务量与编制预算所依据的业务量有较大差异时，有关预算指标的实际数与预算数就会因业务量基础不同而失去可比性。

（二）弹性预算法

弹性预算法又称为动态预算法，是指企业在分析业务量与预算项目之间数量依存关系的基础上，分别确定不同业务量及其相应预算项目所消耗资源的预算编制方法。弹性预算法依据的业务量可能是生产量、销售量、机器工时、材料消耗量和直接人工工时等。

弹性预算法所采用的业务量范围，视企业或部门的业务量变化情况而定，务必使实际业务量不超出相关的业务量范围。通常，业务量可定在正常生产能力的70%～110%，或以历史上最高业务量和最低业务量为其上下限。利用弹性预算法编制预算的准确性，在很大程度上取决于成本性态分析的可靠性。

与固定预算法相比，弹性预算法的主要优点在于：考虑了预算期可能的不同业务量水平，更贴近企业经营管理实际情况；主要缺点有：一是编制工作量大；二是对市场及其变动趋势预测的准确性、预算项目与业务量之间依存关系的判断等会对弹性预算的合理性造成较大影响。

企业应用弹性预算法，一般按照图8-2-3所示的程序进行。

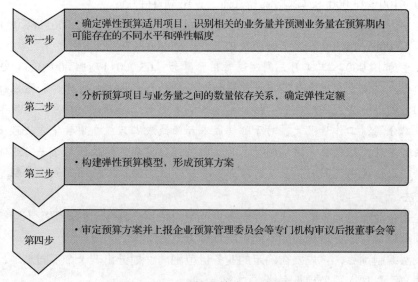

第一步　·确定弹性预算适用项目，识别相关的业务量并预测业务量在预算期内可能存在的不同水平和弹性幅度

第二步　·分析预算项目与业务量之间的数量依存关系，确定弹性定额

第三步　·构建弹性预算模型，形成预算方案

第四步　·审定预算方案并上报企业预算管理委员会等专门机构审议后报董事会等

图8-2-3　弹性预算法的编制流程

弹性预算的编制，可以采用公式法，也可以采用列表法。

1. 公式法

公式法是运用总成本性态模型，测算预算期的成本费用数额，并编制成本费用预算的方法。根据成本性态，成本与业务量之间的数量关系可用公式表示为：

$$y=a+bx$$

式中，y表示某项预算成本总额，a表示该项成本中的固定基数，b表示与业务量相关的弹性定额，x表示预计业务量。

【例8-2-3】华龙公司经过分析得出甲产品的制造费用与人工工时密切相关，采用公式法编制的制造费用预算如表8-2-3所示。

表8-2-3　　　　　　　　　　华龙公司制造费用预算（公式法）

业务量范围	9 100～14 300/人工工时	
费用项目	固定费用/（元/月）	变动费用/（元/人工工时）
电力费用		2
运输费用		1
维护费用	12 000	4

续表

业务量范围	9 100～14 300/人工工时	
费用项目	固定费用/（元/月）	变动费用/（元/人工工时）
人工费用	10 000	10
折旧费用	30 000	
保险费用	10 000	
合计	62 000	17
备注	业务量超过 13 000 工时后，维护费用（固定费用）上升为 15 000 元	

本例中，华龙公司制造费用的计算如下。

业务量为 9 100～13 000 人工工时的情况下，$y=62\,000+17x$；

如果业务量为 12 000 人工工时，则制造费用预算为：$62\,000+17\times12\,000=266\,000$（元）。

业务量为 13 000～14 300 人工工时的情况下，$y=65\,000+17x$；

如果业务量为 14 000 人工工时，则制造费用预算为：$65\,000+17\times14\,000=303\,000$（元）。

公式法的优点：便于在一定范围内计算任何业务量的预算成本，可比性和适应性强，编制预算的工作量相对较小。公式法的缺点：按公式进行成本分解比较麻烦，对每个费用子项目甚至细目逐一进行成本分解，工作量很大；对于阶梯成本和曲线成本只能先用数学方法修正为直线，才能应用公式法。另外，应用公式法编制预算时，相关弹性定额可能仅适用于一定业务量范围内，当业务量变动超出该适用范围时，应及时修正、更新弹性定额，或改用列表法编制。

2. 列表法

列表法是指企业通过列表的方式，在业务量范围内依据已划分出的若干个不同等级，分别计算并列示该预算项目与业务量相关的不同可能预算方案的方法。

应用列表法编制预算，首先要在确定的业务量范围内，划分出若干个不同水平，然后分别计算各项预算值，汇总列入一个预算表格。

列表法的优点：不管实际业务量多少，不必经过计算即可找到与业务量相近的预算成本；混合成本中的阶梯成本和曲线成本，可按总成本性态模型计算填列，不必用数学方法修正为近似的直线成本。但是，运用列表法编制预算，在评价和考核实际成本时，往往需要使用插值法来计算实际业务量的预算成本，比较麻烦。

【例 8-2-4】假定有关资料同表 8-2-3。预算期企业可能的直接人工工时分别为 9 100 工时、10 400 工时、11 700 工时、13 000 工时和 14 300 工时。用列表法编制制造费用预算如表 8-2-4 所示。

表 8-2-4　　　　　　　　　　　　　　制造费用预算（列表法）　　　　　　　　　　　金额单位：元

业务量（直接人工工时）/小时	9 100	10 400	11 700	13 000	14 300
占正常生产能力百分比/%	70	80	90	100	110
变动成本：					
电力费用（$b=2$）	18 200	20 800	23 400	26 000	28 600
运输费用（$b=1$）	9 100	10 400	11 700	13 000	14 300
合计	27 300	31 200	35 100	39 000	42 900
混合成本：					
维护费用	48 400	53 600	58 800	64 000	72 200
人工费用	101 000	114 000	127 000	140 000	153 000

续表

合计	149 400	167 600	185 800	204 000	225 200
固定成本:					
折旧费用	30 000	30 000	30 000	30 000	30 000
保险费用	10 000	10 000	10 000	10 000	10 000
合计	40 000	40 000	40 000	40 000	40 000
总计	216 700	238 800	260 900	283 000	308 100

在表 8-2-4 中，分别列示了五种业务量水平的成本预算数据。无论实际业务量达到何种水平，都有适用的一套成本数据来发挥控制作用。

采用弹性预算法可以根据各项成本与业务量的不同关系，采用不同方法确定实际业务量的预算成本，并据此评价和考核实际成本。实际业务量为 12 000 小时，电力费用和运输费用等变动成本可用实际工时数乘以单位业务量变动成本来计算，即变动总成本为 36 000（12 000×2+12 000×1）元。固定总成本不随业务量变动，仍为 40 000 元。混合成本可用插值法逐项计算：12 000 小时处在 11 700～13 000 小时范围内，维护费用应该在 58 800～64 000 元，设实际业务量对应的预算修理费为 x 元，则：

（12 000-11 700）÷（13 000-11 700）=（x-58 800）÷（64 000-58 800）

x=60 000 元

业务量为 11 700 小时和 13 000 小时时，人工费用分别为 127 000 元和 140 000 元，用插值法计算，实际业务量为 12 000 小时时，人工费用应为 130 000 元。可见：

实际业务量为 12 000 小时时，预算成本=（2+1）×12 000+60 000+130 000+40 000=266 000（元）

这样计算出来的预算成本比较符合成本的变动规律，可以用来评价和考核实际成本，比较容易被考核人接受。

三、定期预算与滚动预算

按照预算期时间特征的不同，预算的编制方法可分为定期预算法和滚动预算法两大类。

（一）定期预算法

定期预算法是指在编制预算时，以固定会计期间（如日历年度）作为预算期的一种编制预算的方法。这种方法的优点是能够使预算期间与会计期间相对应，便于将实际数与预算数进行对比，也有利于对预算执行情况进行分析和评价。但这种方法以固定会计期间为预算期，在执行一段时期之后，往往使管理人员只考虑余下时间的业务量，缺乏长远打算，导致一些短期行为出现。

（二）滚动预算法

滚动预算法是指企业根据上一期预算执行情况和新的预测结果，按既定的预算编制周期和滚动频率，对原有的预算方案进行调整和补充、逐期滚动、持续推进的预算编制方法。

按照预算编制周期，可以将滚动预算分为中期滚动预算和短期滚动预算。中期滚动预算的预算编制周期通常为 3 年或 5 年，以年度作为预算滚动频率。短期滚动预算通常以 1 年为预算编制周期，以月度、季度作为预算滚动频率。短期滚动预算通常使预算期始终保持在 12 个月，每过 1 个月或 1 个季度，立即在期末增列 1 个月或 1 个季度的预算，逐期往后滚动，从而在任何一个时期都使预算期保持为 12 个月。这种预算能使企业各级管理人员对未来始终保持整整 12 个月时间

08

的考虑和规划，从而保证企业的经营管理工作能够稳定而有序地进行。

（1）逐月滚动。逐月滚动是指在预算编制过程中，以月份为预算的编制和滚动单位，每个月调整一次预算的方法。如在20×1年1月至12月的预算执行过程中，需要在1月末根据当月预算的执行情况修订2月至12月的预算，同时补充下年1月的预算；到2月末可根据当月预算的执行情况，修订3月至20×2年1月的预算，同时补充20×2年2月的预算；以此类推。逐月滚动预算如图8-2-4所示。

按照逐月滚动方式编制的预算比较精确，但工作量较大。

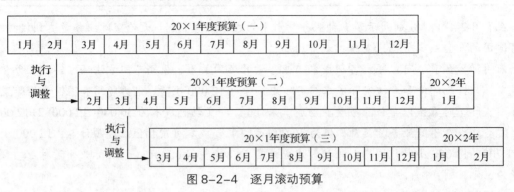

图8-2-4　逐月滚动预算

（2）逐季滚动。逐季滚动是指在预算编制过程中，以季度为预算的编制和滚动单位，每个季度调整一次预算的方法。逐季滚动编制预算比逐月滚动编制预算的工作量小，但精确度较差。

（3）混合滚动。混合滚动是指在预算编制过程中，同时以月份和季度作为预算的编制和滚动单位的方法。这种预算编制方法的理论依据是：人们对未来的了解程度具有对近期的预计把握较大、对远期的预计把握较小的特征。混合滚动预算如图8-2-5所示。

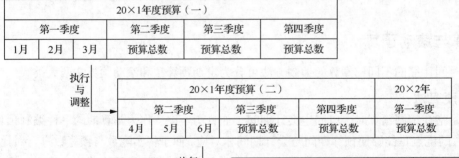

图8-2-5　混合滚动预算

任务实施

任务资料和任务目标见本任务的【任务导入】，具体任务实施过程如下。

（1）① 间接人工费用预算工时分配率=（213 048÷48 420）×（1+10%）=4.84（元/小时）。

② 间接人工费用总预算额=50 000×4.84=242 000（元）。

③ 设备租金总预算额=194 000×（1-20%）=155 200（元）。

（2）设备租金是约束性固定成本，是必须支付的。生产准备费和车间管理费属于酌量性固定成本，发生额的大小取决于管理当局的决策，由于生产准备费的成本效益远高于车间管理费，根据成本效益分析原则，应该尽量减少车间管理费。

① 车间管理费用总预算额=12 000（元）。

② 生产准备费总预算额=185 200-155 200-12 000=18 000（元）。

任务三 预算编制实务

学习目标

知识目标：掌握各种经营预算和财务预算的编制方法。

技能目标：会编制企业的经营预算和财务预算。

任务导入

任务资料：

华龙公司编制销售预算的相关资料如下。

华龙公司预计每季度销售收入中，有 70%在本季度收到现金，30%于下一季度收到现金，不存在坏账。20×1 年年末应收账款余额为 6 000 万元。假设不考虑增值税及其影响。

华龙公司 20×2 年销售预算如表 8-3-1 所示。

表 8-3-1　　　　　　　　　华龙公司 20×2 年销售预算

项目	第一季度	第二季度	第三季度	第四季度	全年
预计销售量/万件	500	600	650	700	2 450
预计单价/（元/件）	30	30	30	30	30
预计销售收入/万元	15 000	18 000	19 500	21 000	73 500
预计现金收入/万元					
上年应收账款/万元	*				*
第一季度/万元	*	*			*
第二季度/万元		（B）	*		*
第三季度/万元			*	（D）	*
第四季度/万元				*	*
预计现金收入合计/万元	（A）	17 100	（C）	205 250	*

注：表内的"*"为省略的数值。

任务目标：

（1）确定表格中字母所代表的数值。

（2）计算 20×2 年年末预计应收账款余额。

 **知识准备**

企业应建立和完善预算编制的工作制度，明确预算编制依据、编制内容、编制程序和编制方法，确保预算编制依据合理、内容全面、程序规范、方法科学，确保形成各层级广泛接受的、符合业务假设的、可实现的预算目标。

一、经营预算的编制

（一）销售预算

销售预算是在销售预测的基础上根据销售计划编制的，用于规划预算期销售活动的一种经营预算。销售预算是整个预算的编制起点，其他预算的编制都以销售预算为基础。

销售预算的主要内容有预计销售量、预计销售单价、预计销售收入等项目。预计销售量是根据市场预测或销货合同并结合企业生产能力确定的，预计销售单价是通过价格决策确定的，预计销售收入是二者的乘积。销售预算中通常包括预计现金收入的计算，为编制资金预算提供必要的资料。

【例 8-3-1】华龙公司的销售预算如表 8-3-2 所示。第一季度的现金收入包括两部分，即上年应收账款在本年第一季度收到的货款以及本季度销售中可能收到的货款。假设本季度销售中本季度收到现金 60%，余下的 40% 到下个季度才能收到。

表 8-3-2　　　　　　　　　　　　　　　　华龙公司销售预算　　　　　　　　　　　　金额单位：元

项目	第一季度	第二季度	第三季度	第四季度	全年
预计销售量/件	1 200	1 800	2 400	2 160	7 560
预计销售单价	2 800	2 800	2 800	2 800	2 800
预计销售收入	3 360 000	5 040 000	6 720 000	6 048 000	21 168 000
预计现金收入：					
上年应收账款	744 000				744 000
第一季度销售实现	2 016 000	1 344 000			3 360 000
第二季度销售实现		3 024 000	2 016 000		5 040 000
第三季度销售实现			4 032 000	2 688 000	6 720 000
第四季度销售实现				3 628 800	3 628 800
现金收入合计	2 760 000	4 368 000	6 048 000	6 316 800	19 492 800

（二）生产预算

生产预算是规划预算期生产数量而编制的一种经营预算，它是在销售预算的基础上编制的，并可以作为编制直接材料预算和产品成本预算的依据。其主要内容有预计销售量、期初和期末产成品存货、预计生产量。在生产预算中，只涉及实物量指标，不涉及价值量指标。

通常企业需要保证一定的库存，保证能在发生意外需求时按时供货，期末产成品存货数量通常按下期销售量的一定百分比确定。生产预算的"预计销售量"来自销售预算，其中：

$$预计期末产成品存货=下季度销售量×期末存货百分比$$

$$预计期初产成品存货=上季度期末产成品存货$$

$$预计生产量=预计销售量+预计期末产成品存货-预计期初产成品存货$$

生产预算在实际编制时是比较复杂的，产量受到生产能力的限制，产成品存货数量受到仓库容量的限制，只能在此范围内来安排产成品存货数量和各期生产量。此外，有的季度可能销量很大，可以用赶工方法增产，为此要多付加班费。如果提前在淡季生产，会因增加产成品存货而多付资金利息。因此，要权衡两者得失，选择成本最低的方案。

【例8-3-2】假设华龙公司20×1年年初的产成品结存200件，年末留存300件，预计期末产成品存货是下季度销售量的10%，表8-3-3所示为华龙公司的生产预算。

表8-3-3 华龙公司生产预算 单位：件

项目	第一季度	第二季度	第三季度	第四季度	全年
预计销售量	1 200	1 800	2 400	2 160	7 560
加：预计期末产成品存货	180	240	216	240	240
合计	1 380	2 040	2 616	2 400	7 800
减：预计期初产成品存货	120	180	240	216	120
预计生产量	1 260	1 860	2 376	2 184	7 680

（三）直接材料预算

直接材料预算是为了规划预算期直接材料采购金额而编制的一种经营预算。直接材料预算以生产预算为基础编制，同时要考虑原材料存货水平。

直接材料预算的主要内容有单位产品材料用量、预计生产需要量、期初和期末存量等项目。"预计生产量"的数据来自生产预算，"单位产品材料用量"的数据来自标准成本资料或消耗定额资料，"预计生产需要量"是上述两项的乘积。年初和年末的材料存货量，是根据当前情况和长期销售预测估计的。各季度期末材料存量根据下季度生产需要量的一定百分比确定。各季度期初材料存量等于上季度的期末材料存量。各季度预计采购量根据下式计算确定：

$$预计采购量=预计生产需要量+预计期末存量-预计期初存量$$

为了便于以后编制资金预算，通常要预计材料采购各季度的现金支出。每个季度的现金支出包括偿还上期应付账款和本期应支付的采购货款。

【例8-3-3】假设华龙公司计划年度期初材料结存量为2 000千克，各季度期末材料存量根据下季度生产需用量的10%计算，年末库存是3 000千克。每季度的购料款于当季支付50%，剩余50%于下一季度支付，应付账款年初余额为25 000元。其他资料如表8-3-2和表8-3-3所示。华龙公司计划年度材料采购预算如表8-3-4所示。

表8-3-4 华龙公司计划年度材料采购预算

项目	第一季度	第二季度	第三季度	第四季度	全年
预计生产量/件	1 260	1 860	2 376	2 184	7 680
单位产品材料用量/千克	10	10	10	10	10
预计生产需要量/千克	12 600	18 600	23 760	21 840	76 800
加：预计期末存量/千克	3 720	4 752	4 368	4 800	4 800

08

续表

项目	第一季度	第二季度	第三季度	第四季度	全年
减：预计期初存量/千克	3 600	3 720	4 752	4 368	3 600
预计材料采购量/千克	12 720	19 632	23 376	22 272	78 000
材料计划单价/元/千克	80	80	80	80	80
预计采购金额/元	1 017 600	1 570 560	1 870 080	1781 760	6 240 000
预计现金支出/元					
上年应付账款/元	282 000				282 000
第一季度采购付现/元	508 800	508 800			1 017 600
第二季度采购付现/元		785 280	785 280		1 570 560
第三季度采购付现/元			935 040	935 040	1 870 080
第四季度采购付现/元				890 880	890 880
现金支出合计/元	790 800	1 294 080	1 720 320	1 825 920	5 631 120

（四）直接人工预算

直接人工预算是一种既能反映预算期内人工工时消耗水平，又可用于规划人工成本开支的经营预算。直接人工预算也是以生产预算为基础编制的。其主要内容有预计产量、单位产品工时、人工总工时、每小时人工成本和人工总成本。预计产量数据来自生产预算，单位产品人工工时和每小时人工成本数据来自标准成本资料，人工总工时和人工总成本是根据相关数据计算出来的。由于人工工资都需要使用现金支付，所以不需要另外预计现金支出，可直接汇总现金预算。

【例8-3-4】假设华龙公司单位产品工时为10小时，每小时人工成本为60元/小时。华龙公司计划年度直接人工预算如表8-3-5所示。

表8-3-5　　　　　　　　　　华龙公司计划年度直接人工预算

项目	第一季度	第二季度	第三季度	第四季度	全年
预计产量/件	1 260	1 860	2 376	2 184	7 680
单位产品工时/（小时/件）	10	10	10	10	10
人工总工时/小时	12 600	18 600	23 760	21 840	76 800
每小时人工成本/（元/小时）	60	60	60	60	60
人工总成本/元	756 000	1 116 000	1 425 600	1 310 400	4 608 000

（五）制造费用预算

制造费用预算通常分为变动制造费用预算和固定制造费用预算两部分。变动制造费用预算以生产预算为基础编制。如果有完善的标准成本资料，用单位产品的标准成本与产量相乘，即可得到相应的预算金额。如果没有标准成本资料，就需要逐项预计计划产量需要的各项制造费用。固定制造费用需要逐项进行预计，通常与本期产量无关，按每季度实际需要的支付额预计，然后求出全年数。

【例8-3-5】根据前面所编各预算表的资料，编制的华龙公司制造费用预算如表8-3-6所示。

表 8-3-6　　　　　　　　　　　华龙公司制造费用预算　　　　　　　　　　单位：元

项目	第一季度	第二季度	第三季度	第四季度	全年
变动制造费用：					
间接人工（20 元/件）	25 200	37 200	47 520	43 680	153 600
间接材料（15 元/件）	18 900	27 900	35 640	32 760	115 200
修理费（20 元/件）	25 200	37 200	47 520	43 680	153 600
水电费（10 元/件）	12 600	18 600	23 760	21 840	76 800
小计	81 900	120 900	154 440	141 960	499 200
固定制造费用：					
修理费	12 000	13 680	18 000	18 000	61 680
折旧	120 000	120 000	120 000	120 000	480 000
管理人员工资	142 800	157 200	132 000	132 000	564 000
保险费	18 600	20 520	22 800	32 400	94 320
财产税	7 200	7 200	7 200	7 200	28 800
小计	300 600	318 600	300 000	309 600	1 228 800
合计	382 500	439 500	454 440	451 560	1 728 000
减：折旧	120 000	120 000	120 000	120 000	480 000
现金支出	262 500	319 500	334 440	331 560	1 248 000

为了便于以后编制产品成本预算，需要计算小时费用率。

变动制造费用小时费用率=499 200÷76 800=6.5（元/小时）

固定制造费用小时费用率=1 228 800÷76 800=16（元/小时）

为了便于以后编制资金预算，需要预计现金支出。制造费用中，除折旧费外都需支付现金，所以，根据每个季度制造费用数额扣除折旧费后，即可得出"现金支出"。

（六）产品成本预算

产品成本预算是销售预算、生产预算、直接材料预算、直接人工预算、制造费用预算的汇总。其主要内容是产品的单位成本、生产成本、存货成本、销货成本。单位成本的有关数据来自前述三个预算。预计生产量、期末存货量来自生产预算，预计销售量来自销售预算。生产成本、存货成本和销货成本等数据，根据单位成本和有关数据计算得出。

【例 8-3-6】根据前面已编制的各种经营预算表的资料，编制华龙公司本年度的产品成本预算，如表 8-3-7 所示。

表 8-3-7　　　　　　　　　　　　华龙公司产品成本预算

项目	单位成本			生产成本/元 7 680 件	存货成本/元 240 件	销货成本/元 7 560 件
	单价/（元/千克或小时）	投入量/（千克或小时）	成本/元			
直接材料	80	10	800	6 144 000	192 000	6 048 000
直接人工	60	10	600	4 608 000	144 000	4 536 000
变动制造费用	6.5	10	65	499 200	15 600	491 400
固定制造费用	16	10	160	1 228 800	38 400	1 209 600
合计			1 625	12 480 000	390 000	12 285 000

08

（七）销售及管理费用预算

销售费用预算是指为了实现销售预算所需支付的费用的预算。它以销售预算为基础，分析销售收入、销售利润和销售费用的关系，力求实现销售费用的最有效使用。

在安排销售费用时，要利用本量利分析方法，以使支出的费用获取更多的收益。在草拟销售费用预算时，要对过去的销售费用进行分析，考察过去销售费用支出的必要性和效果。销售费用预算应和销售预算相配合，应有按品种、按地区、按用途的具体预算数额。

管理费用是开展一般管理业务所必需的费用。随着企业规模的扩大，一般管理职能日益重要，其费用也相应增加。在编制管理费用预算时，要分析企业的业务成绩和一般经济状况，务必做到费用合理化。管理费用多属于固定成本，所以，管理费用预算一般以过去的实际开支为基础，按预算期的可预见变化来调整。

【例8-3-7】假设华龙公司销售和行政管理部门根据计划期间的具体情况，合并编制销售与管理费用预算，如表8-3-8所示。

表8-3-8　　　　　　　　　　　　　华龙公司销售及管理费用预算　　　　　　　　　　　单位：元

项目	金额
销售费用：	
销售人员工资	360 000
广告费	660 000
包装、运输费	360 000
保管费	324 000
折旧	120 000
管理费用：	
管理人员薪金	480 000
福利费	96 000
保险费	72 000
办公费	168 000
折旧	180 000
合计	2 820 000
减：折旧	300 000
每季度支付现金（2 520 000÷4）	630 000

二、专门决策预算的编制

专门决策预算主要是长期投资预算，又称资本支出预算，通常是指与项目投资决策相关的专门预算，它往往涉及长期建设项目的资金投放与筹集，并经常跨越多个年度。编制专门决策预算的依据，是项目财务可行性分析资料，以及企业筹资决策资料。

专门决策预算的要点是准确反映项目资金投资支出与筹资计划，它同时也是编制资金预算和预计资产负债表的依据。

【例8-3-8】假设华龙公司决定购买一条新的生产线，年内安装完毕，并于年末投入使用，有关投资与筹资预算如表8-3-9所示。

表 8-3-9　　　　　　　　　　　　　　　华龙公司专门决策预算　　　　　　　　　　　　　　　单位：元

项目	第一季度	第二季度	第三季度	第四季度	全年
投资支出预算	6 000 000	0	0	8 400 000	14 400 000
借入长期借款	3 600 000	0	0	8 400 000	12 000 000

三、财务预算的编制

（一）资金预算

资金预算是以经营预算和专门决策预算为依据编制的，专门反映预算期内预计现金收入与现金支出，以及为满足理想现金余额而进行筹资或归还借款等的预算。资金预算的主要内容有可供使用现金、现金支出、现金余缺、现金筹措与运用等项目。

【例 8-3-9】根据前面的预算材料，假设华龙公司理想的现金余额是 300 000 元，资金不足可以使用短期借款，借款额必须是 100 000 元的整数倍。华龙公司上年末的长期借款余额为 14 400 000 元，不存在短期借款，借款利息按季支付，新增借款发生在每季的期初，归还借款发生在每季的期末，先归还短期借款，归还的数额为 10 000 元的整数倍。据此编制华龙公司的资金预算，如表 8-3-10 所示。

表 8-3-10　　　　　　　　　　　　　　　华龙公司资金预算　　　　　　　　　　　　　　　单位：元

项目	第一季度	第二季度	第三季度	第四季度	全年
期初现金余额	960 000	305 700	309 120	303 010	960 000
加：销货现金收入（表 8-3-2）	2 760 000	4 368 000	6 048 000	6 316 800	19 492 800
可供使用现金	3 720 000	4 673 700	6 357 120	6 619 810	20 452 800
减：现金支出					
直接材料（表 8-3-4）	790 800	1 294 080	1 720 320	1 825 920	5 631 120
直接人工（表 8-3-5）	756 000	1 116 000	1 425 600	1 310 400	4 608 000
制造费用（表 8-3-6）	262 500	319 500	334 440	331 560	1 248 000
销售及管理费用（表 8-3-8）	630 000	630 000	630 000	630 000	2 520 000
所得税费用	180 000	120 000	276 000	264 000	840 000
购买设备	6 000 000			8 400 000	14 400 000
股利				1 140 000	1 140 000
现金支出合计	8 619 300	3 479 580	4 386 360	13 901 880	30 387 120
现金多余或不足	-4 899 300	1 194 120	1 970 760	-7 282 070	-9 934 320
现金筹措与运用					
借入长期借款	3 600 000			8 400 000	12 000 000
取得短期借款	2 200 000				2 200 000
归还短期借款		290 000	1 080 000		1 370 000
短期借款利息（年利率 10%）	55 000	55 000	47 750	20 750	178 500
长期借款利息（年利率 12%）	540 000	540 000	540 000	792 000	2 412 000
期末现金余额	305 700	309 120	303 010	305 180	305 180

08

表中：可供使用现金=期初现金余额+现金收入

可供使用现金-现金支出=现金多余或不足

现金多余或不足+现金筹措-现金运用=期末现金余额

其中：全年的期初现金余额指的是年初的现金余额，即去年的年末现金余额，在例题中属于已知条件，下一季度的期初现金余额等于上一季度的期末现金余额。

"现金收入"的主要来源是销货取得的现金收入，销货取得的现金收入数据来自销售预算。

"现金支出"部分包括预算期的各项现金支出。"直接材料""直接人工""制造费用""销售及管理费用""购买设备"的数据分别来自前述有关预算。此外，现金支出还包括所得税费用、股利分配等。

财务管理部门应根据现金余缺与理想期末现金余额的比较，并结合固定的利息支出数额以及其他的因素，确定预算期现金运用或筹措的数额。

本例中，华龙公司第一季度、第二季度、第三季度的长期借款利息均为（14 400 000+3 600 000）×12%÷4=540 000（元）。

第四季度的长期借款利息=（14 400 000+3 600 000+8 400 000）×12%÷4=792 000（元）。

由于第一季度的长期借款利息支出为 540 000 元，理想的现金余额是 300 000 元，所以，若要（现金余缺+借入长期借款 3 600 000 元）的结果小于 840 000 元，就必须取得短期借款；而第一季度的现金余缺是-4 899 300 元，所以，需要取得短期借款。假设第一季度需要取得的短期借款为 W 元，则根据理想的期末现金余额要求可知：-4 899 300+3 600 000+W-W×10%÷4-540 000=300 000（元），解得：W=2 194 153.85 元，由于按照要求借款额必须是 100 000 元的整数倍，所以，第一季度需要取得 2 200 000 元的短期借款，支付 2 200 000×10%÷4=55 000（元）短期借款利息，期末现金余额=-4 899 300+3 600 000+2 200 000-55 000-540 000=305 700（元）。

第二季度的现金余缺是 1 194 120 元，支付完短期借款利息 55 000 元和长期借款利息 540 000 元，期末现金余额=1 194 120-55 000-540 000-300 000=299 120（元）。因为优先归还短期借款，并且要求归还的数额是 10 000 的整数倍，所以可以归还短期借款 290 000 元。期末现金余额=1 194 120-55 000-540 000-290 000=309 120（元）。

第三季度的现金余缺是 1 970 760 元，支付完短期借款利息（2 200 000-290 000）×10%÷4=47 750（元）和长期借款利息 540 000 元，期末现金余额=1 970 760-47 750-540 000-300 000=1 083 010（元）。因为优先归还短期借款，并且要求归还的数额是 10 000 元的整数倍，所以可以归还短期借款 1 080 000 元。期末现金余额=1 970 760-47 750-540 000-1 080 000=303 010（元）。

第四季度的现金余缺是-7 282 070 元，短期借款利息为（2 200 000-290 000-1080 000）×10%÷4=20 750（元），计划取得长期借款 8 400 000 元，长期借款的利息为 540 000+8 400 000×12%÷4=792 000（元），期末现金余额=-7 282 070+8 400 000-20 750-792 000=305 180（元），正好符合题目要求。

全年的期末现金余额指的是年末的现金余额，即第四季度末的现金余额，应该是 305 180 元。

（二）预计利润表的编制

预计利润表用来综合反映企业在计划期的预计经营成果，是企业最主要的财务预算表之一。编制预计利润表的依据是各经营预算、专门决策预算和资金预算。

【例 8-3-10】根据前面的各项经营预算、专门决策预算和资金预算，编制华龙公司的预计利润表，如表 8-3-11 所示。

表 8-3-11 　　　　　　　　　　　华龙公司预计利润表 　　　　　　　　　　单位：元

项目	金额
销售收入（表 8-3-2）	21 168 000
销售成本（表 8-3-7）	12 285 000
毛利	8 883 000
销售及管理费用（表 8-3-8）	2 820 000
借款利息（表 8-3-10）	2 590 500
利润总额	3 472 500
所得税费用（估计）	840 000
净利润	2 632 500

其中："销售收入"项目的数据来自销售预算；"销售成本"项目的数据来自产品成本预算；"毛利"是销售收入与销售成本的差额；"销售及管理费用"项目的数据来自销售及管理费用预算；"利息"项目的数据来自资金预算。

另外，"所得税费用"项目，因为存在很多纳税调整事项，通常不能根据"利润总额"和所得税税率计算。

（三）预计资产负债表的编制

预计资产负债表用来反映企业在计划期末预计的财务状况。编制预计资产负债表的目的，在于判断预算反映的财务状况的稳定性和流动性。预计资产负债表需以计划期开始日的资产负债表为基础，结合计划期间各项经营预算、专门决策预算、资金预算和预计利润表编制。它是编制全面预算的终点。

【例 8-3-11】根据华龙公司各项经营预算、专门决策预算、资金预算和预计利润表，假设固定资产期初余额为 4 800 000 元，在建工程期初余额为 12 000 000 元，长期借款期初余额为 14 400 000 元，股本期初余额为 2 400 000 元，资本公积期初余额为 600 000 元，盈余公积期初余额为 900 000 元，未分配利润期初余额为 405 000 元，编制华龙公司的预计资产负债表，如表 8-3-12 所示。

表 8-3-12 　　　　　　　　　　华龙公司预计资产负债表 　　　　　　　　　　单位：元

资产	年初余额	年末余额	负债与股东权益	年初余额	年末余额
流动资产：			流动负债		
货币资金（表 8-3-10）	960 000	305 180	短期借款	0	830 000
应收账款（表 8-3-2）	744 000	2 419 200	应付账款（表 8-3-4）	282 000	890 880
存货（表 8-3-4 和表 8-3-7）	483 000	774 000	流动负债合计	282 000	1 720 880
流动资产合计	2 187 000	3 498 380	非流动负债：		
非流动资产：			长期借款	14 400 000	26 400 000
固定资产（表 8-3-6 和表 8-3-8）	4 800 000	4 020 000	非流动负债合计	14 400 000	26 400 000

续表

资产	年初余额	年末余额	负债与股东权益	年初余额	年末余额
在建工程（表 8-3-9）	12 000 000	26 400 000	负债合计	14 682 000	28 120 880
非流动资产合计	16 800 000	30 420 000	股东权益：		
			股本	2 400 000	2 400 000
			资本公积	600 000	600 000
			盈余公积	900 000	1 163 250
			未分配利润	405 000	1 634 250
			股东权益合计	4 305 000	5 797 500
资产合计	18 987 000	33 918 380	负债和股东权益总计	18 987 000	33 918 380

其中："货币资金"的数据来源于表 8-3-10 中的"期初现金余额"和"期末现金余额"；"应收账款"的年初余额 744 000 元来自表 8-3-2 的"上年应收账款"，年末余额 2 419 200＝6 048 000×（1－60%）。

"存货"包括直接材料和产成品，直接材料年初余额＝3 600×80＝288 000（元），年末余额＝4 800×80＝384 000（元）；产成品成本年初余额＝（7 560＋240－7 680）×1 625＝195 000（元），年末余额＝240×1 625＝390 000（元）。存货年初余额＝288 000＋195 000＝483 000（元），年末余额＝384 000＋390 000＝774 000（元）。

"固定资产"的年末余额 4 020 000 元（4 800 000－780 000），其中的 780 000 元（480 000＋300 000）指的是本年计提的折旧，数字来源于表 8-3-6 和表 8-3-8。

"在建工程"的年末余额 26 400 000 元（12 000 000＋14 400 000），本年的增加额 14 400 000元来源于表 8-3-9（项目本年未完工）。

"固定资产""在建工程"的年初余额来源于华龙公司上年末的资产负债表。

"短期借款"本年的增加额 830 000 元（2 200 000－1 370 000）来源于表 8-3-10。

"应付账款"的年初余额 282 000 元来源于表 8-3-4 的"上年应付账款"，年末余额 890 880 元（1 781 760×50%）。

"长期借款"本年的增加额 12 000 000 元来源于表 8-3-10。

华龙公司各项预算中都没有涉及股本和资本公积的变动，所以股本和资本公积的余额不变。

华龙公司没有计提任意盈余公积、计提的法定盈余公积 263 250 元（2 632 500×10%），所以，"盈余公积"的年末余额＝900 000＋263 250＝1 163 250（元）。"未分配利润"的年末余额＝期初405 000＋净利润 2 632 500－计提的盈余公积 263 250－股利 1 140 000＝1 634 250（元）。

任务实施

任务资料和任务目标见本任务的"任务导入"，具体任务实施过程如下。

（1）A＝15 000×70%＋6 000＝16 500（万元）。

B＝18 000×70%＝12 600（万元）。

C＝19 500×70%＋18 000×30%＝19 050（万元）。

D＝19 500×30%＝5 850（万元）。

（2）20×2 年末预计应收账款余额
=21 000×30%=6 300（万元）。

课程思政——友善篇

友善是指以善良友好之心去处理人与人之间的关系。作为道德价值规范，它是人际交往中必须遵循的基本准则。孟子说："仁者爱人，有礼者敬人。爱人者，人恒爱之；敬人者，人恒敬之。"这句话的意思是："具有仁善之心的人就会爱别人，明礼的人就会尊敬别人。爱别人的人，别人也会爱你；尊敬别人的人，别人也会尊敬你。"同理，为人友善，别人也会对你友善。人与人之间彼此友善，则整个社会就充满友善。为人友善的关键是培养仁心、善性。为人友善就要宽以待人、乐于助人。只要交往双方能够相互宽容、礼让，矛盾就能得到有效化解。当别人遇到危难的时候，我们能及时地送出爱心，施以援手，这个世界就会变得更加和谐、友善和温暖。

选自沈壮海《兴国之魂：社会主义核心价值体系释讲》

课后练习

一、单项选择题

1. 下列各项中，属于总预算的是（　　）。

   A. 资本支出预算　　　B. 资金预算　　　　　C. 管理费用预算　　　D. 销售预算

2. 下列各项中，对企业预算管理工作负总责的组织是（　　）。

   A. 财务部　　　　　　B. 董事会　　　　　　C. 监事会　　　　　　D. 股东会

3. 下列预算编制方法中，可能导致无效费用开支项目无法得到有效控制的是（　　）。

   A. 增量预算法　　　　B. 弹性预算法　　　　C. 滚动预算法　　　　D. 零基预算法

4. 下列预算编制方法中，不受现行预算的束缚，有助于保证各项预算开支合理性的是（　　）。

   A. 滚动预算法　　　　B. 零基预算法　　　　C. 弹性预算法　　　　D. 增量预算法

5. 下列各项中，不属于增量预算法基本假定的是（　　）。

   A. 未来预算期和费用变动是在现有费用的基础上调整的结果

   B. 预算费用标准必须进行调整

   C. 原有的各项开支都是合理的

   D. 现有的业务活动为企业必需

6. 某公司在编制成本费用预算时，利用成本性态模型（$Y=a+bX$），测算预算期内各种可能的业务量水平下的成本费用，这种预算编制方法是（　　）。

   A. 零基预算法　　　　B. 固定预算法　　　　C. 弹性预算法　　　　D. 滚动预算法

7. 下列各项费用预算项目中，最适宜采用零基预算法的是（　　）。

   A. 人工费　　　　　　B. 培训费　　　　　　C. 材料费　　　　　　D. 折旧费

8. 下列各项中，不属于零基预算法优点的是（　　）。

   A. 不受现有费用项目的限制　　　　　　　　B. 有利于促使预算单位合理利用资金

   C. 不受现有预算的约束　　　　　　　　　　D. 编制预算的工作量小

08

9. 运用弹性预算法编制成本费用预算包括以下步骤：①确定适用的业务量范围；②确定各项成本与业务量之间的关系；③选择业务量计量单位；④计算各项预算成本。这四个步骤的正确顺序是（　　）。

    A. ①②③④　　　　　B. ③②①④　　　　　C. ③①②④　　　　　D. ①③②④

10. 某企业制造费中油料费用与机器工时密切相关，预计预算期固定油料费用为 10 000 元，单位工时的变动油料费用为 10 元，预算期机器总工时为 3 000 小时，则预算期油料费用预算总额为（　　）元。

    A. 10 000　　　　　B. 20 000　　　　　C. 30 000　　　　　D. 40 000

11. 下列各项中，不属于滚动预算方法滚动方式的是（　　）。

    A. 逐年滚动方式　　　B. 逐季滚动方式　　　C. 逐月滚动方式　　　D. 混合滚动方式

12. 随着预算执行不断补充预算，但始终保持一个固定预算期长度的预算编制方法是（　　）。

    A. 滚动预算法　　　　B. 弹性预算法　　　　C. 零基预算法　　　　D. 定期预算法

13. 下列关于生产预算的表述中，错误的是（　　）。

    A. 生产预算是一种经营预算　　　　　　　　B. 生产预算不涉及实物量指标

    C. 生产预算以销售预算为基础编制　　　　　D. 生产预算是直接材料预算的编制依据

14. 丙公司预计 20×1 年各季度的销售量分别为 100 件、120 件、180 件、200 件。预计每季度末产成品存货为下一季度销售量的 20%，则丙公司第二季度预计生产量为（　　）件。

    A. 156　　　　　　　B. 132　　　　　　　C. 136　　　　　　　D. 120

15. 某企业 20×1 年度预计生产 1 000 件某产品，单位产品耗用材料 15 千克。该材料期初存量为 1 000 千克，预计期末存量为 3 000 千克，则全年预计采购量为（　　）千克。

    A. 18 000　　　　　B. 16 000　　　　　C. 15 000　　　　　D. 17 000

16. 某公司预计计划年度期初应付账款余额为 200 万元，1 月份至 3 月份采购金额分别为 500 万元、600 万元和 800 万元，每月的采购款当月支付 70%，次月支付 30%。则预计第一季度现金支出额是（　　）。

    A. 2 100 万元　　　　B. 1 900 万元　　　　C. 1 860 万元　　　　D. 1 660 万元

17. 某公司预计第一季度和第二季度产品销售量分别为 140 万件和 200 万件，第一季度期初产品存货量为 14 万件，预计期末存货量为下季度预计销售量的 10%，则第一季度预计生产量为（　　）万件。

    A. 154　　　　　　　B. 160　　　　　　　C. 134　　　　　　　D. 146

18. 根据企业 20×1 年的资金预算，第一季度至第四季度期初现金余额分别为 1 万元、2 万元、1.7 万元、1.5 万元，第四季度现金收入为 20 万元，现金支出为 19 万元。不考虑其他因素，则该企业 20×1 年末的预计资产负债表中，货币资金年末数为（　　）万元。

    A. 2.7　　　　　　　B. 7.2　　　　　　　C. 4.2　　　　　　　D. 2.5

19. 下列预算中，在编制时不需要以生产预算为基础的是（　　）。

    A. 变动制造费用预算　　　　　　　　　　　B. 销售费用预算

    C. 产品成本预算　　　　　　　　　　　　　D. 直接人工预算

20. 下列各项中，不属于经营预算的是（　　）。

    A. 现金预算　　　　　B. 销售预算　　　　　C. 销售费用预算　　　　D. 直接材料预算

二、多项选择题

1. 企业预算最主要的两大特征有（　　　）。

A. 数量化 　　　 B. 表格化 　　　 C. 可伸缩性 　　　 D. 可执行性

2. 下列各项中，属于经营预算的有（　　　）。

A. 资本支出预算 　 B. 生产预算 　　 C. 管理费用预算 　 D. 销售预算

3. 在预算执行中，可能导致预算调整的情形有（　　　）。

A. 原材料价格大幅度上涨 　　　　　 B. 公司进行重大资产重组

C. 主要产品市场需求大幅下降 　　　 D. 营改增导致公司税负大幅下降

4. 运用公式"$Y=a+bX$"编制弹性预算，字母 X 所代表的业务量可能有（　　　）。

A. 生产量 　　　 B. 销售量 　　　 C. 库存量 　　　 D. 材料消耗量

5. 相对于固定预算法而言，弹性预算法的优点有（　　　）。

A. 编制成本低 　 B. 编制工作量小 　 C. 预算可比性强 　 D. 预算适用范围广

6. 下列预算中，需要以生产预算为基础编制的有（　　　）。

A. 销售费用预算 　 B. 制造费用预算 　 C. 直接人工预算 　 D. 管理费用预算

7. 在全面预算体系中，编制产品成本预算的依据有（　　　）。

A. 制造费用预算 　 B. 生产预算 　　 C. 直接人工预算 　 D. 直接材料预算

8. 下列各项中，能够成为预计资产负债表中存货项目金额来源的有（　　　）。

A. 销售费用预算 　 B. 直接人工预算 　 C. 直接材料预算 　 D. 产品成本预算

9. 编制预计资产负债表时，下列预算中可以直接为"存货"项目提供数据来源的有（　　　）。

A. 销售预算 　　 B. 生产预算 　　 C. 直接材料预算 　 D. 产品成本预算

10. 下列各项中，属于经营预算的有（　　　）。

A. 销售预算 　　 B. 现金预算 　　 C. 生产预算 　　 D. 销售费用预算

11. 下列各项预算中，与编制预计利润表直接相关的有（　　　）。

A. 销售预算 　　　　　　　　　　　 B. 生产预算

C. 产品成本预算 　　　　　　　　　 D. 销售及管理费用预算

12. 下列关于财务预算的表述中，正确的有（　　　）。

A. 财务预算多为长期预算

B. 财务预算又被称作总预算

C. 财务预算是全面预算体系的最后环节

D. 财务预算主要包括现金预算和预计财务报表

13. 下列各项中，属于经营预算的有（　　　）。

A. 资本支出预算 　 B. 生产预算 　　 C. 管理费用预算 　 D. 销售预算

14. 在编制资金预算时，计算某期现金余缺必须考虑的因素有（　　　）。

A. 期初现金余额 　 B. 期末现金余额 　 C. 当期现金支出 　 D. 当期现金收入

15. 下列各项预算中，属于财务预算内容的有（　　　）。

A. 销售预算 　　 B. 生产预算 　　 C. 资金预算 　　 D. 预计利润表

16. 在编制现金预算的过程中，可作为其编制依据的有（　　　）。

A. 日常业务预算 　 B. 预计利润表 　 C. 预计资产负债表 　 D. 特种决策预算

08

三、判断题

1. 预算管理是指企业以战略目标为导向，通过对未来一定期间内的经营活动和相应的财务结果进行全面预测和筹划的过程。（   ）

2. 企业财务管理部门应当利用报表监控预算执行情况，及时提供预算执行进度、执行差异信息。（   ）

3. 采用弹性预算法编制成本费用预算时，业务量计量单位的选择非常关键，自动化生产车间适合用机器工时作为业务量的计量单位。（   ）

4. 专门决策预算主要反映项目投资与筹资计划，是编制资金预算和预计资产负债表的依据之一。（   ）

5. 企业正式下达执行的预算，执行部门一般不能调整。但是，市场环境、政策法规等发生重大变化，将导致预算执行结果产生重大偏差时，可经逐级审批后调整。（   ）

6. 企业财务管理部门负责企业预算的编制、执行、分析和考核工作，并对预算执行结果承担直接责任。（   ）

7. 增量预算法有利于调动各个方面节约预算的积极性，并促使各基层单位合理使用资金。（   ）

8. 在预算编制过程中，企业销售预算一般应当在生产预算的基础上编制。（   ）

9. 经营预算是全面预算编制的起点，因此专门决策预算应当以经营预算为依据。（   ）

10. 在产品成本预算中，产品成本总预算金额是将直接材料、直接人工、制造费用以及销售与管理费用的预算金额汇总相加而得到的。（   ）

11. 在财务预算的编制过程中，编制预计财务报表的正确程序是：先编制预计资产负债表，然后再编制预计利润表。（   ）

12. 在编制预计资产负债表时，对表中的年初项目和年末项目均需根据各种日常业务预算和专门决策预算的预计数据分析填列。（   ）

四、计算题

1. 某企业只生产一种产品，产品售价为 8 元/件。20×1 年 12 月销售 20 000 件，20×2 年 1 月预计销售 30 000 件，20×2 年 2 月预计销售 40 000 件。根据经验，商品售出后当月可收回货款的 60%，次月收回 30%，再次月收回 10%。

要求：

（1）计算 20×2 年 2 月预计现金收入。

（2）计算 20×2 年 2 月末应收账款。

2. E 公司只产销甲产品，甲产品只消耗乙材料。20×0 年第四季度按定期预算法编制 20×1 年的企业预算，部分预算资料如下。

资料一：乙材料 20×1 年年初的预计结存量为 2 000 千克，各季度末乙材料的预计结存量如表 8-1 所示：

表 8-1　　　　　　　　20×1 年各季度末乙材料预计结存量

季度	第一季度	第二季度	第三季度	第四季度
乙材料/千克	1 000	1 200	1 200	1 300

每季度乙材料的购货款于当季支付 40%，剩余 60%于下一个季度支付；20×1 年年初的预计

应付账款余额为 80 000 元。

该公司 20×1 年度乙材料的采购预算如表 8-2 所示。

表 8-2 　　　　　　　　　　　20×1 年度乙材料的采购预算

项目	第一季度	第二季度	第三季度	第四季度	全年
预计甲产品生产量/件	3 200	3 200	3 600	4 000	14 000
材料定额单耗/（千克/件）	5	*	*	*	*
预计生产需要量/千克	*	16 000	*	*	70 000
加：期末结存量/千克	*	*	*	*	*
预计需要量合计/千克	17 000	（A）	19 200	21 300	（B）
减：期初结存量/千克	*	1 000	（C）	*	*
预计材料采购量/千克	（D）	*	*	20 100	（E）
材料计划单价/（元/千克）	10	*	*	*	*
预计采购金额/元	150 000	162 000	180 000	201 000	693 000

注：表内"材料定额单耗"是指在现有生产技术条件下，生产单位产品所需要的材料数量；全年乙材料计划单价不变；表内的"*"为省略的数值。

资料二：E 公司 20×1 年第一季度实际生产 3 400 件甲产品，耗用 20 400 千克乙材料，乙材料的实际单价为 9 元/千克。

要求：

（1）确定 E 公司乙材料采购预算中用字母表示的项目数值。

（2）计算 E 公司第一季度预计采购现金支出和第四季度末预计应付款金额。

3. 丁公司 20×0 年年末的长期借款余额为 12 000 万元，短期借款余额为零。该公司的最佳现金持有量为 500 万元，如果资金不足，可向银行借款。假设：银行要求借款的金额是 100 万元的倍数，而偿还本金的金额是 10 万元的倍数；新增借款发生在季度期初，偿还借款本金发生在季度期末，先偿还短期借款；借款利息按季度平均计提，并在季度期末偿还。

丁公司编制了 20×1 年分季度的现金预算，部分信息如表 8-3 所示。

表 8-3 　　　　　　　　　丁公司 20×1 年现金预算的部分信息　　　　　　　　　单位：万元

项目	第一季度	第二季度	第三季度	第四季度
现金余缺	-7 500	（C）	×	-450
长期借款	6 000	0	5 000	0
短期借款	2 600	0	0	（E）
偿还短期借款	0	1 450	1 150	0
偿还短期借款利息（年利率8%）	52	（B）	（D）	×
偿还长期借款利息（年利率12%）	540	540	×	690
期末现金余额	（A）	503	×	×

注：表中"×"表示省略的数据。

要求：确定上表中英文字母代表的数值。

项目九

财务分析

项目导读 ↓

财务分析

一、财务分析认知

财务分析是根据企业财务报表等资料，采用专门方法，系统分析和评价企业财务状况、经营成果以及未来发展趋势的过程。

为了满足不同需求者的需求，财务分析一般应包括偿债能力分析、营运能力分析、盈利能力分析、发展能力分析等方面。

比较分析法是指对两个或两个以上的可比数据进行对比，找出企业财务状况、经营成果中的差异与问题的一种方法。根据比较对象的不同，比较分析法分为趋势分析法、横向比较法和预算差异分析法。比较分析法主要有重要财务指标的比较、会计报表的比较和会计报表项目构成的比较三种方式。

比率分析法是通过计算各种比率指标来确定财务活动变动程度的方法。比率指标的类型主要有构成比率、效率比率和相关比率三类。

因素分析法是依据分析指标与其影响因素的关系，从数量上确定各因素对分析指标影响方向和影响程度的一种方法。因素分析法具体有两种：连环替代法和差额分析法。

财务分析的局限性如下。

① 资料来源的局限性。

② 财务分析方法的局限性。

③ 财务分析指标的局限性。

二、财务报表分析

财务报表分析包括偿债能力分析、营运能力分析、盈利能力分析、发展能力分析四个方面。

对偿债能力进行分析有利于债权人做出正确的借贷决策；有利于投资者做出正确的投资决策；有利于企业经营者做出正确的经营决策；有利于正确评价企业的财务状况。偿债能力分析分为短期偿债能力分析和长期偿债能力分析。

营运能力是通过投入与产出（主要指收入）之间的关系反映的。企业营运能力分析主要包括流动资产营运能力分析、固定资产营运能力分析和总资产营运能力分析三个方面。

盈利能力是企业获取利润、实现资金增值的能力，反映企业盈利能力的指标主要有营业毛利率、营业净利率、总资产净利率和净资产收益率。

衡量企业发展能力的指标主要有营业收入增长率、总资产增长率、营业利润增长率、资本保值增值率和所有者权益增长率等。

任务一　财务分析认知

学习目标

知识目标：了解财务分析的内容，了解财务分析的比较分析法和比率分析法，了解财务分析的局限性，掌握财务分析的因素分析法。

技能目标：能够运用财务分析方法进行财务分析。

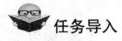

任务导入

任务资料：

华龙公司为一家上市公司，已公布的公司 20×2 年财务报告显示，该公司 20×2 年甲财务指标为 4.8%，较 20×1 年大幅降低，引起了市场各方的广泛关注，甲财务指标可以分解 A、B、C 三个财务指标的乘积。为此，某财务分析师详细搜集了华龙公司 20×1 年和 20×2 年的 A、B、C 财务数据的情况，如表 9-1-1 所示。

表 9-1-1　　　　　　　　　　　相关财务指标

项目	20×1 年	20×2 年
A	12%	8%
B	0.6	0.3
C	1.8	2

任务目标：

（1）计算华龙公司 20×1 年甲财务指标。

（2）计算华龙公司 20×2 年与 20×1 年甲财务指标的差异。

（3）利用因素分析法依次测算 A、B 和 C 变动对华龙公司 20×2 年甲财务指标下降的影响。

知识准备

财务分析是根据企业财务报表等资料，采用专门方法，系统分析和评价企业财务状况、经营成果以及未来发展趋势的过程。

财务分析以企业财务报告及其他相关资料为主要依据，对企业的财务状况和经营成果进行评价和剖析，反映企业在运营过程中的利弊得失和发展趋势，从而为改进企业财务管理工作和优化经济决策提供重要财务信息。

一、财务分析的内容

财务分析信息的需求者主要包括企业所有者、企业债权人、企业经营决策者和政府等。不同主体出于不同的考虑，对财务分析信息有着各自不同的要求。

09

（1）企业所有者关心其资本的保值和增值状况，因此较为重视企业盈利能力指标，主要进行企业盈利能力分析。

（2）企业债权人因不能参与企业剩余收益分享，所以重点关注的是其投资的安全性，因此更重视企业偿债能力指标，主要进行企业偿债能力分析，同时也关注企业盈利能力分析。

（3）企业经营决策者必须对企业经营的各个方面，包括营运能力、偿债能力、盈利能力及发展能力的全部信息予以详尽了解和掌握，进行各方面综合分析，并关注企业财务风险和经营风险。

（4）政府兼具多重身份，既是宏观经济管理者，又是国有企业的所有者和重要的市场参与者，因此政府对企业财务分析的关注点因所具身份不同而有所差异。

为了满足不同需求者的需求，财务分析一般应包括偿债能力分析、营运能力分析、盈利能力分析、发展能力分析等方面。

二、财务分析的方法

财务分析是一门技术性比较强的工作。财务分析的目的不同、方法不同，得出的结论也不同。在工作中，要根据实际情况采取多种多样的财务分析方法。财务分析方法主要有比较分析法、比率分析法、因素分析法等。

比较分析法

（一）比较分析法

比较分析法是按照特定的指标系，将客观事物加以比较，从而认识事物的本质和规律并做出正确的评价。比较分析法是指对两个或两个以上的可比数据进行对比，找出企业财务状况、经营成果中的差异与问题的一种方法。

根据比较对象的不同，比较分析法分为趋势分析法、横向比较法和预算差异分析法。趋势分析法的比较对象是本企业的历史数据；横向比较法的比较对象是同类企业的相关数据，如行业平均水平或竞争对手的相关数据；预算差异分析法的比较对象是预算数据。在财务分析中，最常用的比较分析法是趋势分析法。

趋势分析法是通过对比两期或连续数期财务报告中的相同指标，确定其增减变动的方向、数额和幅度，来说明企业财务状况或经营成果变动趋势的一种方法。采用这种方法，可以分析引起变化的主要原因、变动的性质，并预测企业未来的发展趋势。

比较分析法主要有重要财务指标的比较、会计报表的比较和会计报表项目构成的比较三种方式。下面以趋势分析法为例进行阐述。

1. 重要财务指标的比较

这种方法是指将不同时期财务报告中的相同指标或比率进行纵向比较，观察其增减变动情况及变动幅度，考察其发展趋势，预测其发展前景的方法。用于不同时期财务指标比较的比率主要有以下两种。

（1）定基动态比率。它是以某一时期的数额为固定的基期数额而计算出来的动态比率。其计算公式为：

$$定基动态比率 = \frac{分析期数额}{固定基期数额} \times 100\%$$

（2）环比动态比率。它是以每一分析期的数据与上期数据相比较计算出来的动态比率。其计算公式为：

$$环比动态比率 = \frac{分析期数额}{前期数额} \times 100\%$$

2. 会计报表的比较

会计报表的比较是指将连续数期的会计报表的金额并列，比较各指标不同期间的增减变动金额和幅度，据以判断企业财务状况和经营成果发展变化的一种方法。会计报表的比较具体包括资产负债表比较、利润表比较和现金流量表比较等。

3. 会计报表项目构成的比较

这种方法是在会计报表比较的基础上发展而来的，是以会计报表中的某个总体指标作为100%，再计算出各组成项目占该总体指标的百分比，从而比较各个项目百分比的增减变动，以此来判断有关财务活动的变化趋势。

采用比较分析法时，应当注意以下问题。①用于对比的各个时期的指标，其计算口径必须保持一致。②应剔除偶发性项目的影响，使分析所利用的数据能反映正常的生产经营状况。③应运用例外原则对某项有显著变动的指标做重点分析，研究其产生的原因，以便企业采取对策，趋利避害。

（二）比率分析法

比率分析法是通过计算各种比率指标来确定财务活动变动程度的方法。比率指标的类型主要有构成比率、效率比率和相关比率三类。

比率分析法

1. 构成比率

构成比率又称结构比率，是某项财务指标的各组成部分数值占总体数值的百分比，反映部分与总体的关系。其计算公式为：

$$构成比率 = \frac{某个组成部分数值}{总体数值} \times 100\%$$

例如，企业资产中流动资产、固定资产和无形资产占资产总额的百分比（资产构成比率），企业负债中流动负债和长期负债占负债总额的百分比（负债构成比率）等。利用构成比率，可以考察总体中某个部分是否合理，以便协调各项财务活动。

2. 效率比率

效率比率是某项财务活动中所费与所得的比率，反映投入与产出的关系。利用效率比率指标，可以进行得失比较，考察经营成果，评价经济效益。

例如，将利润项目与营业成本、营业收入、资本金等项目加以对比，可以计算出成本利润率、营业利润率和资本金利润率等指标，从不同角度观察比较企业的盈利能力及其变化情况。

3. 相关比率

相关比率是将某个项目和与其有关但又不同的项目加以对比所得的比率，反映有关经济活动的相互关系。利用相关比率指标，可以考察企业相互关联的业务安排是否合理，以保障经营活动顺畅进行。例如，将流动资产与流动负债进行对比，计算出流动比率，可以判断企业的短期偿债能力；将负债总额与资产总额进行对比，可以判断企业长期偿债能力。

 提示

采用比率分析法时，应当注意：①对比项目的相关性；②对比口径的一致性；③衡量标准的科学性。

09

（三）因素分析法

因素分析法是依据分析指标与其影响因素的关系，从数量上确定各因素对分析指标影响方向和影响程度的一种方法。因素分析法具体有两种：连环替代法和差额分析法。

1. 连环替代法

连环替代法是将分析指标分解为各个可以计量的因素，并根据各个因素之间的依存关系，顺次用各因素的比较值（通常为实际值）替代基准值（通常为标准值或计划值），据以测定各因素对分析指标的影响。

连环替代法

【例 9-1-1】华龙公司 20×1 年 10 月某种原材料费用的实际数为 25 650 元，而其计划数是 27 500 元，实际比计划节约 1 850 元。由于材料费用是产品产量、单位产品材料消耗量和材料单价三个因素的乘积，因此就可以把材料费用这一总指标分解为三个因素，然后逐个分析它们对材料费用总额的影响程度。现假设这三个因素的数值如表 9-1-2 所示。

表 9-1-2　　　　　　　　　　　　材料费用相关数值

项目	单位	计划数	实际数
产品产量	件	500	540
单位产品材料消耗量	千克	10	9.5
材料单价	元	5.5	5
材料费用总额	元	27 500	25 650

根据表 9-1-2 中资料，材料费用总额实际数较计划数节约 1 850 元。运用连环替代法，可以计算各因素变动对材料费用总额的影响。

计划指标：500×10×5.5=27 500（元）　　　　　　　①
第一次替代：540×10×5.5=29 700（元）　　　　　　②
第二次替代：540×9.5×5.5=28 215（元）　　　　　　③
第三次替代：540×9.5×5=25 650（元）　　　　　　　④
实际指标：
②-①=29 700-27 500=2 200（元）　　　　产量增加的影响
③-②=28 215-29 700=-1 485（元）　　　材料节约的影响
④-③=25 650-28 215=-2 565（元）　　　价格降低的影响
2 200-1 485-2 565=-1 850（元）　　　全部因素的影响

2. 差额分析法

差额分析法是连环替代法的一种简化形式，利用各个因素的比较值与基准值之间的差额，来计算各因素对分析指标的影响。

差额分析法

【例 9-1-2】沿用表 9-1-2 中的资料。可采用差额分析法计算确定各因素变动对材料费用的影响。

① 产量增加对材料费用的影响为：（540-500）×10×5.5=2 200（元）
② 材料消耗节约对材料费用的影响为：540×（9.5-10）×5.5=-1 485（元）
③ 价格降低对材料费用的影响为：540×9.5×（5-5.5）=-2 565（元）

采用因素分析法时，必须注意以下问题。①因素分解的关联性。构成经济指标的因素，必须

09

客观上存在着因果关系，能够反映形成该项指标差异的内在构成原因。②因素替代的顺序性。确定替代因素时，必须根据各因素的依存关系，遵循一定的顺序依次替代，不可随意颠倒，否则会得出不同的结果。③顺序替代的连环性。在计算每一因素变动的影响时，都是在前一次计算的基础上进行的，采用连环比较的方法确定因素变化的影响结果。④计算结果的假定性。由于利用因素分析法计算的各因素变动的影响数，会因替代顺序不同而有差别，所以计算结果不免带有假定性，即它不可能使每个因素计算的结果都绝对准确。

提示

在利用因素分析法时，无论有几个因素，都进行依次替代，替代过的数字保留，直到最后一个因素替代完毕，替代的基本原则是：

实际数-计划数（预算数、标准数、同行业数据）

三、财务分析的局限性

财务分析对于了解企业的财务状况和经营成果，评价企业的偿债能力和经营能力，帮助制定经济决策，有着显著的作用。但由于种种因素的影响，财务分析也存在着一定的局限性。在分析中，应注意这些局限性的影响，以保证分析结果的正确性。

（一）资料来源的局限性

（1）报表数据的时效性问题。财务报表中的数据，均是企业过去经济活动的结果，用于预测未来发展趋势，具有一定参考价值，并非绝对合理。

（2）报表数据的真实性问题。在企业形成其财务报表之前，信息提供者往往对信息使用者所关注的财务状况以及对信息的偏好进行仔细分析与研究，并尽力满足信息使用者对企业财务状况和经营成果信息的期望。其结果极有可能使信息使用者所看到的报表信息与企业实际状况相距甚远，从而误导信息使用者的决策。

（3）报表数据的可靠性问题。财务报表虽然是按照会计准则编制的，但不一定能准确地反映企业的实际情况。

（4）报表数据的可比性问题。根据会计准则的规定，不同的企业或同一个企业的不同时期都可以根据情况采用不同的会计政策和会计处理方法，这使得报表上的数据在企业不同时期和不同企业之间的对比失去意义。

（5）报表数据的完整性问题。报表提供的数据是有限的。对报表使用者来说，可能有不少需要的信息在报表或附注中根本找不到。

（二）财务分析方法的局限性

对于比较分析法来说，在实际操作时，比较的双方必须具备可比性才有意义。对于比率分析法来说，比率分析是针对单个指标进行分析，综合程度较低，在某些情况下无法得出令人满意的结论。对于因素分析法来说，在计算各因素对综合经济指标的影响时，主观假定各因素的变化顺序而且规定每次只有一个因素发生变化，这些假定往往与事实不符。无论何种分析法均是对过去经济事项的反映，在分析时，分析者往往只注重数据的比较，而忽略经营环境的变化，这样得出的分析结论是不全面的。

09

（三）财务分析指标的局限性

（1）财务指标体系不严密。某一个财务指标只能反映企业的财务状况或经营状况的某一方面，而某一类指标则过分强调本身所反映的方面，导致整个指标体系不严密。

（2）财务指标所反映的情况具有相对性。在判断某个具体财务指标是好还是坏，或根据一系列指标形成对企业的综合判断时，必须注意财务指标本身所反映情况的相对性。

（3）财务指标的评价标准不统一。不同企业之间用财务指标进行评价时没有统一的标准，不便于不同行业间的对比。

（4）财务指标的比较基础不统一。在对财务指标进行比较分析时，需要选择比较的参照标准，包括同业数据、本企业历史数据和计划预算数据。横向比较时需要使用同业标准，而同业平均数只有一般性的指导作用。不少企业实行多种经营，没有明确的行业归属，对此类企业进行同业比较更加困难。趋势分析应以本企业历史数据作为比较基础，而历史数据代表过去，缺乏合理性。

进行财务分析时要明确并准确理解比较的对象，要在一定的条件下使用分析数据，避免简单化和绝对化。

任务实施

任务资料和任务目标见本任务的"任务导入"，具体任务实施过程如下。

（1）华龙公司20×1年甲财务指标=12%×0.6×1.8=12.96%。

（2）华龙公司20×2年与20×1年甲财务指标的差异=4.8%-12.96%=-8.16%。

（3）A财务指标的影响：（8%-12%）×0.6×1.8=-4.32%。

B财务指标的影响：8%×（0.3-0.6）×1.8=-4.32%。

C财务指标的影响：8%×0.3×（2-1.8）=0.48%。

任务二　财务报表分析

学习目标

知识目标：掌握财务分析的内容，能够熟练地运用相关财务指标对企业的偿债能力、营运能力、盈利能力及发展能力做出分析评价。

技能目标：能够运用相关财务指标进行财务分析。

任务导入

任务资料：

华龙公司20×1年财务报表部分数据如表9-2-1和表9-2-2所示。

表9-2-1　　　　　　　　　　　　20×1年资产负债表部分数据　　　　　　　　　　　　单位：万元

流动资产合计	27 500	负债合计	35 000
非流动资产合计	32 500	所有者权益合计	25 000
资产总计	60 000	负债与所有者权益总计	60 000

表 9-2-2		20×1年利润表部分数据（年度数）		单位：万元
营业收入	18 000	利润总额	3 000	
营业成本	11 000	所得税	750	
期间费用	4 000	净利润	2 250	

华龙公司所在行业的相关财务指标平均水平为：总资产净利率为4%，总资产周转次数为0.5次，营业净利率为8%，权益乘数为2。

任务目标：

（1）根据上述资料计算下列指标（计算中需要使用期初与期末平均数的，以期末数替代）。①总资产净利率；②权益乘数；③营业净利率；④总资产周转率。

（2）根据要求（1）的计算结果，完成下列要求。①依据所在行业平均水平对华龙公司偿债能力和营运能力进行评价；②说明华龙公司总资产净利率与行业平均水平产生差异的原因。

知识准备

财务比率也叫财务指标，通过财务报表数据的相对关系来揭示企业经营管理各方面的问题。基本的财务报表分析内容包括偿债能力分析、营运能力分析、盈利能力分析和发展能力分析四个方面。

为了便于说明，本任务各项财务指标的计算，都以华龙公司相关指标为例，该公司20×1年度的资产负债表（简表）、利润表（简表）如表9-2-3和表9-2-4所示。

表 9-2-3			资产负债表（简表）		

编制单位：华龙公司　　　　　　　　　20×1年12月31日　　　　　　　　　单位：万元

资产	期末余额	年初余额	负债和所有者权益	期末余额	年初余额
流动资产：	0	0.00	流动负债：		
货币资金	1 300	675	短期借款	1 550	1 175
交易性金融资产	200	350	交易性金融负债	0	0
应收票据	250	325	应付票据	175	150
应收账款	10 300	5 800	应付账款	2 675	2 950
应收款项融资	0	0	预收款项	300	150
预付款项	350	150	合同负债	450	525
其他应收款	600	600	应付职工薪酬	275	350
存货	4 750	8 200	应交税费	0	0
合同资产	0	0	其他应付款	1 475	900
一年内到期的非流动资产	500	325	一年内到期的非流动负债	1 300	0
其他流动资产	0	0	其他流动负债	0	0
流动资产合计	18 250	16 425	流动负债合计	8 200	6 200
非流动资产：	0	0	非流动负债：	0	0
债权投资	0	0	长期借款	11 300	6 175

资产	期末余额	年初余额	负债和所有者权益	期末余额	年初余额
其他债权投资	0	0	应付债券	6 050	6 550
长期股权投资	800	1 175	永续债	0	0
固定资产	30 950	23 875	递延收益	0	0
在建工程	500	925	递延所得税负债	0	0
生产性生物资产	0	0	其他非流动负债	1 800	1 925
油气资产	0	0	非流动负债合计	19 150	14 650
使用权资产	0	0	负债合计	27 350	20 850
无形资产	500	600	所有者权益	0	0
开发支出	0	0	实收资本（或股本）	15 000	15 000
其他非流动资产	0	0	资本公积	450	300
非流动资产合计	32 750	26 575	减：库存股	0	0
	0	0	盈余公积	1 900	1 050
	0	0	未分配利润	6 300	5 800
	0	0	所有者权益合计	23 650	22 150
资产总计	51 000	43 000	负债和所有者权益总计	51 000	43 000

表 9-2-4　　　　　　　　　　　　利润表（简表）

编制单位：华龙公司　　　　　　　　20×1 年度　　　　　　　　　　　　单位：万元

项目	本期金额	上期金额
一、营业收入	75 050	71 300
减：营业成本	66 150	62 625
税金及附加	750	750
营业费用	600	550
管理费用	1 200	1 050
研发费用	0	0
财务费用	2 800	2 450
其中：利息费用	2 800	2 450
利息收入	0	0
加：其他收益	0	0
投资收益（损失以"-"号填列）	1 050	650
公允价值变动收益（损失以"-"号填列）	550	950
二、营业利润（亏损以"-"号填列）	5 150	5 475
加：营业外收入	300	480
减：营业外支出	550	175
三、利润总额（亏损总额以"-"号填列）	4 900	5 780
减：所得税费用	1 225	1 445
四、净利润（净亏损以"-"号填列）	3 675	4 335

09

一、偿债能力分析

偿债能力是指企业偿还其所欠债务的能力。对偿债能力进行分析可以帮助债权人做出正确的借贷决策；有助于投资者做出正确的投资决策；有助于企业经营者做出正确的经营决策；有助于正确评价企业的财务状况。负债一般按到期时间分为短期负债和长期负债，相应地偿债能力分析可分为短期偿债能力分析和长期偿债能力分析。

偿债能力分析

（一）短期偿债能力分析

流动负债是企业在短期（一年或一个营业周期）内需要偿还的负债，因此衡量短期偿债能力主要是衡量企业对流动负债的偿还能力。短期偿债能力主要衡量的是流动资产对流动负债的清偿能力，衡量指标主要有营运资金、流动比率、速动比率。

1. 营运资金

营运资金是指流动资产超过流动负债的部分。其计算公式如下：

$$营运资金 = 流动资产 - 流动负债$$

根据华龙公司的财务报表数据：

$$本年末营运资金 = 18\,250 - 8\,200 = 10\,050（万元）$$
$$上年末营运资金 = 16\,425 - 6\,200 = 10\,225（万元）$$

营运资金越多偿债越有保障。当流动资产大于流动负债时，营运资金为正，说明企业财务状况稳定，不能偿债的风险较小。反之，当流动资产小于流动负债时，营运资金为负，此时，企业部分非流动资产以流动负债作为资金来源，企业不能偿债的风险很大。但是，营运资金是绝对数指标，不便于不同企业之间的比较。因此，在实务中直接使用营运资金作为偿债能力的衡量指标有局限性，偿债能力更多地通过债务的存量比率来评价。

2. 流动比率

流动比率是企业流动资产与流动负债之比。其计算公式为：

$$流动比率 = 流动资产 \div 流动负债$$

根据华龙公司的财务报表数据：

$$年初流动比率 = 16\,425 \div 6\,200 = 2.65$$
$$年末流动比率 = 18\,250 \div 8\,200 = 2.23$$

流动比率表明每1元流动负债有多少流动资产作为保障，流动比率越大通常短期偿债能力越强。一般地，生产企业合理的流动比率是2。华龙公司年初、年末的流动比率均大于2，说明该企业具有较强的短期偿债能力。流动资产中变现能力最差的存货金额约占流动资产总额的一半，剩下的流动性较大的流动资产至少要等于流动负债，企业短期偿债能力才会有保证。但随着企业经营方式和金融环境的变化，流动比率有下降的趋势，现在有很多企业的流动比率低于2。

运用流动比率进行分析时，需注意：流动比率高不意味着短期偿债能力一定很强；计算出来的流动比率，只有和同行业平均比率、本企业历史流动比率进行比较，才能知道这个比率是高还是低。通常，营业周期、流动资产中的应收账款和存货的周转速度是影响流动比率的主要因素。营业周期短、应收账款和存货的周转速度快的企业，其流动比率低一些也是可以接受的。

流动比率的缺点是较易受人为操纵，且无法揭示流动资产的构成内容，只能大致反映流动资

09

产整体的变现能力。流动资产中包含像存货这类变现能力较差的资产，如能将其剔除，其所反映的短期偿债能力更加可信。

3. 速动比率

速动比率是企业速动资产与流动负债之比，其计算公式为：

$$速动比率=速动资产÷流动负债$$

构成流动资产的各项目，流动性差别较大。其中货币资金、以公允价值计量且其变动计入当期损益的金融资产和各种应收款项，可以在较短时间内变现，称为速动资产；其他流动资产，如存货、预付款项、一年内到期的非流动资产和其他流动资产等，属于非速动资产。由于剔除了变现能力较差的资产，所以速动比率比流动比率能更准确、可靠地评价企业资产的流动性及偿还短期债务的能力。

速动比率表明每1元流动负债有多少速动资产作为偿债保障。通常，速动比率越大，短期偿债能力越强。速动比率至少是 1，速动比率过低，企业面临偿债风险；但速动比率过高，企业会因占用现金及应收账款过多使机会成本增加。另外，对于季节性生产的企业，由于其应收账款金额存在着季节性波动，因此根据某一时点计算的速动比率不能客观反映其短期偿债能力。由于行业特点的不同，大量使用现金结算的企业，其速动比率远远低于 1 也是正常现象。

根据华龙公司的财务报表数据：

$$年初速动资产=675+350+325+5\,800+600=7\,750（万元）$$
$$年末速动资产=1\,300+200+250+10\,300+600=12\,650（万元）$$
$$年初速动比率=7\,750÷6\,200=1.25$$
$$年末速动比率=12\,650÷8\,200=1.54$$

华龙公司年初、年末的速动比率都大于 1，说明其短期偿债能力较强。经进一步分析发现，在华龙公司的速动资产中应收账款比重很高（年初、年末应收账款的比重分别为 74.84%和81.42%），而应收账款不一定能按时收回，为了更有效地分析华龙公司的短期偿债能力，引入现金比率。

4. 现金比率

现金资产包括货币资金和交易性金融资产等。现金资产与流动负债的比值称为现金比率。现金比率计算公式为：

$$现金比率=（货币资金+交易性金融资产）÷流动负债$$

现金比率剔除了应收账款对偿债能力的影响，最能反映企业直接偿付流动负债的能力，它表明每1元流动负债有多少现金资产作为偿债保障。由于流动负债是在一年内（或一个营业周期内）陆续到期清偿，所以并不需要企业时时保留相当于流动负债金额的现金资产。经验研究表明，0.2的现金比率就可以接受。这一比率过高，则意味着企业过多资源占用在盈利能力较低的现金资产上，从而影响了企业盈利能力。

根据华龙公司的财务报表数据：

$$年初现金比率=（675+350）÷6\,200=0.17$$
$$年末现金比率=（1\,300+200）÷8\,200=0.18$$

华龙公司虽然流动比率和速动比率都较高，但现金比率偏低，说明该公司短期偿债能力略有不足，应缩短应收账款的账期，加大应收账款催账力度，以加速应收账款资金的周转。

（二）长期偿债能力分析

长期偿债能力是指企业在较长的期间偿还债务的能力。企业在长期内不仅需要偿还流动负债，还需偿还非流动负债，因此，长期偿债能力衡量企业对全部负债的清偿能力。企业对全部负债的清偿能力取决于其总资产水平，因此长期偿债能力指标考察的是企业资产、负债和所有者权益之间的关系。其常用指标主要有资产负债率、产权比率、权益乘数和利息保障倍数。

1. 资产负债率

资产负债率是企业负债总额与资产总额之比。其计算公式为：

$$资产负债率=负债总额÷资产总额×100\%$$

资产负债率反映总资产中通过负债取得的比例，衡量企业清算时资产对债权人权益的保障程度。当资产负债率高于50%时，表明企业资产来源主要是负债，财务风险较大。当资产负债率低于50%时，表明企业资产的主要来源是所有者权益，财务风险较小。这一比率越低，表明企业资产对负债的保障能力越强，企业的长期偿债能力越强。资产负债率较低表明财务风险较低，但同时也意味着可能没有利用财务杠杆的作用，盈利能力也较低；而较高的资产负债率表明较大的财务风险和较高的盈利能力。当因负债增加的收益能够弥补其增加的风险时，经营者才能考虑借入负债。而在风险和收益实现平衡的条件下，是选择较高的负债水平还是较低的负债水平，则取决于经营者的风险偏好等多种因素。

根据华龙公司的财务报表数据：

$$年初资产负债率=20\,850÷43\,000×100\%=48.49\%$$

$$年末资产负债率=27\,350÷51\,000×100\%=53.63\%$$

华龙公司年初资产负债率为48.49%，年末资产负债率为53.63%，资产负债率有所上升，表明企业负债水平提高，但其偿债能力水平还需结合行业水平进一步分析。

2. 产权比率

产权比率又称资本负债率，是负债总额与所有者权益之比，它是企业财务结构稳健与否的重要标志。其计算公式为：

$$产权比率=负债总额÷所有者权益×100\%$$

产权比率反映了由债务人提供的资本与所有者提供的资本的比率关系，即企业财务结构是否稳定；同时反映了债权人资本受股东权益保障的程度，或者企业清算时对债权人利益的保障程度。一般地，该比率越低，表明企业长期偿债能力越强，债权人的权益保障程度越高。实际运用时，需要结合企业的具体情况分析。当企业的资产收益率大于负债成本率时，负债经营有利于提高资金收益率，获得额外的利润，这时的产权比率可适当高些。产权比率高，是高风险、高报酬的财务结构；产权比率低，是低风险、低报酬的财务结构。

根据华龙公司的财务报表数据：

$$年初产权比率=20\,850÷22\,150×100\%=94.13\%$$

$$年末产权比率=27\,350÷23\,650×100\%=115.64\%$$

09

由计算可知，华龙公司年末的产权比率提高，表明年末该公司举债经营程度提高，财务风险有所加大。产权比率与资产负债率对评价偿债能力的作用基本一致，只是资产负债率侧重于分析债务偿付安全性的物质保障程度，产权比率则侧重于揭示财务结构的稳健程度以及自有资金对偿债风险的承受能力。

3. 权益乘数

权益乘数是总资产与所有者权益的比值。其计算公式为：

$$权益乘数=总资产\div所有者权益$$

权益乘数说明股东每投入 1 元可实际拥有和控制的金额。在企业存在负债的情况下，权益乘数大于 1。企业负债比例越高，权益乘数越大。产权比率和权益乘数是资产负债率的另外两种表现形式，也是反映财务杠杆水平的指标。

根据华龙公司的财务报表数据：

$$年初权益乘数=43\ 000\div22\ 150\times100\%=1.94$$
$$年末权益乘数=51\ 000\div23\ 650\times100\%=2.16$$

4. 利息保障倍数

利息保障倍数是指企业息税前利润与应付利息之比，也称已获利息倍数，可衡量企业偿还借款利息的能力。其计算公式为：

$$利息保障倍数=息税前利润\div应付利息$$
$$=（净利润+利润表中的利息费用+所得税）\div应付利息$$
$$=（利润总额+利润表中的利息费用）\div应付利息$$

"息税前利润"是指利润表中扣除利息费用和所得税前的利润。"应付利息"是指本期发生的全部应付利息，不仅包括财务费用中的利息费用，还包括计入固定资产成本中的资本化利息。利息保障倍数反映支付利息的利润来源（息税前利润）与利息支出之间的关系，该比率越高，长期偿债能力越强。从长期看，利息保障倍数至少要大于 1，息税前利润要大于利息费用，企业才具有偿还债务的可能性。如果利息保障倍数过低，企业将面临亏损、偿债的安全性与稳定性下降，以及无法偿付债务的风险。

根据华龙公司的财务报表数据：

$$上年利息保障倍数=（5\ 780+2\ 450）\div2\ 450=2.75$$
$$本年利息保障倍数=（4\ 900+2\ 800）\div2\ 800=3.36$$

从以上计算结果看，华龙公司的利息保障倍数增加，利息支付能力有所上升，但还需要与其他企业特别是本行业平均水平进行比较来分析评价。

（三）影响偿债能力的其他因素

（1）可动用的银行贷款指标或授信额度。当企业存在可动用的银行贷款指标或授信额度时，这些数据虽不在财务报表内反映，但可以随时增加企业的支付能力，提高企业的偿债能力。

（2）资产质量。在财务报表内反映的资产金额为资产的账面价值，但由于财务会计的局限性，资产的账面价值与实际价值可能存在差异，如资产可能被高估或低估，一些资产未纳入财务报表等。此外，资产的变现能力也会影响偿债能力。如果企业存在很快变现的长期资产，则会增加企业的短期偿债能力。

（3）或有事项和承诺事项。如果企业存在债务担保或未决诉讼等或有事项，会增加企业的潜在偿债压力。同样，各种承诺支付事项也会增加企业偿债义务。

二、营运能力分析

营运能力主要指资产运用、循环的效率，通过投入与产出（主要指收入）之间的关系反映。

09

通常，资金周转速度越快，资产运用、循环的效率越高，说明企业的资金管理水平越高，企业可以通过较少的投入获得较多的收益。企业营运能力分析主要包括流动资产营运能力分析、固定资产营运能力分析和总资产营运能力分析三个方面。

营运能力分析

（一）流动资产营运能力分析

反映流动资产营运能力的指标主要有应收账款周转率、存货周转率和流动资产周转率。

1. 应收账款周转率

应收账款在流动资产中有着举足轻重的地位，及时收回应收账款，不仅能增强企业的短期偿债能力，也能反映企业管理应收账款的效率。反映应收账款周转情况的比率有应收账款周转率（次数）和应收账款周转天数。

应收账款周转率（次数），是一定时期内营业收入与应收账款平均余额的比值，表明一定时期内平均收回应收账款的次数。其计算公式为：

$$应收账款周转率（次数）= \frac{营业收入}{应收账款平均余额}$$
$$= \frac{营业收入}{[(期初应收账款＋期末应收账款)÷2]}$$

应收账款周转天数是指应收账款周转一次（从营业开始到收回现金）所需要的时间，其计算公式为：

$$应收账款周转天数=计算期天数÷应收账款周转率（次数）$$
$$=计算期天数×应收账款平均余额÷营业收入$$

通常，应收账款周转率（次数）越高、周转天数越短，表明应收账款管理效率越高。

在计算和使用应收账款周转率（次数）指标时应注意的问题如下。①营业收入指扣除商业折扣和折让后的销售净额。营业收入数据使用利润表中的"营业收入"。②应收账款包括会计报表中应收票据及应收账款等全部赊销账款，因为应收票据是销售形成的应收款项的另一种形式。③应收账款应为未扣除坏账准备的金额。应收账款在财务报表上按净额列示，计提坏账准备会使财务报表上列示的应收账款金额减少，而营业收入不变。其结果是，计提坏账准备越多，应收账款周转率越高、周转天数越少，对应收账款实际管理欠佳的企业反而会得出应收账款周转情况较好的错误结论。④应收账款期末余额的可靠性问题。应收账款是特定时点的存量，容易受季节性、偶然性和人为因素的影响。在用应收账款周转率进行业绩评价时，最好使用多个时点的平均数，以减少这些因素的影响。

应收账款周转率（次数）反映了企业应收账款周转速度的快慢及应收账款管理效率的高低。

在一定时期内应收账款周转率（次数）高（或周转天数少）表明：

（1）企业收账迅速，信用管理严格；

（2）应收账款流动性强，从而增强企业短期偿债能力；

（3）可以减少收账费用和坏账损失，相对增加企业流动资产的投资收益；

通过比较应收账款周转天数及企业信用期限，可评价客户的信用程度，调整企业信用政策。

根据华龙公司的财务报表数据：

应收账款周转率（次数）=75 050×2÷（10 300+5 800+250+325）=9（次）

应收账款周转天数=360÷9=40（天）

运用应收账款周转率（次数）指标评价企业应收账款管理效率时，应将计算出的指标与该企业前期、行业平均水平或其他类似企业相比较来进行判断。

2. 存货周转率

在流动资产中，存货所占比重较大，存货的流动性将直接影响企业的流动比率。存货周转情况的分析同样可以通过存货周转率（次数）和存货周转天数反映。

存货周转率（次数）是指一定时期内企业营业成本与存货平均资金占用额的比率，是衡量和评价企业购入存货、投入生产、销售收回等各环节管理效率的综合性指标。其计算公式为：

存货周转率（次数）=营业成本÷存货平均余额

存货平均余额=（期初存货+期末存货）÷2

式中，营业成本为利润表中"营业成本"的数值。存货周转天数是指存货周转一次（从存货取得到存货销售）所需要的时间。计算公式为：

存货周转天数=计算期天数÷存货周转次数

=计算期天数×存货平均余额÷营业成本

根据华龙公司的财务报表数据：

本年存货周转率（次数）=66 150×2÷（4 750+8 200）=10.22（次）

本年存货周转天数=360÷10.22=35.23（天）

一般来讲，存货周转速度越快，存货占用水平越低，存货的流动性越强，存货转化为现金或应收账款的速度就越快，这样会增强企业的短期偿债能力及盈利能力。通过分析存货周转速度，有利于找出存货管理中存在的问题，尽可能降低资金占用水平。在具体分析时，应注意几点：①存货周转率的高低与企业的经营特点有密切联系，应注意行业的可比性；②该比率反映的是存货整体的周转情况，不能说明企业经营各环节的存货周转情况和管理水平；③应结合应收账款周转情况和信用政策进行分析。

3. 流动资产周转率

流动资产周转率（次数）是反映企业流动资产周转速度的指标。流动资产周转率（次数）是一定时期营业收入与企业流动资产平均占用额之间的比率。其计算公式为：

流动资产周转率（次数）=营业收入÷流动资产平均余额

流动资产周转天数=计算期天数÷流动资产周转率（次数）

=计算期天数×流动资产平均余额÷营业收入

流动资产平均余额=（期初流动资产+期末流动资产）÷2

在一定时期内，流动资产周转率（次数）越高，表明以相同的流动资产完成的周转额越多，流动资产利用效果越好。流动资产周转天数越少，表明流动资产在经历生产、销售各阶段所占用的时间越短，可相对节约流动资产，增强企业盈利能力。

根据华龙公司的财务报表数据：

流动资产周转率（次数）=75 050×2÷（18 250+16 425）=4.33（次）

流动资产周转天数=360÷4.33=83.14（天）

（二）固定资产营运能力分析

反映固定资产营运能力的指标为固定资产周转率（次数）。固定资产周转率（次数）是指企业年营业收入与平均固定资产的比率。它是反映企业固定资产周转情况，从而衡量固定资产利用效率的一项指标。其计算公式为：

$$固定资产周转率（次数）=营业收入÷平均固定资产$$

$$平均固定资产=（期初固定资产+期末固定资产）÷2$$

固定资产周转率（次数）高，说明企业固定资产投资得当，结构合理，利用效率高；反之，如果固定资产周转率（次数）低，则表明固定资产利用效率不高，企业的营运能力不强。

根据华龙公司的财务报表数据：

固定资产周转率（次数）=75 050×2÷（30 950+23 875）=2.74（次）

固定资产周转天数=360÷2.74=131.39（天）

（三）总资产营运能力分析

反映总资产营运能力的指标是总资产周转率（次数）。总资产周转率（次数）是企业营业收入与企业平均资产总额的比率。其计算公式为：

$$总资产周转率（次数）=营业收入÷平均资产总额$$

如果企业各期资产总额比较稳定，波动不大，则：

$$平均资产总额=（期初资产总额+期末资产总额）÷2$$

如果资金占用的波动性较大，企业应采用更详细的资料进行计算，如按照各月的资金占用额计算，则：

$$平均资产总额=（月初资产总额+月末资产总额）÷2$$

$$季平均占用额=（1/2 季度初资产余额+第一月末资产余额+第二月末资产余额+$$
$$1/2 季度末资产余额）÷3$$

$$年平均占用额=（1/2 年初资产余额+第一季度末资产余额+第二季度末资产余额+$$
$$第三季度末资产余额+1/2 年末资产余额）÷4$$

计算总资产周转率（次数）时，应注意分子、分母在时间上应保持一致。该比率衡量企业资产整体的使用效率。总资产由各项资产组成，在既定的营业收入情况下，总资产周转率（次数）的驱动因素是各项资产。因此，对总资产周转情况的分析应结合各项资产的周转情况，以发现影响企业资产周转的主要因素。

根据华龙公司的财务报表数据：

总资产周转率（次数）=75 050×2÷（51 000+43 000）=1.60（次）

总资产周转天数=360÷1.60=225（天）

各项资产的周转率（次数）指标用于衡量各项资产赚取收入的能力，经常和企业盈利能力的指标结合在一起，以全面评价企业的盈利能力。

三、盈利能力分析

盈利能力就是企业获取利润、实现资金增值的能力。盈利能力指标主要通过收入与利润之间的关系、资产与利润之间的关系反映。反映企业盈利能力的指标主要有营业毛利率、营业净利率、总资产净利率和净资产收益率。

1. 营业毛利率

营业毛利率是营业毛利与营业收入之比，其计算公式如下：

$$营业毛利率=营业毛利÷营业收入×100\%$$

09

$$营业毛利=营业收入-营业成本$$

营业毛利率反映产品每 1 元营业收入所包含的毛利润是多少，即营业收入扣除营业成本后还有多少剩余可用于支付各期费用和形成利润。营业毛利率越高，表明产品的盈利能力越强。将营业毛利率与行业水平进行比较，可以反映企业产品的市场竞争地位。那些营业毛利率高于行业水平的企业，意味着其实现一定的收入占用了更少的成本，表明其在资源、技术或劳动生产率方面具有竞争优势；而那些营业毛利率低于行业水平的企业，则意味着其在行业中处于竞争劣势。此外，将不同行业的营业毛利率进行横向比较，也可以说明行业间盈利能力的差异。

根据华龙公司的财务报表数据：

20×0 年营业毛利率=（71 300- 62 625）÷71 300×100% =12.17%

20×1 年营业毛利率=（75 050- 66 150）÷75 050×100% =11.86%

2. 营业净利率

营业净利率是净利润与营业收入之比，其计算公式为：

$$营业净利率=净利润÷营业收入×100\%$$

营业净利率反映每 1 元营业收入最终赚取了多少净利润，用于反映产品最终的盈利能力。在利润表上，从营业收入到净利润需要扣除营业成本、期间费用、税金等项目。因此，将营业净利率按利润的扣除项目进行分解可以识别影响营业净利率的主要因素。

根据华龙公司的财务报表数据：

20×0 年营业净利率=4 335÷71 300×100%=6.08%

20×1 年营业净利率=3 675÷75 050×100%=4.90%

从上述计算分析可以看出，20×1 年企业各项营业利润率指标均比上年有所下降，说明企业盈利能力有所下降，企业应查明原因，采取相应措施，提高盈利水平。

3. 总资产净利率

总资产净利率是指净利润与平均总资产的比率，反映每 1 元资产创造的净利润。其计算公式为：

$$总资产净利率=净利润÷平均总资产×100\%$$

总资产净利率衡量的是企业资产的盈利能力。总资产净利率越高，表明企业资产的利用效果越好。影响总资产净利率的因素是营业净利率和总资产周转率。

$$总资产净利率=\frac{净利润}{平均总资产}=\frac{净利润}{营业收入}×\frac{营业收入}{平均总资产}=营业净利率×总资产周转率$$

因此，企业可以通过提高营业净利率、加速总资产周转来提高总资产净利率。

根据华龙公司的财务报表数据：

20×1 年总资产净利率=3 675÷[（51 000+ 43 000）÷2]×100% =7.82%

4. 净资产收益率

净资产收益率又叫权益净利率或权益报酬率，是净利润与平均所有者权益的比值，表示每 1 元权益资本赚取的净利润，反映权益资本的盈利能力。其计算公式为：

$$净资产收益率=净利润÷平均所有者权益×100\%$$

该指标是企业盈利能力指标的核心，也是杜邦财务指标体系的核心，更是投资者关注的重点。通常，净资产收益率越高，所有者和债权人的利益保障程度越高。如果企业的净资产收益率在一段时期内持续增长，说明权益资本的盈利能力稳定上升。但净资产收益率并不是越高越好，分析时要注意企业的财务风险。其计算公式如下：

$$净资产收益率=\frac{净利润}{平均净资产}=\frac{净利润}{平均总资产}\times\frac{平均总资产}{平均净资产}=总资产净利率\times权益乘数$$

$$净资产收益率=\frac{净利润}{营业收入}\times\frac{营业收入}{平均总资产}\times\frac{平均总资产}{平均净资产}$$

$$=营业净利率\times总资产周转率(次数)\times权益乘数$$

从它的计算公式中可以看出，提高营业净利率、总资产周转率（次数）或者权益乘数，都会提高净资产收益率。营业净利率中的"净利润"和"营业收入"都可以从利润表中取得，营业净利率概括了全部的经营成果；权益乘数中"总资产"（平均总资产）和"股东权益"（平均净资产）可以从资产负债表中取得，权益乘数表明了资产、负债和股东权益的比例关系，反映了最基本的财务状况；总资产周转率（次数）把利润表和资产负债表联系起来，使权益净利率可以综合反映企业经营成果和财务状况。

对净资产收益率的分解可以发现，改善资产盈利能力和增加企业负债都可以提高净资产收益率。而如果不改善资产盈利能力，单纯通过加大举债提高权益乘数进而提高净资产收益率的做法则十分危险。因为，企业负债经营的前提是有足够的盈利能力，以保障偿还债务本息，单纯增加负债对净资产收益率的改善只具有短期效应，最终将因盈利能力无法涵盖增加的财务风险而使企业陷入财务困境。因此，只有当企业净资产收益率上升同时财务风险没有明显加大时，才能说明企业财务状况良好。

根据华龙公司的财务报表数据：

20×1年净资产收益率=3 675÷[（23 650+22 150）÷2]×100%=16.05%

四、发展能力分析

衡量企业发展能力的指标主要有营业收入增长率、总资产增长率、营业利润增长率、资本保值增值率和所有者权益增长率。

1. 营业收入增长率

该指标反映的是相对的营业收入增长情况，是衡量企业经营状况和市场占有能力、预测企业经营业务拓展趋势的重要指标。在实际分析时应考虑企业历年的销售水平、市场占有情况、行业未来发展及其他影响企业发展的潜在因素，或结合企业前三年的营业收入增长率进行趋势性分析。其计算公式为：

$$营业收入增长率=本年营业收入增长额÷上年营业收入\times100\%$$

$$本年营业收入增长额=本年营业收入-上年营业收入$$

计算过程中，营业收入可以使用利润表中的"营业收入"数据。营业收入增长率大于零，表明企业本年营业收入有所增长。该指标值越高，表明企业营业收入的增长速度越快，企业市场前景越好。

根据华龙公司的财务报表数据：

20×1年营业收入增长率=（75 050-71 300）÷71 300×100%=5.26%

2. 总资产增长率

总资产增长率是企业本年资产增长额同年初资产总额的比率，反映企业本期资产规模的增长情况。其计算公式为：

$$总资产增长率=本年资产增长额÷年初资产总额×100\%$$

$$本年资产增长额=年末资产总额-年初资产总额$$

总资产增长率越高，表明企业一定时期内资产经营规模扩张的速度越快。但在分析时，需要关注资产规模扩张的质和量的关系，以及企业的后续发展能力，避免盲目扩张。

根据华龙公司的财务报表数据：

20×1年总资产增长率=（51 000－43 000）÷43 000×100%=18.60%

3. 营业利润增长率

营业利润增长率是企业本年营业利润增长额与上年营业利润总额的比率，反映企业营业利润的增减变动情况。其计算公式为：

$$营业利润增长率=本年营业利润增长额÷上年营业利润总额×100\%$$

$$本年营业利润增长额=本年营业利润-上年营业利润$$

根据华龙公司的财务报表数据：

20×1年营业利润增长率=（5 150-5 475）÷5 475×100%=-5.94%

4. 资本保值增值率

资本保值增值率是指所有者权益的期末总额与期初总额之比。其计算公式为：

$$资本保值增值率=扣除客观因素影响后的期末所有者权益÷期初所有者权益×100\%$$

根据华龙公司的财务报表数据：

20×1年资本保值增值率=23 650÷22 150×100%=106.77%

如果企业盈利能力提高，利润增加，必然会使期末所有者权益大于期初所有者权益，所以该指标也是衡量企业盈利能力的重要指标。当然，这一指标的高低，除了受企业经营成果的影响外，还受企业利润分配政策和投入资本的影响。

5. 所有者权益增长率

所有者权益增长率是企业本年所有者权益增长额与年初所有者权益的比率，反映企业当年资本的积累能力。其计算公式为：

$$所有者权益增长率=本年所有者权益增长额÷年初所有者权益×100\%$$

$$本年所有者权益增长额=年末所有者权益-年初所有者权益$$

所有者权益增长率越大，表明企业的资本积累越多，企业应对风险、持续发展的能力越强。

根据华龙公司的财务报表数据：

20×1年所有者权益增长率=（23 650-22 150）÷22 150×100%=6.77%

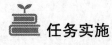

任务实施

任务资料和任务目标见本任务的"任务导入"，具体任务实施过程如下。

（1）① 总资产净利率=2 250÷60 000×100%=3.75%。

② 权益乘数=60 000÷25 000=2.4。

③ 营业净利率=2 250÷18 000×100%=12.5%。

④ 总资产周转率=18 000÷60 000=0.3（次）。

（2）① 华龙公司的权益乘数大于行业平均水平，说明华龙公司运用负债较多，偿债风险较大，偿债能力相对较弱；华龙公司的总资产周转率小于行业平均水平，说明华龙公司与行业水平相比，营运能力较差。

②　总资产净利率=营业净利率×总资产周转率。

所在行业的总资产净利率=8%×0.5=4%。

华龙公司的总资产净利率=12.5%×0.3=3.75%，因此华龙公司总资产净利率与行业平均总资产净利率的差异=3.75%-4%=-0.25%。

营业净利率变动对总资产净利率的影响为：（12.5%-8%）×0.5=2.25%。

总资产周转率变动对总资产净利率的影响为：12.5%×（0.3-0.5）=-2.5%。

华龙公司总资产净利率低于行业平均水平的主要原因是公司总资产周转率较低，甚至低于行业平均水平。

课程思政——创新篇

创新是推动发展的重要力量。创新政策手段，推进结构性改革，为增长创造空间、增加后劲。坚持以供给侧结构性改革为主线，加快发展数字经济，推动实体经济和数字经济融合发展，推动互联网、大数据、人工智能同实体经济深度融合，推动制造业加速向数字化、网络化、智能化发展。坚定不移实施创新驱动发展战略，培育新动能，提升新势能，建设具有全球影响力的科技和产业创新高地。围绕产业链部署创新链、围绕创新链布局产业链，前瞻布局战略性新兴产业，培育发展未来产业，发展数字经济。

课后练习

一、单项选择题

1. 企业所有者作为投资人，关心其资本的保值和增值状况，因此较为重视企业的（　　）指标。

　　A. 偿债能力　　　　B. 营运能力　　　　C. 盈利能力　　　　D. 发展能力

2. 下列财务比率中，属于效率比率的是（　　）。

　　A. 速动比率　　　　B. 成本利润率　　　　C. 资产负债率　　　D. 所有者权益增长率

3. 下列不同类型的比率指标中，流动比率属于（　　）。

　　A. 构成比率　　　　B. 动态比率　　　　C. 相关比率　　　　D. 效率比率

4. 乙公司20×1年的营业收入为14 500万元，财务费用为500万元，资产减值损失为10万元，所得税费用为32.50万元，净利润为97.50万元，20×1年资本化利息支出为100万元，已经计入在建工程，则利息保障倍数为（　　）。

　　A. 1.26　　　　　　B. 1.17　　　　　　C. 1.05　　　　　　D. 0.93

5. 产权比率越高，通常反映的信息是（　　）。

　　A. 财务结构越稳健　　　　　　　　　B. 长期偿债能力越强

　　C. 财务杠杆效应越强　　　　　　　　D. 股东权益的保障程度越高

6. 下列各项业务中，能够降低企业偿债能力的是（　　）。

　　A. 企业采用经营租赁方式租入一台大型机械设备

  B. 企业从某国有银行取得 3 年期 500 万元的贷款

  C. 企业向战略投资者进行定向增发

  D. 企业向股东发放股票股利

7. 某公司 20×1 年年初所有者权益为 1.25 亿元，20×1 年年末所有者权益为 1.50 亿元。该公司 20×1 年的所有者权益增长率是（ ）。

  A. 16.67%   B. 20.00%   C. 25.00%   D. 120.00%

8. 假定其他条件不变，下列各项经济业务中，会导致公司总资产净利率上升的是（ ）。

  A. 收回应收账款   B. 用资本公积转增股本

  C. 用银行存款购入生产设备   D. 用银行存款归还银行借款

9. 下列关于资产负债率、权益乘数和产权比率之间关系的表达式中，正确的是（ ）。

  A. 资产负债率+权益乘数=产权比率 B. 资产负债率-权益乘数=产权比率

  C. 资产负债率×权益乘数=产权比率 D. 资产负债率÷权益乘数=产权比率

10. 某企业 20×1 年和 20×2 年的营业净利率分别为 7%和 8%，资产周转率分别为 2 和 1.5，两年的资产负债率相同。则与 20×1 年相比，20×2 年净资产收益率的变动趋势为（ ）。

  A. 上升   B. 下降   C. 不变   D. 无法确定

二、多项选择题

1. 下列各项中，属于速动资产的有（ ）。

  A. 货币资金   B. 预收账款   C. 应收账款   D. 存货

2. 公司当年的经营利润很多，却不能偿还到期债务。为查清其原因，应检查的财务比率包括（ ）。

  A. 营业净利率   B. 流动比率   C. 存货周转率   D. 应收账款周转率

3. 下列财务指标中，可以反映长期偿债能力的有（ ）。

  A. 总资产周转率   B. 权益乘数   C. 产权比率   D. 资产负债率

4. 下列各项因素中，影响企业偿债能力的有（ ）。

  A. 经营租赁   B. 或有事项   C. 资产质量   D. 授信额度

5. 下列各项中，影响应收账款周转率指标的有（ ）。

  A. 应收账款   B. 预付账款   C. 应收票据   D. 销售折扣与折让

6. 在一定时期内，应收账款周转次数多（周转天数少）表明（ ）。

  A. 收账速度快   B. 信用管理政策宽松

  C. 应收账款流动性强   D. 应收账款管理效率高

7. 一般而言，存货周转次数增加，其所反映的信息有（ ）。

  A. 盈利能力下降   B. 存货周转期延长

  C. 存货流动性增强   D. 资产管理效率提高

8. 在不考虑其他影响因素的情况下，（ ）反映企业偿还债务能力较弱。

  A. 资产负债率较高   B. 产权比率较高

  C. 营业净利率较低   D. 利息保障倍数较高

9. 乙企业目前的流动比率为 1.5，若赊购一批材料，将会导致乙企业（ ）。

  A. 速动比率降低 B. 流动比率降低 C. 营运资金增加 D. 存货周转次数增加

三、判断题

1. 在财务分析中，企业经营者应对企业财务状况进行全面的综合分析，并关注企业财务风险和经营风险。（   ）

2. 在财务分析中，将通过对比两期或连续数期财务报告中的相同指标，以说明企业财务状况或经营成果变动趋势的方法称为趋势分析法。（   ）

3. 财务分析中的效率指标，是某项财务活动中所费与所得之间的比率，反映投入与产出的关系。（   ）

4. 如果营业额不稳定且难以预测，则企业应保持较高的流动资产水平。（   ）

5. 现金比率不同于速动比率之处主要在于剔除了应收账款对短期偿债能力的影响。（   ）

6. 在计算应收账款周转次数指标时，不应将应收票据考虑在内。（   ）

7. 净资产收益率是一个综合性比较强的财务分析指标，是杜邦财务指标体系的起点。（   ）

8. 资本保值增值率是企业年末所有者权益总额与年初所有者权益总额的比值，可以反映企业当年资本的实际增减变动情况。（   ）

9. 计算资本保值增值率时，期末所有者权益的计量应当考虑利润分配政策及投入资本的影响。（   ）

四、计算题

1. 华龙公司 20×1 年 12 月 31 日的资产负债表显示，资产总额年初数和年末数分别为 4 800 万元和 5 000 万元，负债总额年初数和年末数分别为 2 400 万元和 2 500 万元。华龙公司 20×1 年度营业收入为 7 350 万元，净利润为 294 万元。

要求：

（1）根据年初、年末平均值，计算权益乘数。

（2）计算总资产周转率。

（3）计算营业净利率。

（4）计算总资产净利率和权益净利率。

2. 丙公司是一家上市公司，管理层要求财务部门对公司的财务状况和经营成果进行评价。财务部门根据公司 20×1 年和 20×2 年的年报整理出用于评价的部分财务数据，如表 9-1 所示。

表 9-1　　　　　　　　　　　　　丙公司部分财务数据　　　　　　　　　　　　单位：万元

资产负债表项目	20×2 年期末余额	20×1 年期末余额
应收账款	65 000	55 000
流动资产合计	200 000	220 000
流动负债合计	120 000	110 000
负债合计	300 000	300 000
资产总计	800 000	700 000
利润表项目	20×2 年度	20×1 年度
营业收入	420 000	400 000
净利润	67 500	55 000

要求：

（1）计算 20×2 年年末的下列财务指标。

09

①营运资金；②权益乘数。

（2）计算 20×2 年度的下列财务指标。

①应收账款周转率；②净资产收益率；③资本保值增值率。

3. 华龙公司 20×1 年 12 月 31 日总资产为 600 000 元，其中流动资产为 450 000 元、非流动资产为 150 000 元，股东权益为 400 000 元。

华龙公司年度运营分析报告显示，20×1 年的存货周转次数为 8 次，营业成本为 500 000 元，净资产收益率为 20%，期末的流动比率为 2.5。

要求：

（1）计算 20×1 年存货平均余额。

（2）计算 20×1 年年末流动负债。

（3）计算 20×1 年净利润。

4. 华龙公司是一家创业板上市公司，20×1 年度营业收入为 20 000 万元，营业成本为 15 000 万元，财务费用为 600 万元（全部为利息支出），利润总额为 2 000 万元，净利润为 1 500 万元。此外，资本化的利息支出为 400 万元。华龙公司存货年初余额为 1 000 万元，年末余额为 2 000 万元。

要求：

（1）计算营业净利率。

（2）计算利息保障倍数。

（3）计算存货周转率。

附录

附录一

复利终值系数表

期数	1%	2%	3%	4%	5%	6%	7%	8%	9%	10%
1	1.010 0	1.020 0	1.030 0	1.040 0	1.050 0	1.060 0	1.070 0	1.080 0	1.090 0	1.100 0
2	1.020 1	1.040 4	1.060 9	1.081 6	1.102 5	1.123 6	1.144 9	1.166 4	1.188 1	1.210 0
3	1.030 3	1.061 2	1.092 7	1.124 9	1.157 6	1.191 0	1.225 0	1.259 7	1.295 0	1.331 0
4	1.040 6	1.082 4	1.125 5	1.169 9	1.215 5	1.262 5	1.310 8	1.360 5	1.411 6	1.464 1
5	1.051 0	1.104 1	1.159 3	1.216 7	1.276 3	1.338 2	1.402 6	1.469 3	1.538 6	1.610 5
6	1.061 5	1.126 2	1.194 1	1.265 3	1.340 1	1.418 5	1.500 7	1.586 9	1.677 1	1.771 6
7	1.072 1	1.148 7	1.229 9	1.315 9	1.407 1	1.503 6	1.605 8	1.713 8	1.828 0	1.948 7
8	1.082 9	1.171 7	1.266 8	1.368 6	1.477 5	1.593 8	1.718 2	1.850 9	1.992 6	2.143 6
9	1.093 7	1.195 1	1.304 8	1.423 3	1.551 3	1.689 5	1.838 5	1.999 0	2.171 9	2.357 9
10	1.104 6	1.219 0	1.343 9	1.480 2	1.628 9	1.790 8	1.967 2	2.158 9	2.367 4	2.593 7
11	1.115 7	1.243 4	1.384 2	1.539 5	1.710 3	1.898 3	2.104 9	2.331 6	2.580 4	2.853 1
12	1.126 8	1.268 2	1.425 8	1.601 0	1.795 9	2.012 2	2.252 2	2.518 2	2.812 7	3.138 4
13	1.138 1	1.293 6	1.468 5	1.665 1	1.885 6	2.132 9	2.409 8	2.719 6	3.065 8	3.452 3
14	1.149 5	1.319 5	1.512 6	1.731 7	1.979 9	2.260 9	2.578 5	2.937 2	3.341 7	3.797 5
15	1.161 0	1.345 9	1.558 0	1.800 9	2.078 9	2.396 6	2.759 0	3.172 2	3.642 5	4.177 2
16	1.172 6	1.372 8	1.604 7	1.873 0	2.182 9	2.540 4	2.952 2	3.425 9	3.970 3	4.595 0
17	1.184 3	1.400 2	1.652 8	1.947 9	2.292 0	2.692 8	3.158 8	3.700 0	4.327 6	5.054 5
18	1.196 1	1.428 2	1.702 4	2.025 8	2.406 6	2.854 3	3.379 9	3.996 0	4.717 1	5.559 9
19	1.208 1	1.456 8	1.753 5	2.106 8	2.527 0	3.025 6	3.616 5	4.315 7	5.141 7	6.115 9
20	1.220 2	1.485 9	1.806 1	2.191 1	2.653 3	3.207 1	3.869 7	4.661 0	5.604 4	6.727 5
21	1.232 4	1.515 7	1.860 3	2.278 8	2.786 0	3.399 6	4.140 6	5.033 8	6.108 8	7.400 2
22	1.244 7	1.546 0	1.916 1	2.369 9	2.925 3	3.603 5	4.430 4	5.436 5	6.658 6	8.140 3
23	1.257 2	1.576 9	1.973 6	2.464 7	3.071 5	3.819 7	4.740 5	5.871 5	7.257 9	8.954 3
24	1.269 7	1.608 4	2.032 8	2.563 3	3.225 1	4.048 9	5.072 4	6.341 2	7.911 1	9.849 7
25	1.282 4	1.640 6	2.093 8	2.665 8	3.386 4	4.291 9	5.427 4	6.848 5	8.623 1	10.835
26	1.295 3	1.673 4	2.156 6	2.772 5	3.555 7	4.549 4	5.807 4	7.396 4	9.399 2	11.918
27	1.308 2	1.706 9	2.221 3	2.883 4	3.733 5	4.822 3	6.213 9	7.988 1	10.245	13.110
28	1.321 3	1.741 0	2.287 9	2.998 7	3.920 1	5.111 7	6.648 8	8.627 1	11.167	14.421
29	1.334 5	1.775 8	2.356 6	3.118 7	4.116 1	5.418 4	7.114 3	9.317 3	12.172	15.863
30	1.347 8	1.811 4	2.427 3	3.243 4	4.321 9	5.743 5	7.612 3	10.063	13.268	17.449
40	1.488 9	2.208 0	3.262 0	4.801 0	7.040 0	10.286	14.975	21.725	31.409	45.259
50	1.644 6	2.691 6	4.383 9	7.106 7	11.467	18.420	29.457	46.902	74.358	117.39
60	1.816 7	3.281 0	5.891 6	10.520	18.679	32.988	57.946	101.26	176.03	304.48

续表

期数	12%	14%	15%	16%	18%	20%	24%	28%	32%	36%
1	1.120 0	1.140 0	1.150 0	1.160 0	1.180 0	1.200 0	1.240 0	1.280 0	1.320 0	1.360 0
2	1.254 4	1.299 6	1.322 5	1.345 6	1.392 4	1.440 0	1.537 6	1.638 4	1.742 4	1.849 6
3	1.404 9	1.481 5	1.520 9	1.560 9	1.643 0	1.728 0	1.906 6	2.097 2	2.300 0	2.515 5
4	1.573 5	1.689 0	1.749 0	1.810 6	1.938 8	2.073 6	2.364 2	2.684 4	3.036 0	3.421 0
5	1.762 3	1.925 4	2.011 4	2.100 3	2.287 8	2.488 3	2.931 6	3.436 0	4.007 5	4.652 6
6	1.973 8	2.195 0	2.313 1	2.436 4	2.699 6	2.986 0	3.635 2	4.398 0	5.289 9	6.327 5
7	2.210 7	2.502 3	2.660 0	2.826 2	3.185 5	3.583 2	4.507 7	5.629 5	6.982 6	8.605 4
8	2.476 0	2.852 6	3.059 0	3.278 4	3.758 9	4.299 8	5.589 5	7.205 8	9.217 0	11.703
9	2.773 1	3.251 9	3.517 9	3.803 0	4.435 5	5.159 8	6.931 0	9.223 4	12.167	15.917
10	3.105 8	3.707 2	4.045 6	4.411 4	5.233 8	6.191 7	8.594 4	11.806	16.060	21.647
11	3.478 5	4.226 2	4.652 4	5.117 3	6.175 9	7.430 1	10.657	15.112	21.199	29.439
12	3.896 0	4.817 9	5.350 3	5.936 0	7.287 6	8.916 1	13.215	19.343	27.983	40.038
13	4.363 5	5.492 4	6.152 8	6.885 8	8.599 4	10.699	16.386	24.759	36.937	54.451
14	4.887 1	6.261 3	7.075 7	7.987 5	10.147	12.839	20.319	31.691	48.757	74.053
15	5.473 6	7.137 9	8.137 1	9.265 5	11.974	15.407	25.196	40.565	64.359	100.71
16	6.130 4	8.137 2	9.357 6	10.748	14.129	18.488	31.243	51.923	84.954	136.97
17	6.866 0	9.276 5	10.761	12.468	16.672	22.186	38.741	66.461	112.14	186.28
18	7.690 0	10.575	12.376	14.463	19.673	26.623	48.039	85.071	148.02	253.34
19	8.612 8	12.056	14.232	16.777	23.214	31.948	59.568	108.89	195.39	344.54
20	9.646 3	13.744	16.367	19.461	27.393	38.338	73.864	139.38	257.92	468.57
21	10.804	15.668	18.822	22.575	32.324	46.005	91.592	178.41	340.45	637.26
22	12.100	17.861	21.645	26.186	38.142	55.206	113.57	228.36	449.39	866.67
23	13.552	20.362	24.892	30.376	45.008	66.247	140.83	292.30	593.20	1 178.7
24	15.179	23.212	28.625	35.236	53.109	79.497	174.63	374.14	783.02	1 603.0
25	17.000	26.462	32.919	40.874	62.669	95.396	216.54	478.90	1 033.6	2 180.1
26	19.040	30.167	37.857	47.414	73.949	114.48	268.51	613.00	1 364.3	2 964.9
27	21.325	34.390	43.535	55.000	87.260	137.37	332.96	784.64	1 800.9	4 032.3
28	23.884	39.205	50.066	63.800	102.97	164.84	412.86	1 004.3	2 377.2	5 483.9
29	26.750	44.693	57.576	74.009	121.50	197.81	511.95	1 285.6	3 137.9	7 458.1
30	29.960	50.950	66.212	85.850	143.37	237.38	634.82	1 645.5	4 142.1	10 143
40	93.051	188.88	267.86	378.72	750.38	1 469.8	5 455.9	19 427	66 521	*
50	289.00	700.23	1 083.7	1 670.7	3 927.4	9 100.4	46 890	*	*	*
60	897.60	2 595.9	4 384.0	7 370.2	20 555	56 348	*	*	*	*

*>99 999

附录二

复利现值系数表

期数	1%	2%	3%	4%	5%	6%	7%	8%	9%	10%
1	0.990 1	0.980 4	0.970 9	0.961 5	0.952 4	0.943 4	0.934 6	0.925 9	0.917 4	0.909 1
2	0.980 3	0.961 2	0.942 6	0.924 6	0.907 0	0.890 0	0.873 4	0.857 3	0.841 7	0.826 4
3	0.970 6	0.942 3	0.915 1	0.889 0	0.863 8	0.839 6	0.816 3	0.793 8	0.772 2	0.751 3
4	0.961 0	0.923 8	0.888 5	0.854 8	0.822 7	0.792 1	0.762 9	0.735 0	0.708 4	0.683 0
5	0.951 5	0.905 7	0.862 6	0.821 9	0.783 5	0.747 3	0.713 0	0.680 6	0.649 9	0.620 9

续表

期数	1%	2%	3%	4%	5%	6%	7%	8%	9%	10%
6	0.942 0	0.888 0	0.837 5	0.790 3	0.746 2	0.705 0	0.666 3	0.630 2	0.596 3	0.564 5
7	0.932 7	0.870 6	0.813 1	0.759 9	0.710 7	0.665 1	0.622 7	0.583 5	0.547 0	0.513 2
8	0.923 5	0.853 5	0.789 4	0.730 7	0.676 8	0.627 4	0.582 0	0.540 3	0.501 9	0.466 5
9	0.914 3	0.836 8	0.766 4	0.702 6	0.644 6	0.591 9	0.543 9	0.500 2	0.460 4	0.424 1
10	0.905 3	0.820 3	0.744 1	0.675 6	0.613 9	0.558 4	0.508 3	0.463 2	0.422 4	0.385 5
11	0.896 3	0.804 3	0.722 4	0.649 6	0.584 7	0.526 8	0.475 1	0.428 9	0.387 5	0.350 5
12	0.887 4	0.788 5	0.701 4	0.624 6	0.556 8	0.497 0	0.444 0	0.397 1	0.355 5	0.318 6
13	0.878 7	0.773 0	0.681 0	0.600 6	0.530 3	0.468 8	0.415 0	0.367 7	0.326 2	0.289 7
14	0.870 0	0.757 9	0.661 1	0.577 5	0.505 1	0.442 3	0.387 8	0.340 5	0.299 2	0.263 3
15	0.861 3	0.743 0	0.641 9	0.555 3	0.481 0	0.417 3	0.362 4	0.315 2	0.274 5	0.239 4
16	0.852 8	0.728 4	0.623 2	0.533 9	0.458 1	0.393 6	0.338 7	0.291 9	0.251 9	0.217 6
17	0.844 4	0.714 2	0.605 0	0.513 4	0.436 3	0.371 4	0.316 6	0.270 3	0.231 1	0.197 8
18	0.836 0	0.700 2	0.587 4	0.493 6	0.415 5	0.350 3	0.295 9	0.250 2	0.212 0	0.179 9
19	0.827 7	0.686 4	0.570 3	0.474 6	0.395 7	0.330 5	0.276 5	0.231 7	0.194 5	0.163 5
20	0.819 5	0.673 0	0.553 7	0.456 4	0.376 9	0.311 8	0.258 4	0.214 5	0.178 4	0.148 6
21	0.811 4	0.659 8	0.537 5	0.438 8	0.358 9	0.294 2	0.241 5	0.198 7	0.163 7	0.135 1
22	0.803 4	0.646 8	0.521 9	0.422 0	0.341 8	0.277 5	0.225 7	0.183 9	0.150 2	0.122 8
23	0.795 4	0.634 2	0.506 7	0.405 7	0.325 6	0.261 8	0.210 9	0.170 3	0.137 8	0.111 7
24	0.787 6	0.621 7	0.491 9	0.390 1	0.310 1	0.247 0	0.197 1	0.157 7	0.126 4	0.101 5
25	0.779 8	0.609 5	0.477 6	0.375 1	0.295 3	0.233 0	0.184 2	0.146 0	0.116 0	0.092 3
26	0.772 0	0.597 6	0.463 7	0.360 7	0.281 2	0.219 8	0.172 2	0.135 2	0.106 4	0.083 9
27	0.764 4	0.585 9	0.450 2	0.346 8	0.267 8	0.207 4	0.160 9	0.125 2	0.097 6	0.076 3
28	0.756 8	0.574 4	0.437 1	0.333 5	0.255 1	0.195 6	0.150 4	0.115 9	0.089 5	0.069 3
29	0.749 3	0.563 1	0.424 3	0.320 7	0.242 9	0.184 6	0.140 6	0.107 3	0.082 2	0.063 0
30	0.741 9	0.552 1	0.412 0	0.308 3	0.231 4	0.174 1	0.131 4	0.099 4	0.075 4	0.057 3
35	0.705 9	0.500 0	0.355 4	0.253 4	0.181 3	0.130 1	0.093 7	0.067 6	0.049 0	0.035 6
40	0.671 7	0.452 9	0.306 6	0.208 3	0.142 0	0.097 2	0.066 8	0.046 0	0.031 8	0.022 1
45	0.639 1	0.410 2	0.264 4	0.171 2	0.111 3	0.072 7	0.047 6	0.031 3	0.020 7	0.013 7
50	0.608 0	0.371 5	0.228 1	0.140 7	0.087 2	0.054 3	0.033 9	0.021 3	0.013 4	0.008 5
55	0.578 5	0.336 5	0.196 8	0.115 7	0.068 3	0.040 6	0.024 2	0.014 5	0.008 7	0.005 3
期数	12%	14%	15%	16%	18%	20%	24%	28%	32%	36%
1	0.892 9	0.877 2	0.869 6	0.862 1	0.847 5	0.833 3	0.806 5	0.781 3	0.757 6	0.735 3
2	0.797 2	0.769 5	0.756 1	0.743 2	0.718 2	0.694 4	0.650 4	0.610 4	0.573 9	0.540 7
3	0.711 8	0.675 0	0.657 5	0.640 7	0.608 6	0.578 7	0.524 5	0.476 8	0.434 8	0.397 5
4	0.635 5	0.592 1	0.571 8	0.552 3	0.515 8	0.482 3	0.423 0	0.372 5	0.329 4	0.292 3
5	0.567 4	0.519 4	0.497 2	0.476 1	0.437 1	0.401 9	0.341 1	0.291 0	0.249 5	0.214 9
6	0.506 6	0.455 6	0.432 3	0.410 4	0.370 4	0.334 9	0.275 1	0.227 4	0.189 0	0.158 0
7	0.452 3	0.399 6	0.375 9	0.353 8	0.313 9	0.279 1	0.221 8	0.177 6	0.143 2	0.116 2
8	0.403 9	0.350 6	0.326 9	0.305 0	0.266 0	0.232 6	0.178 9	0.138 8	0.108 5	0.085 4
9	0.360 6	0.307 5	0.284 3	0.263 0	0.225 5	0.193 8	0.144 3	0.108 4	0.082 2	0.062 8
10	0.322 0	0.269 7	0.247 2	0.226 7	0.191 1	0.161 5	0.116 4	0.084 7	0.062 3	0.046 2
11	0.287 5	0.236 6	0.214 9	0.195 4	0.161 9	0.134 6	0.093 8	0.066 2	0.047 2	0.034 0
12	0.256 7	0.207 6	0.186 9	0.168 5	0.137 2	0.112 2	0.075 7	0.051 7	0.035 7	0.025 0
13	0.229 2	0.182 1	0.162 5	0.145 2	0.116 3	0.093 5	0.061 0	0.040 4	0.027 1	0.018 4
14	0.204 6	0.159 7	0.141 3	0.125 2	0.098 5	0.077 9	0.049 2	0.031 6	0.020 5	0.013 5

续表

期数	12%	14%	15%	16%	18%	20%	24%	28%	32%	36%
15	0.182 7	0.140 1	0.122 9	0.107 9	0.083 5	0.064 9	0.039 7	0.024 7	0.015 5	0.009 9
16	0.163 1	0.122 9	0.106 9	0.093 0	0.070 8	0.054 1	0.032 0	0.019 3	0.011 8	0.007 3
17	0.145 6	0.107 8	0.092 9	0.080 2	0.060 0	0.045 1	0.025 8	0.015 0	0.008 9	0.005 4
18	0.130 0	0.094 6	0.080 8	0.069 1	0.050 8	0.037 6	0.020 8	0.011 8	0.006 8	0.003 9
19	0.116 1	0.082 9	0.070 3	0.059 6	0.043 1	0.031 3	0.016 8	0.009 2	0.005 1	0.002 9
20	0.103 7	0.072 8	0.061 1	0.051 4	0.036 5	0.026 1	0.013 5	0.007 2	0.003 9	0.002 1
21	0.092 6	0.063 8	0.053 1	0.044 3	0.030 9	0.021 7	0.010 9	0.005 6	0.002 9	0.001 6
22	0.082 6	0.056 0	0.046 2	0.038 2	0.026 2	0.018 1	0.008 8	0.004 4	0.002 2	0.001 2
23	0.073 8	0.049 1	0.040 2	0.032 9	0.022 2	0.015 1	0.007 1	0.003 4	0.001 7	0.000 8
24	0.065 9	0.043 1	0.034 9	0.028 4	0.018 8	0.012 6	0.005 7	0.002 7	0.001 3	0.000 6
25	0.058 8	0.037 8	0.030 4	0.024 5	0.016 0	0.010 5	0.004 6	0.002 1	0.001 0	0.000 5
26	0.052 5	0.033 1	0.026 4	0.021 1	0.013 5	0.008 7	0.003 7	0.001 6	0.000 7	0.000 3
27	0.046 9	0.029 1	0.023 0	0.018 2	0.011 5	0.007 3	0.003 0	0.001 3	0.000 6	0.000 2
28	0.041 9	0.025 5	0.020 0	0.015 7	0.009 7	0.006 1	0.002 4	0.001 0	0.000 4	0.000 2
29	0.037 4	0.022 4	0.017 4	0.013 5	0.008 2	0.005 1	0.002 0	0.000 8	0.000 3	0.000 1
30	0.033 4	0.019 6	0.015 1	0.011 6	0.007 0	0.004 2	0.001 6	0.000 6	0.000 2	0.000 1
35	0.018 9	0.010 2	0.007 5	0.005 5	0.003 0	0.001 7	0.000 5	0.000 2	0.000 1	*
40	0.010 7	0.005 3	0.003 7	0.002 6	0.001 3	0.000 7	0.000 2	0.000 1	*	*
45	0.006 1	0.002 7	0.001 9	0.001 3	0.000 6	0.000 3	0.000 1	*	*	*
50	0.003 5	0.001 4	0.000 9	0.000 6	0.000 3	0.000 1	*	*	*	*
55	0.002 0	0.000 7	0.000 5	0.000 3	0.000 1	*	*	*	*	*

*<0.0001

附录三

年金终值系数表

期数	1%	2%	3%	4%	5%	6%	7%	8%	9%	10%
1	1.000 0	1.000 0	1.000 0	1.000 0	1.000 0	1.000 0	1.000 0	1.000 0	1.000 0	1.000 0
2	2.010 0	2.020 0	2.030 0	2.040 0	2.050 0	2.060 0	2.070 0	2.080 0	2.090 0	2.100 0
3	3.030 1	3.060 4	3.090 9	3.121 6	3.152 5	3.183 6	3.214 9	3.246 4	3.278 1	3.310 0
4	4.060 4	4.121 6	4.183 6	4.246 5	4.310 1	4.374 6	4.439 9	4.506 1	4.573 1	4.641 0
5	5.101 0	5.204 0	5.309 1	5.416 3	5.525 6	5.637 1	5.750 7	5.866 6	5.984 7	6.105 1
6	6.152 0	6.308 1	6.468 4	6.633 0	6.801 9	6.975 3	7.153 3	7.335 9	7.523 3	7.715 6
7	7.213 5	7.434 3	7.662 5	7.898 3	8.142 0	8.393 8	8.654 0	8.922 8	9.200 4	9.487 2
8	8.285 7	8.583 0	8.892 3	9.214 2	9.549 1	9.897 5	10.260	10.637	11.029	11.436
9	9.368 5	9.754 6	10.159	10.583	11.027	11.491	11.978	12.488	13.021	13.580
10	10.462	10.950	11.464	12.006	12.578	13.181	13.816	14.487	15.193	15.937
11	11.567	12.169	12.808	13.486	14.207	14.972	15.784	16.646	17.560	18.531
12	12.683	13.412	14.192	15.026	15.917	16.870	17.889	18.977	20.141	21.384
13	13.809	14.680	15.618	16.627	17.713	18.882	20.141	21.495	22.953	24.523
14	14.947	15.974	17.086	18.292	19.599	21.015	22.551	24.215	26.019	27.975
15	16.097	17.293	18.599	20.024	21.579	23.276	25.129	27.152	29.361	31.773
16	17.258	18.639	20.157	21.825	23.658	25.673	27.888	30.324	33.003	35.950
17	18.430	20.012	21.762	23.698	25.840	28.213	30.840	33.750	36.974	40.545

续表

期数	1%	2%	3%	4%	5%	6%	7%	8%	9%	10%
18	19.615	21.412	23.414	25.645	28.132	30.906	33.999	37.450	41.301	45.599
19	20.811	22.841	25.117	27.671	30.539	33.760	37.379	41.446	46.019	51.159
20	22.019	24.297	26.870	29.778	33.066	36.786	40.996	45.762	51.160	57.275
21	23.239	25.783	28.677	31.969	35.719	39.993	44.865	50.423	56.765	64.003
22	24.472	27.299	30.537	34.248	38.505	43.392	49.006	55.457	62.873	71.403
23	25.716	28.845	32.453	36.618	41.431	46.996	53.436	60.893	69.532	79.543
24	26.974	30.422	34.427	39.083	44.502	50.816	58.177	66.765	76.790	88.497
25	28.243	32.030	36.459	41.646	47.727	54.865	63.249	73.106	84.701	98.347
26	29.526	33.671	38.553	44.312	51.114	59.156	68.677	79.954	93.324	109.18
27	30.821	35.344	40.710	47.084	54.669	63.706	74.484	87.351	102.72	121.10
28	32.129	37.051	42.931	49.968	58.403	68.528	80.698	95.339	112.97	134.21
29	33.450	38.792	45.219	52.966	62.323	73.640	87.347	103.97	124.14	148.63
30	34.785	40.568	47.575	56.085	66.439	79.058	94.461	113.28	136.31	164.49
40	48.886	60.402	75.401	95.026	120.80	154.76	199.64	259.06	337.88	442.59
50	64.463	84.579	112.80	152.67	209.35	290.34	406.53	573.77	815.08	1 163.9
60	81.670	114.05	163.05	237.99	353.58	533.13	813.52	1 253.2	1 944.8	3 034.8

期数	12%	14%	15%	16%	18%	20%	24%	28%	32%	36%
1	1.000 0	1.000 0	1.000 0	1.000 0	1.000 0	1.000 0	1.000 0	1.000 0	1.000 0	1.000 0
2	2.120 0	2.140 0	2.150 0	2.160 0	2.180 0	2.200 0	2.240 0	2.280 0	2.320 0	2.360 0
3	3.374 4	3.439 6	3.472 5	3.505 6	3.572 4	3.640 0	3.777 6	3.918 4	4.062 4	4.209 6
4	4.779 3	4.921 1	4.993 4	5.066 5	5.215 4	5.368 0	5.684 2	6.015 6	6.362 4	6.725 1
5	6.352 8	6.610 1	6.742 4	6.877 1	7.154 2	7.441 6	8.048 4	8.699 9	9.398 3	10.146
6	8.115 2	8.535 5	8.753 7	8.977 5	9.442 0	9.929 9	10.980	12.136	13.406	14.799
7	10.089	10.731	11.067	11.414	12.142	12.916	14.615	16.534	18.696	21.126
8	12.300	13.233	13.727	14.240	15.327	16.499	19.123	22.163	25.678	29.732
9	14.776	16.085	16.786	17.519	19.086	20.799	24.713	29.369	34.895	41.435
10	17.549	19.337	20.304	21.322	23.521	25.959	31.643	38.593	47.062	57.352
11	20.655	23.045	24.349	25.733	28.755	32.150	40.238	50.399	63.122	78.998
12	24.133	27.271	29.002	30.850	34.931	39.581	50.895	65.510	84.320	108.44
13	28.029	32.089	34.352	36.786	42.219	48.497	64.110	84.853	112.30	148.48
14	32.393	37.581	40.505	43.672	50.818	59.196	80.496	109.61	149.24	202.93
15	37.280	43.842	47.580	51.660	60.965	72.035	100.82	141.30	198.00	276.98
16	42.753	50.980	55.718	60.925	72.939	87.442	126.01	181.87	262.36	377.69
17	48.884	59.118	65.075	71.673	87.068	105.93	157.25	233.79	347.31	514.66
18	55.750	68.394	75.836	84.141	103.74	128.12	195.99	300.25	459.45	700.94
19	63.440	78.969	88.212	98.603	123.41	154.74	244.03	385.32	607.47	954.28
20	72.052	91.025	102.44	115.38	146.63	186.69	303.60	494.21	802.86	1 298.8
21	81.699	104.77	118.81	134.84	174.02	225.03	377.46	633.59	1 060.8	1 767.4
22	92.503	120.44	137.63	157.42	206.34	271.03	469.06	812.00	1 401.2	2 404.7
23	104.60	138.30	159.28	183.60	244.49	326.24	582.63	1 040.4	1 850.6	3 271.3
24	118.16	158.66	184.17	213.98	289.49	392.48	723.46	1 332.7	2 443.8	4 450.0
25	133.33	181.87	212.79	249.21	342.60	471.98	898.09	1 706.8	3 226.8	6 053.0
26	150.33	208.33	245.71	290.09	405.27	567.38	1 114.6	2 185.7	4 260.4	8 233.1
27	169.37	238.50	283.57	337.50	479.22	681.85	1 383.1	2 798.7	5 624.8	11 198
28	190.70	272.89	327.10	392.50	566.48	819.22	1 716.1	3 583.3	7 425.7	15 230

续表

期数	12%	14%	15%	16%	18%	20%	24%	28%	32%	36%
29	214.58	312.09	377.17	456.30	669.45	984.07	2 129.0	4 587.7	9 802.9	20 714
30	241.33	356.79	434.75	530.31	790.95	1 181.9	2 640.9	5 873.2	12 941	28 172
40	767.09	1 342.0	1 779.1	2 360.8	4 163.2	7 343.9	22 729	69 377	207 874	609 890
50	2 400.0	4 994.5	7 217.7	10 436	21 813	45 497	195 373	819 103	*	*
60	7 471.6	18 535	29 220	46 058	114 190	281 733	*	*	*	*

*>99 999

附录四

年金现值系数表

期数	1%	2%	3%	4%	5%	6%	7%	8%	9%	10%
1	0.990 1	0.980 4	0.970 9	0.961 5	0.952 4	0.943 4	0.934 6	0.925 9	0.917 4	0.909 1
2	1.970 4	1.941 6	1.913 5	1.886 1	1.859 4	1.833 4	1.808 0	1.783 3	1.759 1	1.735 5
3	2.941 0	2.883 9	2.828 6	2.775 1	2.723 2	2.673 0	2.624 3	2.577 1	2.531 3	2.486 9
4	3.902 0	3.807 7	3.717 1	3.629 9	3.546 0	3.465 1	3.387 2	3.312 1	3.239 7	3.169 9
5	4.853 4	4.713 5	4.579 7	4.451 8	4.329 5	4.212 4	4.100 2	3.992 7	3.889 7	3.790 8
6	5.795 5	5.601 4	5.417 2	5.242 1	5.075 7	4.917 3	4.766 5	4.622 9	4.485 9	4.355 3
7	6.728 2	6.472 0	6.230 3	6.002 1	5.786 4	5.582 4	5.389 3	5.206 4	5.033 0	4.868 4
8	7.651 7	7.325 5	7.019 7	6.732 7	6.463 2	6.209 8	5.971 3	5.746 6	5.534 8	5.334 9
9	8.566 0	8.162 2	7.786 1	7.435 3	7.107 8	6.801 7	6.515 2	6.246 9	5.995 2	5.759 0
10	9.471 3	8.982 6	8.530 2	8.110 9	7.721 7	7.360 1	7.023 6	6.710 1	6.417 7	6.144 6
11	10.367 6	9.786 8	9.252 6	8.760 5	8.306 4	7.886 9	7.498 7	7.139 0	6.805 2	6.495 1
12	11.255 1	10.575 3	9.954 0	9.385 1	8.863 3	8.383 8	7.942 7	7.536 1	7.160 7	6.813 7
13	12.133 7	11.348 4	10.635 0	9.985 6	9.393 6	8.852 7	8.357 7	7.903 8	7.486 9	7.103 4
14	13.003 7	12.106 2	11.296 1	10.563 1	9.898 6	9.295 0	8.745 5	8.244 2	7.786 2	7.366 7
15	13.865 1	12.849 3	11.937 9	11.118 4	10.379 7	9.712 2	9.107 9	8.559 5	8.060 7	7.606 1
16	14.717 9	13.577 7	12.561 1	11.652 3	10.837 8	10.105 9	9.446 6	8.851 4	8.312 6	7.823 7
17	15.562 3	14.291 9	13.166 1	12.165 7	11.274 1	10.477 3	9.763 2	9.121 6	8.543 6	8.021 6
18	16.398 3	14.992 0	13.753 5	12.659 3	11.689 6	10.827 6	10.059 1	9.371 9	8.755 6	8.201 4
19	17.226 0	15.678 5	14.323 8	13.133 9	12.085 3	11.158 1	10.335 6	9.603 6	8.950 1	8.364 9
20	18.045 6	16.351 4	14.877 5	13.590 3	12.462 2	11.469 9	10.594 0	9.818 1	9.128 5	8.513 6
21	18.857 0	17.011 2	15.415 0	14.029 2	12.821 2	11.764 1	10.835 5	10.016 8	9.292 2	8.648 7
22	19.660 4	17.658 0	15.936 9	14.451 1	13.163 0	12.041 6	11.061 2	10.200 7	9.442 4	8.771 5
23	20.455 8	18.292 2	16.443 6	14.856 8	13.488 6	12.303 4	11.272 2	10.371 1	9.580 2	8.883 2
24	21.243 4	18.913 9	16.935 5	15.247 0	13.798 6	12.550 4	11.469 3	10.528 8	9.706 6	8.984 7
25	22.023 2	19.523 5	17.413 1	15.622 1	14.093 9	12.783 4	11.653 6	10.674 8	9.822 6	9.077 0
26	22.795 2	20.121 0	17.876 8	15.982 8	14.375 2	13.003 2	11.825 8	10.810 0	9.929 0	9.160 9
27	23.559 6	20.706 9	18.327 0	16.329 6	14.643 0	13.210 5	11.986 7	10.935 2	10.026 6	9.237 2
28	24.316 4	21.281 3	18.764 1	16.663 1	14.898 1	13.406 2	12.137 1	11.051 1	10.116 1	9.306 6
29	25.065 8	21.844 4	19.188 5	16.983 7	15.141 1	13.590 7	12.277 7	11.158 4	10.198 3	9.369 6
30	25.807 7	22.396 5	19.600 4	17.292 0	15.372 5	13.764 8	12.409 0	11.257 8	10.273 7	9.426 9
35	29.408 6	24.998 6	21.487 2	18.664 6	16.374 2	14.498 2	12.947 7	11.654 6	10.566 8	9.644 2
40	32.834 7	27.355 5	23.114 8	19.792 8	17.159 1	15.046 3	13.331 7	11.924 6	10.757 4	9.779 1
45	36.094 5	29.490 2	24.518 7	20.720 0	17.774 1	15.455 8	13.605 5	12.108 4	10.881 2	9.862 8

期数	1%	2%	3%	4%	5%	6%	7%	8%	9%	10%
50	39.196 1	31.423 6	25.729 8	21.482 2	18.255 9	15.761 9	13.800 7	12.233 5	10.961 7	9.914 8
55	42.147 2	33.174 8	26.774 4	22.108 6	18.633 5	15.990 5	13.939 9	12.318 6	11.014 0	9.947 1

期数	12%	14%	15%	16%	18%	20%	24%	28%	32%	36%
1	0.892 9	0.877 2	0.869 6	0.862 1	0.847 5	0.833 3	0.806 5	0.781 3	0.757 6	0.735 3
2	1.690 1	1.646 7	1.625 7	1.605 2	1.565 6	1.527 8	1.456 8	1.391 6	1.331 5	1.276 0
3	2.401 8	2.321 6	2.283 2	2.245 9	2.174 3	2.106 5	1.981 3	1.868 4	1.766 3	1.673 5
4	3.037 3	2.913 7	2.855 0	2.798 2	2.690 1	2.588 7	2.404 3	2.241 0	2.095 7	1.965 8
5	3.604 8	3.433 1	3.352 2	3.274 3	3.127 2	2.990 6	2.745 4	2.532 0	2.345 2	2.180 7
6	4.111 4	3.888 7	3.784 5	3.684 7	3.497 6	3.325 5	3.020 5	2.759 4	2.534 2	2.338 8
7	4.563 8	4.288 3	4.160 4	4.038 6	3.811 5	3.604 6	3.242 3	2.937 0	2.677 5	2.455 0
8	4.967 6	4.638 9	4.487 3	4.343 6	4.077 6	3.837 2	3.421 2	3.075 8	2.786 0	2.540 4
9	5.328 2	4.946 4	4.771 6	4.606 5	4.303 0	4.031 0	3.565 5	3.184 2	2.868 1	2.603 3
10	5.650 2	5.216 1	5.018 8	4.833 2	4.494 1	4.192 5	3.681 9	3.268 9	2.930 4	2.649 5
11	5.937 7	5.452 7	5.233 7	5.028 6	4.656 0	4.327 1	3.775 7	3.335 1	2.977 6	2.683 4
12	6.194 4	5.660 3	5.420 6	5.197 1	4.793 2	4.439 2	3.851 4	3.386 8	3.013 3	2.708 4
13	6.423 5	5.842 4	5.583 1	5.342 3	4.909 5	4.532 7	3.912 4	3.427 2	3.040 4	2.726 8
14	6.628 2	6.002 1	5.724 5	5.467 5	5.008 1	4.610 6	3.961 6	3.458 7	3.060 9	2.740 3
15	6.810 9	6.142 2	5.847 4	5.575 5	5.091 6	4.675 5	4.001 3	3.483 4	3.076 4	2.750 2
16	6.974 0	6.265 1	5.954 2	5.668 5	5.162 4	4.729 6	4.033 3	3.502 6	3.088 2	2.757 5
17	7.119 6	6.372 9	6.047 2	5.748 7	5.222 3	4.774 6	4.059 1	3.517 7	3.097 1	2.762 9
18	7.249 7	6.467 4	6.128 0	5.817 8	5.273 2	4.812 2	4.079 9	3.529 4	3.103 9	2.766 8
19	7.365 8	6.550 4	6.198 2	5.877 5	5.316 2	4.843 5	4.096 7	3.538 6	3.109 0	2.769 7
20	7.469 4	6.623 1	6.259 3	5.928 8	5.352 7	4.869 6	4.110 3	3.545 8	3.112 9	2.771 8
21	7.562 0	6.687 0	6.312 5	5.973 1	5.383 7	4.891 3	4.121 2	3.551 4	3.115 8	2.773 4
22	7.644 6	6.742 9	6.358 7	6.011 3	5.409 9	4.909 4	4.130 0	3.555 8	3.118 0	2.774 6
23	7.718 4	6.792 1	6.398 8	6.044 2	5.432 1	4.924 5	4.137 1	3.559 2	3.119 7	2.775 4
24	7.784 3	6.835 1	6.433 8	6.072 6	5.450 9	4.937 1	4.142 8	3.561 9	3.121 0	2.776 0
25	7.843 1	6.872 9	6.464 1	6.097 1	5.466 9	4.947 6	4.147 4	3.564 0	3.122 0	2.776 5
26	7.895 7	6.906 1	6.490 6	6.118 2	5.480 4	4.956 3	4.151 1	3.565 6	3.122 7	2.776 8
27	7.942 6	6.935 2	6.513 5	6.136 4	5.491 9	4.963 6	4.154 2	3.566 9	3.123 3	2.777 1
28	7.984 4	6.960 7	6.533 5	6.152 0	5.501 6	4.969 7	4.156 6	3.567 9	3.123 7	2.777 3
29	8.021 8	6.983 0	6.550 9	6.165 6	5.509 8	4.974 7	4.158 5	3.568 7	3.124 0	2.777 4
30	8.055 2	7.002 7	6.566 0	6.177 2	5.516 8	4.978 9	4.160 1	3.569 3	3.124 2	2.777 5
35	8.175 5	7.070 0	6.616 6	6.215 3	5.538 6	4.991 5	4.164 4	3.570 8	3.124 8	2.777 7
40	8.243 8	7.105 0	6.641 8	6.233 5	5.548 2	4.996 6	4.165 9	3.571 2	3.125 0	2.777 8
45	8.282 5	7.123 2	6.654 3	6.242 1	5.552 3	4.998 6	4.166 4	3.571 4	3.125 0	2.777 8
50	8.304 5	7.132 7	6.660 5	6.246 3	5.554 1	4.999 5	4.166 6	3.571 4	3.125 0	2.777 8
55	8.317 0	7.137 6	6.663 6	6.248 2	5.554 9	4.999 8	4.166 6	3.571 4	3.125 0	2.777 8

参考文献

[1] 财政部会计资格评价中心. 财务管理[M]. 北京：经济科学出版社，2021.

[2] 中国注册会计师协会. 财务成本管理[M]. 北京：中国财政经济出版社，2020.

[3] 张文华. 财务管理实务[M]. 北京：电子工业出版社，2018.

[4] 钭志斌. 财务管理实务[M]. 大连：东北财经大学出版社，2019.

[5] 荆新，王化成，刘俊彦. 财务管理学[M]. 8 版. 北京：中国人民大学出版社，2018.

[6] 张玉英. 财务管理[M]. 6 版. 北京：高等教育出版社，2019.

[7] 马元兴. 企业财务管理[M]. 3 版. 北京：高等教育出版社，2017.

[8] 孔德兰. 企业财务管理[M]. 北京：中国财政经济出版社，2020.

[9] 张勋阁. 公司理财实务[M]. 大连：东北财经大学出版社，2020.

[10] 张文华. 管理会计[M]. 北京：中国财政经济出版社，2019.